2013 年度中央财政支持地方高校发展专项资金建设项目"公安学及公安技术学科创新团队"成果

重庆高校物证技术工程中心课题项目成果（项目编号：LCFS140914）

重庆高校物证技术创新团队项目成果（合同号：KJTD201301）

西南政法大学 2010 年校级重点课题"刑事重复鉴定问题研究"项目成果（项目编号：2010-XZZD12）

 西南政法大学刑事侦查学院公安学学术文库

刑事鉴定制度改革研究

陈如超 著

群众出版社

·北 京·

图书在版编目（CIP）数据

刑事鉴定制度改革研究/陈如超著．—北京：群众出版社，2015.8
（西南政法大学刑事侦查学院公安学学术文库）
ISBN 978-7-5014-5413-6

Ⅰ.①刑… Ⅱ.①陈… Ⅲ.①刑事犯罪—司法鉴定—司法制度—研究—中国 Ⅳ.①D924.04

中国版本图书馆 CIP 数据核字（2015）第 188057 号

刑事鉴定制度改革研究

陈如超 著

出版发行：群众出版社
地　　址：北京市西城区木樨地南里
邮政编码：100038
经　　销：新华书店
印　　刷：北京兴华昌盛印刷有限公司

版　　次：2015 年 8 月第 1 版
印　　次：2015 年 8 月第 1 次
印　　张：12.75
开　　本：787 毫米×1092 毫米　1/16
字　　数：207 千字

书　　号：ISBN 978-7-5014-5413-6
定　　价：45.00 元

网　　址：www.qzcbs.com
电子邮箱：qzcbs@ sohu.com

营销中心电话：010-83903254
读者服务部电话（门市）：010-83903257
警官读者俱乐部电话（网购、邮购）：010-83903253
公安综合分社电话：010-83901870

谨以此书献给已经永远逝去
任劳任怨而命运悲苦的父亲

序

　　长期以来，我国公诉案件的刑事技术司法鉴定与侦查权密不可分，或者说其是侦查权的组成部分，这使得刑事技术司法鉴定在相对封闭的侦查职权范围内单方运行。近年来，刑事技术重新鉴定逐步开放，非职权鉴定机构逐步参与进来，从而增加了鉴定意见的对抗，这是一种进步。在刑事司法鉴定中，刑事技术司法鉴定仅是其中一个方面，主要包括法医鉴定、物证技术鉴定、电子数据鉴定、视听资料鉴定等方面。除此之外，刑事司法鉴定还存在更多其他方面的鉴定，如司法精神病鉴定、知识产权鉴定、司法会计鉴定、环境污染司法鉴定等。刑事侦查必须以刑事技术及刑事技术司法鉴定为基石，这不仅是依法治国时代法治文明发展的必然要求，而且是刑事侦查模式变革的主要路径。但是，应用于刑事侦查中的鉴定技术并不为刑事诉讼所专用，也不为侦查行业所专有，它是开放的且具有证据调查的普遍适用性。刑事鉴定技术只在依附于侦查保密性时才有暂时保密的必要，一旦侦查终结则鉴定意见必须公开。总的来说，刑事侦查必须围绕信息、技术、证据、人权保障来进行一体化的发展。

　　刑事重新鉴定与刑事重复鉴定是既有联系又有区别的两个概念。刑事重新鉴定虽然在次数上可能出现一次或一次以上的重复，但每次重新鉴定都应是一次新的鉴定，即刑事重新鉴定有法定的条件和启动程序，由新的鉴定人实施，无论其鉴定意见是否与原鉴定意见一致，都是新的鉴定。重新鉴定的鉴定意见与原鉴定意见之间不具有对抗性，因为在启动重新鉴定时，原鉴定意见已经依诉讼程序被排除，如果没有排除原鉴定意见则没有理由启动重新鉴定。如果对重新鉴定的鉴定意见依程序再次启动重新鉴定，则其效果如前所述。

刑事重复鉴定仅是刑事重新鉴定次数的表述，因而其在正当程序中没有程序价值和证据价值。由于我国诉讼法并没有严格规定启动重新鉴定必须排除原鉴定意见，这使得重新鉴定的鉴定意见与原鉴定意见之间形成对抗，导致鉴定意见难以被采信，即使采信重新鉴定意见形成裁判，也埋下了程序不安定的因素。同时，在司法实践中，由于种种原因导致启动重新鉴定的条件把关不严格，程序不规范，增加了重新鉴定的次数。例如，在侦查、起诉、审判阶段启动的重新鉴定；又如，律师事务所、当事人启动的重新鉴定等。重新鉴定被滥用，会形成过度重复鉴定之危害。过度重复鉴定之危害主要表现为严重影响诉讼效率，久鉴不结，使得案件不能裁判，正义迟迟得不到彰显。我国的一些学者提出"终局鉴定"的概念，试图限制重新鉴定的次数，这对安定诉讼程序有一定意义，但从鉴定的科学角度来说仍然存在争议，因为终局意味着鉴定意见无论正误，此后不能再鉴定，这在一定程度上影响了司法裁判的公正性。重新鉴定程序主要是在原鉴定意见本身缺乏科学可靠性，或者严重违反鉴定程序，可能影响鉴定意见的科学可靠性和公正性的情况下才启动的特别鉴定程序，或者救济程序，因而不应当成为鉴定的常态，事实上也不是鉴定的常态。

刑事重新鉴定的发生是由初次鉴定的实体和程序问题引起的，而归根结底主要是由原鉴定人的鉴定能力、鉴定态度和鉴定作风引起的。鉴定意见是鉴定人独立作出的，面对诉讼涉及的专门问题，鉴定人应该实事求是地接受和实施鉴定，对自己鉴定能力不及的应拒绝鉴定，在自己的鉴定能力范围内能够解决问题到什么程度就到什么程度，是什么就是什么，绝不能超越客观依据和能力作出鉴定意见。鉴定人必须以严谨的科学态度和扎实细致的工作作风进行鉴定，最大限度地避免自己因主观过失而导致的鉴定意见错误。如果鉴定人能够做到这样，重新鉴定的次数就会减少。诚然，重新鉴定是必然发生的，从鉴定人的角度而言，初次鉴定可能存在技术运用失误、主观过失、虚假鉴定等鉴定意见错误的情形，也可能存在违法鉴定程序而影响鉴定意见科学可靠性的情形，因此，减少重新鉴定必须严格限制鉴定人的资格认定，提高鉴定人的鉴定能力和执业道德水平。

刑事重新鉴定带来的鉴定多次重复必然影响诉讼的程序安定、诉讼的效率和社会稳定。这种影响涉及事实认定者、司法鉴定机构和鉴定人、司法鉴定管理机关、纪检和监察等部门和个人。刑事重新鉴定的原因直接表现为控辩双方、当事人之间存在对鉴定意见的争议，而具体原因有的是委托人、鉴定人违反鉴定程序，有的是鉴定意见的依据和方法缺乏科学可靠性，有的是鉴定人的行为违反执业道德和执业纪律，还有的是案外社会原因。案外社会原因包括文化的、经济的、伦理的等，文化的原因表现为缠闹，经济的原因表现为贫富与得失冲突，伦理的原因表现为对道德和名誉的捍卫。由案外社会原因引发的鉴定意见的争议表现为没有依据和理由地否定一切对自己不利的鉴定意见，如果鉴定意见被法庭采信，则投诉、上访、缠闹，从而影响鉴定意见的效力。

该书作者从中国当今刑事鉴定制度所暴露出的缺陷出发，把刑事重新鉴定中的"重复鉴定"作为特殊现象来研究，揭示其存在的问题并提出解决问题的方法，无疑切中鉴定时弊，具有积极的理论与实践价值。作者以刑事诉讼和刑事鉴定为视角，对刑事重新鉴定必要性、当事人启动重新鉴定机制、过度重新（重复）鉴定危害、"鉴定争议"的破解之途、法官对刑事鉴定意见的审查、刑事法官与鉴定人事实认知的整合、专家辅助人制度、刑事庭审中的专家陪审员制度等问题进行理论分析和实证研究，比较深入且形成一定体系。作者在本科和硕士阶段所学主要为物证技术，而在博士阶段研究的则是刑事诉讼法，因而其所研究的上述问题不仅具有理论前沿性和实践性，而且研究视角和知识基础独特，所获得的研究成果具有较高的理论和实践价值。作者特别关注刑事司法鉴定意见的庭审质证、采信，以及积极探索专家辅助人制度和刑事庭审的专家陪审员制度，这些制度的完善一方面有利于正确采信鉴定意见，另一方面有利于倒逼刑事司法鉴定程序的完善和司法鉴定技术水平的提升。科学技术进入诉讼不应该以自身的科学性而自闭，而应该受诉讼的规制而开放，在公开与抗辩中不断促进应用于司法鉴定的科学技术的发展，这也正是作者探索这一问题的目的。涉鉴投诉、上访，甚至鉴闹已给司法鉴定提出挑战，怎样既能够减少投诉、上访，甚至鉴闹，化解社会矛盾，又能够充分发挥司法鉴定的诉讼价值，已经成为司法鉴定机构和鉴定人以及司法鉴定管理部门共同面临的课题。作者在这一问题上的积极探索和提供的经验，对解决这类问题无疑起着积极的作用。

本人与作者亦师亦友，作者做学问的勤奋和敏捷才思在同辈人中是佼佼者。每当他为生计苦恼或研究受阻时，相互之间能够坐下来闲聊一阵，然后又各自忙活。而今作者的学问已经长足进步，仍然笔耕不辍，实在是难能可贵。在此书即将付梓之际邀我作序，深感自不量力，但为后生之未来，也为司法鉴定之发展，勉强写下以上文字，是为序。

西南政法大学

贾治辉

2014 年 12 月 30 日

前　　言

近年来，刑事司法鉴定制度因其弊端丛生而饱受争议。但或许如此，它已经成为学者研究的热门话题，并持续至今。可以说，当前刑事鉴定制度的学术研究者主要来自两大阵营：一类是刑事诉讼法学者，其从鉴定程序、鉴定证据（科学证据）、鉴定人出庭、专家辅助人制度等方面展开了深入的分析，其中涌现了一批高质量的实证性作品；另一类是司法鉴定界的同人们，其从自身刑事鉴定实践的角度，特别是基于专业知识范围，如法医病理、法精神病学的鉴定工作，对一些重大案件或一类案件作出了学术性的归纳与概括。两者可谓交相辉映，弥补了学者研究团体的各自知识局限。

然而，刑事鉴定制度毕竟牵涉面广，远非仅涉及鉴定与诉讼，更关联国家转型过程中的社会与政治问题。正因为如此，我们才可以看到，近年的一些鉴定案件，如黄静案、邱兴华案、李树芬案、戴海静案、代义案、黎朝阳案、谢佩银案、涂远高案等掀起一波波滔天巨浪，成为影响国内外的鉴定公案。由此，民怨四起，中国刑事鉴定制度一时被千夫所指、饱受争议，刑事鉴定界也因此蒙羞，鉴定意见被贬斥为"是非之王"，鉴定公信力岌岌可危！

固然，2012年修正的刑事诉讼法规定了鉴定人出庭与专家辅助人制度，看似进步，然而一方面，一些重大的鉴定问题（如重复鉴定、鉴定启动）并未进入立法者视野，以致这些问题仍然在实践中悬而未决；另一方面，鉴定人出庭与专家辅助人制度依旧问题重重，打破了立法者当初的设想。因此，对于中国刑事鉴定制度问题的研究，就不能局限于狭隘的刑事司法领域，以防一叶障目；也不能盯住欧美国家鉴定制度不放，只进行简单的法律移植，而应从社会、政治与法律交叉的层面对刑事鉴定制度进行实证研究，紧贴鉴定实践，以便深度阐释其内在机理，从而根据刑事司法机关的一些有益改革，进行理论提炼与立法回应。

可以说，本书正是从这一视角阐述了刑事鉴定制度的一些基本问题。

第一章指出刑事鉴定制度改革批判。中国当今刑事鉴定制度所暴露出的众多缺陷，引来学者的批判与各种改革尝试，俨然成为司法改革中的一门显学。然而，鉴定制度改革步伐进退维谷，各种内在困境，如鉴定人与法官在事实认知上的冲突、犯罪嫌疑人和被告人委托鉴定人面临的困境以及刑事鉴定人出庭遭遇的困难，提示我们必须在理念上明确鉴定制度改革的前提，从而为制度改革扫清障碍。

第二章揭示刑事重复鉴定的相关问题。可以说，中国刑事重复鉴定并未因相关法律变革而有实质性改变。当前，刑事重复鉴定主要集中在死因鉴定、损伤程度鉴定等法医学领域，且倾向发生在侦查或初查阶段的鉴定中，它持续时间长、鉴定次数多、耗财费时。虽然适当的重复鉴定可实现当事人之诉权，有利于查明事实，然而过度重复鉴定，却削弱了刑事鉴定的信誉、颠覆了程序定分止争的功能，给当事人造成了各种难以估量的压力。面对实践中的诸多问题，我们需结合司法中的有益经验，通过变革刑事鉴定制度，重塑鉴定信任，进而实现民众对鉴定意见的接受。

第三章进一步从当事人启动机制角度阐述刑事重复鉴定问题。基于中国刑事法律的规定，当事人可以向侦控机关与法院申请重新鉴定，而至于是否被许可，则由三机关自由裁量。因申请主体与决定主体的二元分离，二者之间难免产生对立与冲突，故当事人为自身利益而在实践中展现出一系列行动策略，其目的是说服甚至支配办案部门启动重新鉴定。该行动策略反映出当事人不满官方鉴定意见的案件结构特征。然而，当事人行动策略的恣意、非法甚至暴力，说明中国目前的重新鉴定启动机制需要适当变革，以限制当事人不合理的救济方式。

第四章分析刑事案件中的"涉鉴上访"问题。在中国刑事程序中，"涉鉴上访"现象频频发生，且相对集中于法医鉴定领域，它被当事人视为不满公安、司法机关鉴定意见时最常见的诉讼外救济措施和抗争策略。然而，"涉鉴上访"，尤其是重复上访、越级上访、多头上访等形式，却颠覆了程序自治，使案件争议久拖不决，司法权威一落千丈。面对涉鉴上访存在的诸多问题，固然我们承认它在实践中有一定的合理性，但目前却亟须国家重点治理，吸纳与化解当事人对鉴定过程与结果的不满，仅让当事人将上访作为例外的"底线救济"权。

第五章以刑事死刑案件为例，解说刑事精神病鉴定的启动及其抗辩问题。因为随着话语权利的流行与国家对被告人权益保护的增强，可以看到，中国死刑案件中的被告方在庭审阶段频频提出精神病抗辩，意图启动精神病鉴定程序以减轻罪责或不负刑事责任。然而，实践中却显示出以下悖论：被告方虽时时提出抗辩，但法庭却不愿启动精神病鉴定程序。其原因在于，当前被告方提出的精神病抗辩与鉴定申请的证明责任分配不明，被判无罪的精神病人的监管难题与强制治疗措施缺乏，精神病鉴定一再反复导致法官无法判案，等等。因此，在国家越来越重视死刑案件审判程序的背景下，有必要重构被告人精神病抗辩与鉴定的合理制度，使其既能维护被告人的正当权益，又不至于无章可循。

第六章论述刑事鉴定争议的破解之途。中国刑事鉴定争议频发，不仅造成了重复鉴定、久鉴不结，更促使部分当事人采取上访、闹事、自伤自残等非正常救济途径。破解这一难题，论者各抒己见，但行之有效的方法应是借鉴部分司法实践部门创建的"过程导向信任"的鉴定争议解决机制。它通过鉴定程序的开放性，借助当事人的充分参与性及对鉴定结果的实质性影响，重塑司法鉴定的公信力。

第七章揭示法官对刑事鉴定意见的审查难题。由于当今时代科技与法律的关系尤为密切，在刑事诉讼中表现为具备最终事实认定权的法官日益面临鉴定人科技知识的挑战，因而其事实认知权存在被分享的危险。对于这一问题人们关注甚少，面对该困境法官应通过以下策略回应：对鉴定人可靠性进行审查；加快鉴定人及鉴定机构之间的竞争、进行适当的责任追究来保证鉴定人作出可靠的鉴定意见以及走出通过相关的鉴定程序（鉴定人出庭、专家辅助人制度等）处理疑难的科学鉴定争议。

第八章主要关注刑事法官与鉴定人在事实认知方面的共性与差异。与刑事程序中的其他参与主体相比，法官与鉴定人的事实认知要求以及达到的认知标准最高，两者在事情真相发现的程序、实质内容方面都表现出惊人的一致，因此法律对其作出了诸多共同的规定。尽管如此，法官与鉴定人的事实认知仍然存在若干重大区别，加之法官毕竟是案件事实发现的最终认定者，且仍然面临审查鉴定意见的重重专业困境，受到科技知识的各种挑战，因此，有必要将法官与鉴定人对事实认定的权力进行有效整合，实现二者的合理分工以及法官对鉴定人鉴定意见的控制。

第九章论述了专家辅助人制度。2012 年修正的刑事诉讼法规定的专家辅助人制度，被誉为"一大制度创新"。然而事实上，专家辅助人的身影在刑事程序中早已出现，他们由当事人聘请，在一些社会影响大、争议不断的案件中，监督、见证侦查机关的鉴定过程，成功地化解了当事人的不满，避免了重复鉴定。而当前法律却仅规定专家辅助人在庭审阶段，就鉴定人作出的鉴定意见提出意见。应该说，该制度的功能是有限的。因此，在职权鉴定格局无法更改的既定条件下，相关法律需要回应司法实践，扩大专家辅助人的参与阶段与权限，使其提前介入侦查机关展开的部分重大鉴定程序中，以有效解决鉴定争议，节约诉讼资源，提高办案效率。

第十章分析刑事庭审中的专家陪审员制度。当今社会科技的大力发展，导致运用于刑事司法领域的专门知识逐渐增多。而法官作为案件事实的最终裁判者，本应仔细审核鉴定意见的可靠与真伪，但现实的困境是，作为外行的法官往往无法对其有效性提出质疑，故产生了法官裁判事实的认知悖论。解决这一问题的有效途径之一，就是邀请专家陪审员参与审判。然而，专家陪审员的引入固然可以弥补法官科技知识的不足，但仍然带来了诸多难题。因此，国家很有必要对专家陪审员制度进行合理的规范，使其良性发展。

上述各章既可独立成篇，从不同侧面解读刑事鉴定的问题并提出相应的改革措施，又能形成一个严密的制度体系，从重复鉴定现象、当事人不满鉴定意见的争议情况、鉴定争议解决机制、法官审查鉴定意见的困境及其破解机制（如专家辅助人、专家陪审员制度）等角度，共同诉说刑事鉴定中的问题与改革之道。其中贯彻的核心思想就是通过程序开放、多方参与的"过程导向信任"的鉴定运作机制，解决鉴定争端，实现法官对鉴定意见的实质性审查权。而其主要研究方法，就是以刑事鉴定公案为基本素材，结合实践中刑事司法部门长期摸索与试验的一些有益经验，进行实证性材料分析。

最后，在写作本书时，笔者始终牢记维特根斯坦有关学术研究"应贴在地面步行，不在云端跳舞"的教诲，将相关分析与理论提炼建基于实践之上。但由于时间匆促、知识有限，加之理论视野不足，故而本书的写作，事实上远未实现当初宏愿。然而无论如何，本书也是近几年学术研究的点点心得，是非功过，恳请方家批评指正。

目　　录

第一章　刑事鉴定制度改革批判

一、问题的提出

2000 年以来，中国刑事司法鉴定制度改革之声甚嚣尘上，学者们对刑事鉴定制度直陈利弊，认为是"变亦变，不变亦得变"的革故鼎新之期，如同康有为"上皇帝书"的"守旧不可，必当变法；缓变不可，必当速变；小变不可，必当全变"。然而，学者们还未来得及对自己的认知方式与认知能力进行反思，就径直着手制度的构建，有如康德所言"飞鸟何以超过自己的影子"。尽管长期熏陶于这种研究范式中，潜移默化而不自知，但笔者心中常常泛起一种缺少心灵家园、茫然若失的悲愤之感。毫不夸张地说，我们在思想意识上都产生了巨大的混乱与茫然，陷入了严重而普遍的"精神迷失"境地，如同一个人被抛置于一个陌生的广场上，不知出路在哪儿，出现了当代英国思想家以赛亚·柏林所谓的"广场恐惧症"。

因此，本书着眼于刑事鉴定制度改革的一些困境，反思我们长久以来对热点问题研究的进度，以及中国理论研究与法律实践之间缺乏应有的张力而导致"知"与"行"的二元背离。

二、刑事鉴定制度改革的困境

（一）刑事鉴定人与法官事实认知的冲突

刑事鉴定制度的首要困境是鉴定人的事实认知与法官[1]的事实最终决定权（自由心证）的冲突。众所周知，诉讼中法官是最终的冲突解

---

①当然，法庭审判者中的事实认定者，还包括英美国家的陪审团以及欧陆国家与中国的陪审员。但是因为前者参与审判的数量非常有限，而后者与法官共同审判，所以此处只选取刑事法官这一常态的审判主角进行研究。

决主体，但随着科学技术迅猛发展，法官早已走下了全知全能的神坛。对超出自身理解之外的疑难问题，法官会将其交于拥有专门知识的人来解决。固然，事实审理中鉴定人的引入，确实有助于知识的合理分工与法官事实认定的准确与简便。但不容置疑的是，由于法官是案件事实的最终判断者，因此，鉴定人对专门问题探究的结果，法官未必有足够的审查能力。鉴定的提起，恰恰反映的是法官事实认知的盲区。当然，像日本、德国、法国法律明确规定，法官不采纳鉴定意见时必须说明理由，这事实上已经是对其自由心证的限制，但究竟是否能够得到有效实施，却是一个非常值得怀疑的问题。

法官对鉴定意见的审查，不外乎两条途径：其一，把鉴定意见与其他证据相互参究，看彼此是否矛盾，以及这种矛盾能否化解。然而当多个专家结论之间产生冲突且其具有决断作用时，这种困难则暴露无遗，现实中对一个专门问题鉴定七八次就是如此。其二，就鉴定意见本身进行审查。大多数时候，法官对提交鉴定的问题都是外行，他们对不懂的问题进行审查时，除了对书面文字进行审查，一般是寻找替代性测度机制，如鉴定人的资历、他在全国该领域的名气、他是否有专业文章或论文、他所在鉴定机构的名声等。由于替代性测度机制把核心问题外在化与简单化了，不仅容易导致法官审查的不精确，而且容易使鉴定人通过表面的包装获得法官的信任。一般来说，理论知识的运筹帷幄，并不代表操作能力的娴熟，把理论用于实践需要一种敏锐的判断力。康德认为判断力是人的一种天生的能力（我们持保留意见），也是一种高级的能力，但判断力是不可教的。[①] 这种运用理论于具体实践的判断力需要鉴定人的长期摸索，当然不排除运用一些原理确实可以指导判断力的训练。加之，中国刑事审判中的鉴定人绝大多数是侦查机关的国家工作人员，他们的鉴定意见与其他证据经过加工本身已经构成了完整的证据链，这样，法官还会或者还能专门审查吗？

（二）犯罪嫌疑人、被告人委托鉴定人的困境

能否赋予被告人鉴定启动权进而对法官审查鉴定意见进行牵制呢？我们知道，辩方只能向社会鉴定机构聘请鉴定人，抛开社会中立鉴定人是否愿意放弃风险更小且案件多得无暇旁顾的民事鉴定而接受刑事辩方

---

①邓晓芒：《康德哲学讲演录》，广西师范大学出版社 2005 年版，第 13 页。

的委托不谈，鉴定人有没有能力要求侦查机关提交鉴定材料？若法律规定辩方的鉴定人介入诉讼时间提前到侦查阶段，辩方的鉴定人能参与现场勘查吗？能够提取物证吗？鉴定人这时会接受辩方的聘请来做如此吃力不讨好的事情吗？鉴定体制的改革把社会鉴定机构与鉴定人推向市场化，因而利益最大化、风险更小才是其根本目标。所以现实中不难理解侦查机关聘请中立的鉴定人很难，不仅因为他们提交的案件难以鉴定（已经过自己部门的鉴定），还在于一旦出错，鉴定人将面临社会谴责、同行竞争的压力，同时还可能要面对被告人亲属或被害人到鉴定机构争吵，甚至以死相逼。①

而且，鉴定人若真接受辩方委托，还可能成为后者掏钱雇用的"枪手"。虽然法律规定，他们必须本着事实说话，但被告人会自己花钱聘请鉴定人用所谓的科学来证明自己有罪吗？②他们聘请鉴定人只是用科学话语权来主张自己的利益，科学本身成了争夺利益的武器，尽管科学乃知识中的典范，探讨的是自然之理，依据科学原理得出的结论不会彼此相悖。

事实上，科学研究的常见论题是它常由科学家的目的、利益、政治信仰所塑就。众所周知，在科学实践中很难明晰界定偏见，而任何科学分歧或者对常识的背离均涉及偏见。在许多科学中，并没有简单的、规则性的方法体系，但其能够提供途径，以此为凭来比较被指控有偏见科学家的观点。当然，与科学家相比，鉴定人对知识更不具有"纯粹的兴趣"，情感偏见与认知性偏见不可避免。即便我们坚信鉴定人是以客观、公正的眼光看待诉讼中的专门问题，但由于实践中公检法机关相互分工、配合、制约关系的存在，法官难以顶住侦查机关、检察机关施加的压力，何况他们本身就是共同发现"客观事实"的；加之同一地区为数不多的国家鉴定人被同级法院熟知，长期形成默契合作，外来的鉴定人难以真正介入。在边远或基层的司法体系中，大家本身就是老熟

---

①某高校的司法鉴定机构曾因某例笔迹鉴定，一方当事人认为鉴定意见与其认知不合，而喝农药自杀，产生了恶劣的影响。而通过笔者所兼职的司法鉴定机构也可以了解，近年来当事人闹鉴现象越来越多，俨然形成了一种气候，甚至出现职业闹鉴者，令鉴定机构与鉴定人不堪其扰。

②鉴定人与律师不同，鉴定人首先应是面对法庭的，其次才是面对聘请方的。而且，鉴定人被引入诉讼的目的是提供真实的意见，而非为了辩方利益。

人，如果法官担心鉴定意见存在问题，提前同鉴定人进行沟通，在这种情况下，他会采纳外来鉴定人的结论吗（社会鉴定机构大多在大城市）？

一个称职的法官会怎样看待被告人聘请的鉴定人呢？边沁在几百年前就主张："人们常常可以观察到法官由于职业的原因习惯于看见罪犯，并坚定地相信存在犯罪，故而一般人都存有不利于指控之人的偏见。"法官在审判实践中，职业化的典型体制使其具有下述倾向：对他人而言至关重要的事情，在此却只作例行常规式的对待；对司法裁判事务参与程度越深，就越会变得麻木不仁；有待裁判的事项，在他看来只不过是一般类型中的一个，并逐渐以一种处理日常工作的相对冷漠的方式进行事实认定。① 尽管学者们呼吁法官应该贯彻无罪推定原则，可是对于长年累月从事审判的法官来说，因为实际被判无罪的案例太少，他们一般都倾向形成被告有罪的思维前见。所以，法官对被告人聘请的鉴定人一般不会太重视，至少很难与控方鉴定意见进行等量齐观的权衡。不过，如果辩方聘请的鉴定人名声很大，法官可能会加以重视，然而这种鉴定人毕竟数量少，是大家争抢的稀有资源，只会导致更加不公平。学者可能会论证这是改革必然带来的代价，社会前进的道路沿途必然留下痛苦与辛酸。辛普森案是美国程序正义、民主与自由的试金石，除了几处贫民区的骚乱外，并没有引发抗议的轩然大波。因为尽管美国人几乎都知道他是杀人凶手，但是他们已经被联邦最高法院大法官弗兰克富的名言"一部美国人的自由史，在很大程度上，就是程序的保障史"所说服。所以，法治的根基在于信仰与习惯。② 中国的老百姓对司法本身就不十分信任，"打官司就是打关系"的理念与实践中的违规运作相互造就，谈何信仰？

（三）刑事鉴定人出庭面临的困境

鉴定人出庭是鉴定制度改革中的又一热点问题，相关文章不计其数，各种立法建议也莫衷一是。然而"法律是实践的社会活动，受到多个变量或制约条件的影响；一旦其中某个变量发生了变化，受影响的

---

① ［美］米尔吉安·R. 达马斯卡：《比较法视野中的证据制度》，吴宏耀、魏晓娜译，中国人民公安大学出版社 2006 年版，第 6 页。

② 冯象：《政法笔记》，江苏人民出版社 2004 年版，第 151～152 页。

人们完全会以个人的实际行动来改变法律和司法在社会中的实际形态。真正的仁慈者不能仅仅关注法条修改，更要尽可能考虑法条修改的实际后果。并且，如同前面分析所显示的，制度的存废最终是通过严酷的制度竞争来完成的，而不是通过提出一个美好的愿望而被建立或废除的。制度与愿望的最大区别就在于制度必须对社会普遍有用和有效，而愿望只需要对自己有效就可以了"。① 因此，当人们众口一词地呼唤鉴定人出庭时，应该考虑以下几个问题。

1. 犯罪嫌疑人、被告人聘请社会鉴定人的问题

社会鉴定人本身就少，在西部地区，鉴定人几乎全是国家机关的鉴定人，新的法规又禁止他们从事社会鉴定，因而社会鉴定人供不应求，他们更愿意从事风险更小的民事鉴定。在刑事案件或医疗纠纷中，由于人身自由、生命诸权利至关重要，加之侦查机关、检察机关往往并不能代表被害人，某一鉴定意见是否有效就存在争议，各自都希望打出科学鉴定的王牌从而对己有利。有些鉴定人受到威胁，主动放弃鉴定或作出模棱两可的鉴定。

2. 辩方聘请的鉴定人出庭费用的问题

由于鉴定人是被告人自己聘请的，因而其承担鉴定费用是合情合理的。但在现实中，被告人连律师的聘请问题都未很好解决，何谈聘请鉴定人？经济条件好的被告人也许能够聘请鉴定人，条件不好的被告人呢？建立鉴定人援助制度，在一定程度上可以解决这个问题，但也不会马上见效。一是鉴定人数量少，援助有限；二是鉴定人很难全心全意为被告人进行服务，也没有动力为某一专门问题上下求索。一些鉴定人出庭就只走形式，对于某些案件（如邱兴华这样的大案），鉴定人也许会表现得一腔热情，甚至作秀。鉴定人为当事人服务是与金钱挂钩的，利益的最大化是他们的工作动力，在这种意义上来讲，追求真实的鉴定意见也是为了自己的信誉，而信誉同样是以利益为宗旨的。

3. 法官把错判的风险甚至民众的愤怒转移给鉴定人

不可否认，尽管法官为事实认定的最终把关者，但法官的自由心证在现代科技的重重帷幕之中未免步履蹒跚。事实上，专家们在案件事实

① 苏力：《法律与文学：以中国传统戏剧为材料》，生活·读书·新知三联书店 2006 年版，第 78 页。

的部分认定中已经取得了决定权。当法官对事实的认定处于摇摆之中、无法确立心证时，鉴定意见往往成了他们判决的重要依据。但是，与其他的错误证据相比，采信错误鉴定意见的法官往往会受到人们甚至案中当事人的谅解。因而，被告人或者被害人对事实认定的不满就会转移到鉴定人身上，特别是鉴定人在法庭上的侃侃而谈更能燃起其胸中的怒火。社会大众、媒体对其行为的不理解，使鉴定人成为众矢之的，其业务也因此而陷入低潮。

4. 国家鉴定人的出庭问题

在中国刑事诉讼中，鉴定人本身就是侦查机关的工作人员，理论上讲他们是中立的，但放在具体的制度运作实践来看，鉴定人中立与独立的身份和地位无法得到保证，而且鉴定人对侦查中的信息基本上了如指掌，要让他完全客观地作出鉴定意见是比较困难的。要求他们出庭是很好的改革措施之一，但没有办法督促其出庭，即使其出庭也仅仅起着"传声筒"的作用，这是因为他们参与的案情讨论、侦查终结、奖惩升降都与案件认定挂钩。而在很长时间内，鉴定人至少不会从侦查机关分离出来，这又该如何解决？

5. 鉴定人出庭的陈述如何让当事人与法官了解、信服的问题

法官由于长期耳濡目染，甚至很多人研习了法庭科学的相关课程，因此他们对这个问题并不完全陌生，与事实认定的门外汉相比，法官可能表现得更好。但是，由于鉴定人陈述事实需要语言，特别是专业术语，这不仅导致语言转换的困难，而且因为语言具有一种神奇的性质，即它从根本上改变语言所指涉的对象的性质，使它消除特殊性而具有普遍的规定性，[①] 在纯粹语言的应用领域之内，语言所表达的永远是一般

---

①例如，当我说"这是一张桌子"的时候，我的意思是指在特定的时间与特定的地点存在的一张特殊的桌子，而非其他的任何一张桌子。凭借这样一种语句，我想表达的是某种确定的并且特殊的东西。但是，该语句"这是一张桌子"毋宁说在实际上所欲表达的是一个一般性的东西。因为，任何一张桌子，只要它的类属与那张特殊的桌子一致，都可以成为"这是一张桌子"的所指，都可以填充到这一语句的形式之中。在这种情况下，这种语句所表达的是一般而非具体、特殊的东西。当然，对"这是一张桌子"可以增加各种各样的修饰词，使其有所限制，即根据内涵与外延的反比关系，无限扩充内涵，最终使外延成为唯一特定的东西。而实际上如果这样的修饰抑或限制完全所以在纯粹的语言领域中进行的话，那么不管对"这是一张桌子"施加什么样的限制与修饰，其结果只能使所涉及的问题变得越来越复杂，而并不能使这样的语句在实际上真正表达某一确定的真正的桌子。

性的东西。正因为语言具有此种容易使人忽略的特性，所以在我们表达任何一种特殊事物的时候，这样一种语句实际上已经出人意料地把它指涉的对象从特殊转化为一般了。所以鉴定人在向法官解释时，如何运用语言特定化所要阐述的问题甚为艰难，不同的人可能在一般化的语言中加入自己的理解甚至偏好的观念。

三、刑事鉴定制度改革的理念

刑事司法鉴定制度改革的动力或根基必须立基于中国司法实践。刑事鉴定制度的革新以西方为参照无可厚非，问题是如何把握一国制度运行的实际效果及其与理论的张力，而不是简单进行制度文本的静态比较。脱离对中国实际状况的研究，鼓吹变革并以神州大地亿万苍生沦为别国制度的实验场所，未免太漫不经心，任何制度都是一种地方性知识，只有适合本国制度体系的，才是最适合的。

（一）鉴定制度改革的动力及其受众

古人云"其首在立人，人立而后凡事举"。尽管中国鉴定制度改革在学界中呼声很高，然而普通民众对其冷漠置之，甚至嗤之以鼻并愤怒地嘲讽、谩骂。法律的运行根植于具体的、怀揣历史沉淀的普通人，而不是"理想者们"凭空杜撰的脱离语境的、单向度的人。须知"个体生活的历史中，首要的就是对他所属的那个社群传统上手把手传下来的那些模式和准则的适应。从他落地伊始，社会的习惯便开始塑造他的经验和行为。到其咿呀学语时，他已是所属文化的创造物。而到他长大成人并能参加该文化的活动时，社群的习惯便是他的习惯，社群的信仰便是他的信仰，社群的戒律便是他的戒律"。① 人们对现今的司法制度不信赖，具有深厚的历史根源和社会根源，并非三言两语就能澄清。但是，学者们总是习惯于以自己的感受代替众人的感受，并以众人的名义进行改革。由于改革的动力不是内在规律的发掘，所以除了表面的轰轰烈烈，其实更多的是古井微澜，普通民众所接受并认同者寥寥无几。由于制度改革并未改变现状反而滋生新的冲突，因而民众更加疏懒国家正式制度，寻找替代性机制，即所谓的"礼失而求诸野"。

---

① [美] 露丝·本尼迪克特：《文化模式》，王炜译，生活·读书·新知三联书店1988年版，第5页。

改革制度是非常谨慎的工作，需要改革者了解民众对制度实践利弊的指陈，而非以民众的启蒙者自居。即使一种良好的制度被学习、被移植，如果没有营造一种相应的法律文化（诉讼文化），其制度的运行也将大打折扣，甚至毫无效果。一个良性的稳定—改革—稳定发展模式的社会，首先不应仅仅把目光锁定在国外、庙堂与书斋，而应对习惯、风俗、社会发展趋势倾听、开掘、理论化与制度化，并在前者与后者之间进行往返关照，形成一种理论与实践的动态关系链，从而发现而非发明合理的鉴定制度。因而改革的动力来自社会，受体是千万民众，这样不仅能够剔除大喊口号的意识形态，而且能够"悬置"改革者的前见，并且通过制度的反馈来淳化民众，让他们成为真正的历史创作者而非完全作为社会现代化目标的盲目工具。毕竟法律仅仅是人们生活方式的一部分，凭空插入异质之文本，最终只会阻碍法治的进步。

（二）鉴定制度改革的核心理念

各个民族面对的问题不同，改革的处境与模式也必然不同。所谓"人心不同，各如其面；物之不齐，物之情也"。19 世纪以来的历史唯物主义与人类学的发展，已经使普世性价值失去了绝对话语权。虽然人类必然有共通的价值可以分享，但在越来越强调背景性信息的情况下，这种普世价值或许只是一种形式，需要不同的国家、民族填充实践的内容。

鉴定制度改革中的核心理念是"反思平衡"的思想。所谓"反思平衡"，其实就是指这样一种方法：通过理性反思，在我们的直观认识和现存理论之间形成和达到一种最佳的"合拍"，以便我们能够对那个领域中的现象提出深思熟虑的判断。那些判断有一个本质的特点：它们是在恰当的考虑和反思之后作出的，因此就摆脱了特殊的利益和偏见以及其他类似的干扰因素的影响。在日常的实践中，一方面，我们对鉴定制度运作有一些直观的认识；另一方面，我们也有某些关于该制度的现存理论。因而，如何追求鉴定理论与实践最佳的"合拍"，达到二者的互动，就是鉴定制度改革的可操作性理念。正确而可行的制度操作智慧不是先验的、僵硬不变的绝对理性，而是历史建立起来的、与经验相关的合理性，这就是中国传统的"实用理性"，它就是历史理性。因为这个理性依附于人类历史（亦即人类群体的现实生存、生活、生命的时间过程）而产生、成长、演变推移，具有足够灵活的"度"。① 因而，鉴定制度的改革也罢，运行也好，都应该掌握一种"度"的哲学，即在人情常理与僵硬的法律之间寻求动态平衡。所以亚里士多德说"过度和不及都属于恶，中道才是德性……是最高的善和极端的正确"。

（三）鉴定制度改革的方法

法律制度的变革不是彻底革命、大破大立，要么全有、要么全无的激进态度，而应该是零敲碎打地改进，点点滴滴地进步以及局部的、临时性的安排。学者们不应该抱有要么天翻地覆、连根拔起，要么一事无成、墨守成规的心态，在亢奋和颓唐两个极端变化，而应该坚忍不拔地从眼前的变革做起。变革需要方法，方法上不讲究，改革者纵有再大的诚意与魄力，也只是暴虎冯河式的改革。王安石式的变法虽激起万丈浪花，但浪过水无痕，徒然错过了难得的改革契机。改革的方法，笔者不避孤寡与浅薄，冒昧提出一二。

第一，借鉴西方某些国家处理某一具体事例所蕴含的智慧，而非想当然的制度移植或一厢情愿的简单折中。在现代化的进程中，民族之间、国家之间逐步"鸡犬相闻"，经济的发展慢慢浸润着人们的言行举止、思维观念。虽然各民族、各国家面临共同或相似的问题，但差异仍然存在（英国与美国法治差异很大），应对的策略方法极不相同。所以，在俯瞰而非进入他国制度时，应更多思考其展示的实践理性，发掘它们追求"反思的平衡"的方法。当然，这就需要学者们爱智慧、为学问而学问的精神，否则，就会匆忙一瞥中厚此薄彼，同时，也会把不同国家（如英国与美国）的鉴定制度存在的较大差异抹杀。

第二，制度改革前应该进行大量的调研，制度运行前应做充分准备。然而，调研不仅涉及经费的问题，更涉及能否真正进入实践运作的场景。在中国因种种原因，深入的调研举步维艰，毕竟"法乃为未来而制定"，设计、采用任何一种制度都面临出乎意料的困难。何况，制度的实际运行，除了理论的论证，更多需要民众的理解与参与。在日本，21 世纪初的裁判员制度进行立法之后，并未急于实施，而是动用

---

① 李泽厚：《历史本体论·己卯五说》，生活·读书·新知三联书店 2006 年版，第 43 页。

社会、国家各界人士进行长达五年的准备，其制度改革非常谨慎。[①]

第三，应该把刑事司法制度的改革与刑事政策学、刑法学、刑事侦查学等刑事法学结合起来研究。现在中国学界的普遍现象之一是自说自话，不与其他学科交流。刑事鉴定制度的改革不能脱离其他的刑事法学科，尤其不能脱离刑事技术学的研究现状。如果说人类整个社会的动力是经济的发展，那么可以毫不夸张地说，鉴定制度乃至刑事法总体目标的实现都是以刑事技术的发展为支撑的，没有技术作为动力源的推进，某些制度的变革就是乌托邦。同时，制度的变革需要不同学科的学者之间的合作。由于当今社会的高速发展，对知识的探索层出不穷，一个人掌握的知识很有限，因而在涉及人们社会方式乃至自由、生命等权利的改革中，需要多学科学者的合作。鉴定制度的改革涉及政治学、社会学、经济学与人类学诸学科，法学学者们应该打破壁垒，与他人合作，多视角研究问题，才能真正作出贡献。

四、刑事鉴定研究者与改革者的责任

"岂有文章觉天下，忍将功业负苍生。"自有启蒙以来，多少哲人智士孜孜以求，所追求的就是这个"天下文章、苍生功业"。不过，没有多少人能换个角度想，即为生活世界发展自主延续，既需保持儒者淑世为怀之古典追求，又应存有一份现代人对"文章功业"的负面警惕。[②] 现代化是一项缺乏诗意的事业，基于想象和激情的雄才大略、孤注一掷必须让位于商人般的计算、耐心与妥协。作为知识分子的法学家们，在社会改革中究竟应怎样协调自己的批判角色与积极参与者之间的冲突，确实是一个问题。

真正的知识分子（包括法学家们），首先应该严守自己的本分，即对真理的追求。一个纯粹的知识分子，有必要把一切问题首先化为理论问题来考察，坚持学术立场，拒绝一切偏离学术本位的诱惑。这种知识分子在今天凤毛麟角。中国人大多缺乏对待真理的超验眼光，而只有实用的眼光，"无用的"真理中国文人是不屑一顾的。在此基础上，知识

---

①日本裁判员制度的立法及实施步骤，可参见陈光中主编：《21世纪域外刑事诉讼立法最新发展》，中国政法大学出版社2004年版，第253~272页。

②朱学勤：《书斋里的革命》，云南人民出版社2006年版，第72页。

分子如果想在现实生活中实现自己的理念和信念，必须有极强的自知之明，并建立起对自己信念的有效的监督机制，即自我否定机制和怀疑机制……知识分子应当充分意识到自己固有的弱点，即不善于行动，其对现实的介入最好限制在对已经发生的事件作批判的考察和分析上，而不是对未来事情的全盘规划上。知识分子应该把操作留给其他人（如技术官僚）去做。①

改革者们要有一种深厚的历史修养，具有对过去、现在、未来各种纷繁复杂事件的敏锐洞察力。鉴定制度改革必然会有各种利益妥协和各种矛盾的激发，法学家并不具有政治家的禀赋，何必强力掺和。中国历史上伟大改革人物王安石也说："为己，学之本也；为人，学之末也……是以学者之事，必先为己，其为己有余，而天下之势可以为人矣，则不可以不为人。故学者之学也，始不在于为人，而卒所以能为人也。今夫始学之时，其道未足以为己，而其志已在于为人也。则亦可谓谬用其心矣。谬用其心者，虽有志于为人，其能乎哉！"② 所以，用哲学史家文德尔班赞扬荷兰伟大的哲学家斯宾诺莎时说的一句话评价中国法学家较恰当，即"为真理而死，难；为真理而生，更难"。

前面的论述，并不意味着笔者反对鉴定制度之改革，相反对其总是如"瞻彼日月，悠悠我思。道之云远，曷云能来"的心态。只要社会在发展，变革就会如影随形。笔者将强调的是改革对涉及社会的整个苍生而言，并非学者们"经邦治国"宏伟蓝图实验的场所。晚唐文人杜牧提出"丸之走盘，横斜圆直，计于临时，不可尽知。其必可知者，是知丸之不能出于盘也"。改革设计之"丸"无论怎样超远、高拔，最终必须落在这个华夏之"盘"中。

①邓晓芒：《徜徉在思想的密林里》，山东友谊出版社 2005 年版，第 47 页。
②转引自余英时：《文史传统与文化重建》，生活·读书·新知三联书店 2004 年版，第431 页。

第二章　刑事重复鉴定的现象与问题

一、问题的提出

众所周知，中国刑事鉴定制度问题重重，而其中尤以重复鉴定饱受诟病。最早为世人所知并引爆社会争议者为南通亲姐妹硫酸毁容案，此案先后历经 5 次鉴定，出现 4 种不同鉴定意见。[①] 此后，中国网络第一案——湘潭女教师黄静裸死案，前后经过 5 次尸检、6 次鉴定，再次将刑事重复鉴定制度推上风口浪尖。[②] 针对多头鉴定、久鉴不结、鉴定意见相互抵触等现象，2005 年全国人大常委会通过并实施了《关于司法鉴定管理问题的决定》（以下简称《决定》）；紧随其后，司法部、公安部、国安部、最高人民法院、最高人民检察院或单独或联合出台了一系列新的规范文本。然而，重复鉴定问题一如既往，随后接连发生了李树芬案、戴海静案、代义案、黎朝阳案、曾仲生案等一时震动国内外的大案、要案。

事实上，据侦查机关和人民法院粗略统计，对同一事项鉴定两次以上的占鉴定总数的 60% 以上，[③] 一些案件的鉴定次数已达到 5 次、6 次，[④] 甚至 8 次之多，[⑤] 这已严重影响了中国刑事司法鉴定的权威，不

[①] 柴会群：《精神鉴定"清理门户"的时候到了》，载《南方周末》2011 年 7 月 14 日第 A02 版。

[②] 吴少军、李永良：《黄静裸死案鉴定之谜》，载《中国审判》2006 年第 7 期，第 66~69 页。

[③] 邹明理：《合理控制重新鉴定和有效解决鉴定争议措施探讨》，载《中国司法》2008 年第 8 期，第 86 页。

[④] 柴会群：《五次鉴定结论"打架"三岁幼童死因成谜》，载《南方周末》2005 年 5 月 19 日。

[⑤] 王松苗：《司法鉴定：成为"证据之王"尚需假以时日》，载《检察日报》2005 年 12 月 14 日第 5 版。

仅导致案件无法定分止争、久拖不决，甚至还诱发群体性事件、① 当事人或其亲属长年累月进京上访。② 更糟糕的是，一系列重复鉴定案件所暴露的各种问题降低了社会或当事人对官方鉴定意见的信任，特别是一些大案、要案经过媒体的反复渲染，对刑事鉴定弥漫的不信任态度，已如同水银泻地、无孔不入，且沉淀为普通国民的超稳定心理结构。其后果是无论官方鉴定过程是否正当、鉴定意见是否可靠，只要与当事人心理预期相违背，他们动辄就申请重新鉴定，甚至闹事、上访。于是，中国部分刑事鉴定案件被迫卷入"不信任—重复鉴定—不信任—再重复鉴定……"的恶性循环。

长久以来，刑事重复鉴定引起了学界与实务界的广泛关注。然而，在汗牛充栋的研究文献中，其论及的主题不外乎现状归纳、③ 原因分析、④ 对策建议。⑤ 但大多论证粗疏、因袭陈规，缺乏经验材料的概括与归纳，只偶尔存在个案实证研究。⑥ 同时，论者的研究常常无意识地混淆了刑事、民事两种重复鉴定制度在表现特征方面的根本不同（如鉴定机构、鉴定案件类型的差异）。当然，他们最忽略的是当前中国刑事重复鉴定案件呈现出的社会结构（谁不满？不满谁？采取什么手段？），⑦ 以及在重复鉴定中国家、当事人双方的互动与博弈。

有鉴于此，我们将以实践中发生的一些经典案例为样本（见表1），

---

①丁补之：《一个女生的死引爆一座城——瓮安事件真相调查》，载《新闻天地》（上半月刊）2008年第8期，第20~23页。

②据学者研究，仅在河南省2004年1至10月中，向公安部上访的案件就有160例。参见刘瑛：《法医鉴定引发上访的原因及对策》，载《北京人民警察学院学报》2005年第5期，第25页。

③孙玉国等：《183例司法精神病学重复鉴定分析》，载《中国心理卫生杂志》1997年第3期，第181~183页。

④许霞：《浅议反复鉴定的反思》，载《中国司法鉴定》2009年第5期，第87~89页。

⑤姜春艳、陈永刚：《一案数份司法鉴定结论哪份优先》，载《法制日报》2003年3月13日；郭华：《论鉴定意见争议的解决机制》，载《法学杂志》2009年第10期，第63~66页。

⑥刘英明：《不同鉴定结论如何采信——以黄静案为例》，载王进喜、常林主编的《证据理论与科学——首届国际研讨会论文集》，中国政法大学出版社2009年版，第335~349页；赵旭：《黄静案与鉴定冲突》，载《辽宁工业大学学报（社会科学版）》2009年第3期，第19~21页。

⑦案件结构学说是美国法社会学家布莱克提出的，它致力于研究案件的社会结构（当事人关系、纠纷解决者）是如何预示案件的处理方法的。参见［美］唐·布莱克：《社会学视野中的司法》，郭星华等译，法律出版社2002年版。

按照唐·布莱克的案件社会结构说理论，对中国刑事重复鉴定当前呈现出的特征与样态进行实证研究，并在此基础上，动态分析刑事重复鉴定过程的事实逻辑，从而发现与解释由它衍生出的问题与缺陷。

表1 中国刑事重复鉴定部分案例统计表

编号	案例名称	发生地	鉴定次数	鉴定种类	时间
1	卢伯成受伤案	浙江东阳	8	法医临床	1993—1999
2	张权利杀人案	河北石家庄	3	法医精神病	1993—2002
3	吕浩庆故意伤害案	湖北武穴	4	法医临床	1995—1996
4	梅旭东故意伤害案	陕西宝鸡	5	法医精神病	1996—1997
5	张兆海受伤案	山东济南	4	法医临床	1999—2000
6	王逸故意伤害案	江苏南通	5	法医精神病	1999—2000
7	余显兰坠楼案	贵州桐梓	5	法医临床	1999—2003
8	王蓬贪污案	浙江杭州	5	法医精神病	1999—2003
9	杨义勇涉嫌故意杀人案	湖北武汉	3	法医精神病	2000—2001
10	连丽丽死亡案	辽宁鞍山	6	法医病理	2000—2006
11	曹某故意杀人案	河北保定	3	法医精神病	2001
12	陈保全案	陕西咸阳	4	法医临床	2001—2002
13	吕全军被伤害案	甘肃酒泉	5	法医临床	2000—2002
14	莫定佳案	湖南桃江	7	法医临床	2001—2004
15	何胜利涉嫌故意伤害案	河南平顶山	3	法医临床	2001—2011
16	郭伟死亡案	辽宁瓦房店	2	法医病理	2001—2002
17	高莺莺死亡案	湖北襄樊	3	法医病理	2002—2006
18	吕玲被伤害案	安徽阜阳	3	法医临床	2002—2007
19	李端庆涉嫌强奸案	湖北鄂州	3	法医物证	2003
20	黄静死亡案	湖南湘潭	6	法医病理	2003—2006
21	徐建江杀人案	新疆石河子	2	法医精神病	2003

编号	案例名称	发生地	鉴定次数	鉴定种类	时间
22	方一栋死亡案	浙江余姚	5	法医病理	2004
23	阿龙死亡案	海南	2	法医病理	2004
24	张凡故意杀人案	江苏徐州	2	法医精神病	2004
25	张忠运被伤害案	河南商丘	5	法医临床	2004
26	李晓威被伤害案	黑龙江佳木斯	4	法医临床	2004—2006
27	李胜利死亡案	河南周口	4	法医病理	2004—2006
28	周坤生受伤案	江苏邳州	5	法医临床	2004—2006
29	孙宝成故意伤害案	吉林吉林	3	法医临床	2005—2006
30	谢佩银死亡案	安徽淮南	4	法医病理	2005—2008
31	甘锦华杀人案	广东佛山	2	法医物证	2005—2006
32	林清旗交通肇事案	云南昆明	2	法医精神病	2006
33	金双林案	上海	4	法医精神病	2006
34	戴海静死亡案	浙江瑞安	2	法医病理	2006
35	杨富江伤害案	甘肃兰州	3	法医临床	2006
36	李纪文涉嫌交通肇事案	河南柘城	3	交通事故	2006—2007
37	徐敏超杀人案	云南丽江	2	法医精神病	2007
38	黎朝阳死亡案	广西南宁	3	法医病理	2007—2008
39	张庆死亡案	吉林长春	3	法医病理	2007—2008
40	代义死亡案	黑龙江嫩江县	4	法医病理	2007—2009
41	李树芬死亡案	贵州瓮安	3	法医病理	2008
42	刘文奎被伤害案	四川南充	4	法医临床	2008—2009
43	易树声案	浙江杭州	3	法医精神病	2009

编号	案例名称	发生地	鉴定次数	鉴定种类	时间
44	涂远高死亡案	湖北石首	2	法医病理	2009
45	方凡玢案	浙江萧山	3	法医临床	2009
46	刘全普案	浙江杭州	3	法医精神病	2009
47	曾仲生案	广西南宁	2	法医病理	2009
48	赵凤凤死亡案	陕西神木	2	法医病理	2009
49	林立峰死亡案	广东湛江	2	法医病理	2009—2010
50	马向前死亡案	广东深圳	2	法医病理	2010

当然必须说明，有限的样本资料可能导致以偏概全。但不可否认，表1的部分经典案例已足以将中国刑事重复鉴定制度的问题连根拔出。一些个案甚至作为标本事件，推动了21世纪司法鉴定制度的重大革新、法律文本的频繁出台。以此观之，有限的实证研究仍具有显著的理论与实践意义。何况，我们的分析还同时建立在前人既有成果的基础之上。

值得注意的是，本书所谓的重复鉴定，是指针对同一鉴定事项进行多次的、反复的鉴定，强调的是鉴定次数，既包括由办案部门启动的重新鉴定，也包括当事人自行委托的再次鉴定。而重新鉴定是法律术语，它强调再次鉴定的合法性与正当性，其目的是对前次鉴定的缺陷或错误的纠正。[1] 本书研究重复鉴定，盖因重新鉴定无法概括当前实践中刑事鉴定的现状与问题，不过，在行文中，根据具体语境分别运用重复鉴定与重新鉴定的概念。

二、当前刑事重复鉴定案件的现状

在布莱克案件社会结构学说的启发下，我们对刑事重复鉴定需要反思以下几点：当事人之间存在何种关系？他们最不满何方（侦控机关还是法院）的鉴定意见？哪种类型的案件被频频提起？重复鉴定结果

---

①邹明理：《合理控制重新鉴定和有效解决鉴定争议措施探讨》，载《中国司法》2008年第8期，第85页。

如何……

（一）涉案类型

日常的媒体披露与我们的调查表明：在中国刑事重复鉴定中，陷入是非旋涡的往往为部分法医学鉴定。当然，上述实证资料进一步印证了该结论。可能的原因有以下几个方面：

第一，法医鉴定所欲与所能解决问题的重要性，非其他鉴定意见所能相提并论。例如，对被害人死亡原因的确定，常常牵涉侦查机关是否立案、能否追究相关人员刑事责任的核心问题。一旦被害人的死亡超出其家属或民众的合理预期，而官方又给予该死亡为自杀（如案例 17：高莺莺死亡案；案例 44：涂远高死亡案）或因自身的生理疾病所致的尸检意见（如案例 20：黄静死亡案）时，便可能酝酿出强烈而持久的鉴定争议，便容易引发重复鉴定。若该被害人死于公安部门的看守所（如案例 38：黎朝阳死亡案）或死于侦查人员讯问过程中（如案例 30：谢佩银死亡案），加之办案部门拒绝家属查看尸体或急欲火化，则被害人家属对办案单位的尸检报告几乎毫无可信之言。

第二，犯罪嫌疑人或被告人若被认定为精神病，从而不具有刑事责任能力或仅为限制责任能力时，其将不负刑事责任或将受到量刑上的减轻处理，特别是因精神病鉴定而从立即执行死刑降格到死缓或其他徒刑时。由于精神病鉴定本身能带来戏剧性效果（"生死两重天"），导致在中国刑事诉讼中精神病鉴定历来毁誉参半。本组材料反映出：一方面犯罪嫌疑人或被告人穷心竭力，通过精神病鉴定逃脱罪责（如案例 9：杨义勇涉嫌故意杀人案）；另一方面，明显具有精神病的被告人则在有或限制责任能力与无责任能力之间反复徘徊（如案例 33：金双林案）。"有"还是"没有"精神病、"无"抑或"限制"责任能力，就成了部分中国刑事案件中侦控机关、法院、当事人双方反复博弈的焦点。

第三，法医重复鉴定较为常见的类型还有活体的损伤程度鉴定。损伤程度鉴定作为法医临床鉴定中的重点，其鉴定意见（轻伤或轻微伤）决定了侦查机关是否立案（如案例 45：方凡玢案）、被告人刑事责任（轻伤与重伤的区别）的大小、案件是否超过诉讼时效等问题（如案例 5：张兆海受伤案）。如同一位法医所说："在伤害案中，司法鉴定不是重要证据，而是唯一证据，直接关系到被告人有罪还是无罪，罪轻还是罪重，有时甚至是人命关天的事。"为此，当事人双方因纠缠于被害人损伤程度的问题而反复申请重新鉴定。

我们发现，刑事重复鉴定的案件明显具有聚合性，在表1中列举的案例中，确定被害人死因的鉴定有 18 例、被害人人身损伤程度的鉴定有 16 例、犯罪嫌疑人或被告人是否具有精神病的鉴定有 13 例，三者达到了样本总数的 94%（其余则为 2 例法医物证鉴定、1 例交通事故鉴定），这凸显了法医鉴定制度革新的迫切性。

（二）当事人之间的关系

同案件中重复鉴定的发生，当事人之间的关系存在较大的关联：首先，重复鉴定最容易发生的案件往往是当事人之间存在邻里、同事、朋友、恋人、夫妻等亲密程度不同的关系。如损伤程度的重复鉴定案件，当事人双方往日存在过节或积怨已深，最后的争斗往往承载着历史的纠葛。任何鉴定意见，都可能有一方不接受，双方彼此互不信任。在被害人突然死亡的案件中，朋友、夫妻或恋人关系及平时矛盾，也可能植入被害人家属的意识形态中，成为他们不认同官方尸检意见的根本理由。

当案件发生在侦查机关（及其民警）与个人之间时，亦容易引起重复鉴定。最典型的情况是被害人在侦查机关讯问期间死亡或受伤，或者在看守所羁押期间死亡，而官方却给出是被害人自杀或因自身原因死亡的说辞时，被害人家属几乎都不信任这一尸检意见。尤其是当侦查机关的尸检过于匆忙、秘密解剖、阻止被害人家属察看尸体、强行火化时，更容易激怒被害方家属，从而使其不停地提起重复鉴定。

（三）发生阶段与不满指向

重复鉴定的发生呈现出一定的阶段性。首先，大部分重复鉴定都是在初查或侦查阶段发生。例如，表1中初查时发生的重复鉴定案例高达 18 例之多，且部分案件伴随群体性事件或暴力冲突（如案例41：李树芬死亡案，案例44：涂远高死亡案），规模之大、影响之远，堪称国内之最，甚至个别事件被称为"一人之死引爆一座城"。[①] 在侦查阶段发生的重复鉴定案例亦不少（共 7 例），人们对鉴定意见同样争论不休。其次，由于在刑事程序中侦查机关是主要的证据搜集者，故鉴定或重复鉴定单独发生于审查起诉或审判阶段的较少，但不可忽视的是：当事人

---

①丁补之：《一个女生的死引爆一座城——瓮安事件真相调查》，载《新闻天地》2008 年第 8 期，第 20 页。

对侦查或初查程序中鉴定意见的不满，很容易延续到后续阶段，尤其是审判阶段。典型案例如案例 14，被害人盛连生经过了湖南桃江县公安机关、桃江县法院、益阳市中院、湖南省高院、最高人民法院各机构鉴定部门的 6 次鉴定、5 次诉讼。样本案例表明审判程序重复鉴定的发生率仅次于侦查与初查阶段。

由此看来，当事人最不满侦查机关的鉴定意见。原因可能在于以下两点：既然刑事程序中 90% 的鉴定均发生于此，[①] 那么，侦查与初查阶段重复鉴定的概率当然比较大；同时，侦查机关的鉴定意见（如死因鉴定、损伤程度鉴定）往往决定着是否需要立案、能否追究相关当事人的罪责等核心问题，故不满方在此阶段频繁启动重复鉴定机制，毫不意外。当然，由于法官的"相对中立性"、法庭审判最终决定着被告人之罪责、辩护律师的帮助、权利参与空间的增强等，可以合理解释重复鉴定为何在此阶段仍为数不少。不过需要认识到，虽然当事人时常不满法院的鉴定意见，但是，当事人向法庭提出的重新鉴定申请，部分是针对侦控机关的鉴定意见。

（四）手段措施

当事人为启动重复鉴定，最典型的办法是依据法律向办案单位申请重新鉴定。然而，刑事重新鉴定的决定权在办案部门手中，且当事人不满时，大多也只能向原机关申请，这必然意味着重新鉴定被启动的可能性不大。为此，在实践中，当事人不满办案部门的鉴定意见而又无其他救济途径时，最常见的办法是向上级党政部门、司法机关上访，尤其是赴省、进京上访。上访虽然同样是小概率事件，但其可能带来的戏剧性效果（某上级领导批示导致案件重新调查）、上访本身带给地方政府的压力、上访的示范效应，使上访屡禁不绝。

当然，当事人也可能在上访中，或径直到办案部门的办公场所去闹事，如扯白旗、拉横幅，游行示威，当事人携带武器威胁办案人员等。除此之外，有时当事人还会采取极端手段，如威胁性自杀、自虐，武力对抗，甚至利用群体性事件威胁办案人员。除这些措施外，一些经济基础较好的当事人或其家属，也会自行或依托律师委托鉴定机构鉴定，然

---

① 汪建成：《中国刑事司法鉴定制度实证调研报告》，载《中外法学》2010 年第 2 期，第 286~319 页。

后将有利于自己的鉴定意见提交给办案部门，作为支持自己申请重复鉴定的合理且重要的证据。

（五）持续时间

被现代文明所"启蒙"的刑事程序，禁止不计代价的事实发现。[1]然而，中国刑事诉讼的连续性却任凭重复鉴定一再打断。固然，重复鉴定对于案件真相的发掘功不可没（如案例3），但令诉讼程序不断拖延也是事实。就持续时间而言，刑事重复鉴定在当年结束的个案仅有44.9%；跨两个年度的案件有24.5%；超两个年头的，占1/3左右（见表2）。但应注意，重复鉴定时间跨度小，仅为判断案件是否严重的指标之一，因为它同样可能鉴定多次、争议激烈。同时，刑事重复鉴定持续的时间长短，还部分决定了该案的走势，并可能引发连锁反应。即便案子最终在法律层面予以了结，但仍在当事人心头暗流涌动。

表2　刑事重复鉴定持续时间的统计

时间（单位：年）[1]	n<1[2]	1<n<2	2<n<3	3<n<4	4<n<5	5<n<6	6<n<7	n>7
数量（单位：例）	22	12	4	3	3	2	1	2
比率	44.9%	24.5%	8.2%	6.1%	6.1%	4.1%	2.0%	4.1%

①其中案例43的鉴定持续时间不明，因此本书仅仅针对49例案件进行研究。

②上表所指时间，是指从第一次鉴定到最后一次鉴定的持续时间，因而它包含鉴定机构实施鉴定的时间，也包括鉴定之间的间隔时间。

不过我们还得承认，同一案件的几次鉴定经历8年或11年之久，甚至到被害人已经作古，[2] 案件仍悬而未决，令人嘘唏不已。可以说，每一个如此类型的案例，背后都承载着令人心碎的故事。举例来说，在案例10连丽丽死亡案中，在三级公安机关法医鉴定一致、涉案被告人三抓三放的情况下，被害人之母六年中自购冰箱保存女儿的尸体并不停上访，最终通过后续的三次鉴定，证明被害人死于被告人之手，[3] 其个中甘苦、家庭所承受的压力，非常人所能理解。

---

①林钰雄：《刑事诉讼法（上册）》，中国人民大学出版社2005年版，第1页。

②如案例1：卢伯成受伤案，当最后检察机关立案时，被害人卢伯成已经去世，参见陶峰：《司法鉴定谁说了算》，载《人民日报》2000年6月23日第1版。

③霍仕明：《不屈妈妈六年苦诉追出真凶》，载《法制日报》2006年8月10日第5版。

（六）鉴定次数

刑事重复鉴定"次数多、案件久鉴不结"，历来为学界或实务部门所深恶痛绝。但是，在列举的50例样本中，60%的案件仅仅发生了2次或3次鉴定（分别是13例与17例）。应该承认，就被害人死亡原因为何、被告人是否具有精神病等决定立案与被告人罪责轻重等关键问题而言，2次或3次的重复鉴定可以获得"同情的理解"。何况，让被告方或被害方实实在在地行使重复鉴定的权利，能增加他们对国家权力的认同；而刑事程序"作茧自缚"的效果，[1] 亦需要程序的各类操作者（不仅权力方）合理的预期，将行为付诸实践。更重要的是，适度的重复鉴定可以纠正先前的错误鉴定意见。

刑事重复鉴定4次或4次以上者有40%（4次9例、5次7例、6次2例、7次1例、8次1例）。刑事鉴定次数多，诉讼时间一般耗费比较长（鉴定次数多的案例大多鉴定持续时间也相对较长，参与鉴定的单位也相应较多）。如案例1中的卢伯成受伤案，卢伯成在6年多的时间里鉴定了8次，三级公安机关、两级法院、一级检察院与两个社会鉴定机构参与了其中。

（七）启动主体

样本案例显示，刑事重复鉴定大都因当事人的"努力"而启动，且与被告方相比，被害方申请重复鉴定的概率更高、动机更强。确定被害人死因、被害人损伤程度的案例所占比重较大（68%），而被害方对此两类案件争议最大。同时，大多数当事人向侦查机关与法院申请重新鉴定，这与前面对当事人不满指向的分析一致。

当然，侦控机关与法院亦会主动启动重新鉴定，虽说这类案件较少，但大致可分为以下几类：首先，侦控机关与法院为求得案件事实清楚，而决定重新鉴定，与公安机关相比，检察院（在没有依职权侦查案件时）和法院更公正、积极。其次，当侦控机关、法院互不认账时，会通过再次鉴定来推翻对方的鉴定意见。最后，侦查机关为证实或掩饰其错误的鉴定意见，而主动进行重复鉴定（如案例23，侦查机关为隐匿第一次鉴定意见，而进行第二次鉴定）。

除此之外，我们还发现了一个"反常现象"：当事人双方私下聘请

---

[1]季卫东：《法治秩序的建构》，中国政法大学出版社1999年版，第18页。

鉴定机构进行鉴定，成为当事人向侦控机关、法院申请鉴定之外的又一种重要的鉴定方式。不过应注意的是，被害方自行鉴定的情况远远超出被告方，这是因为后者长期或高比例被审前羁押的缘故。当事人委托鉴定，基本上都偏爱社会鉴定机构。同时应注意，当事人私自委托的鉴定，较多发生在立案前的阶段，其目的是通过诉前鉴定，促使侦查机关立案。

面对刑事重复鉴定的启动方式，我们还应注意以下两点：

一是重复鉴定启动主体的交错性。两个或两个以上的启动主体因不满对方鉴定意见，而持续交替地进行鉴定；有时，同一系统内不同级别的侦控机关或法院亦同时卷入，从而形成多部门、多层级重复鉴定启动主体的套叠，这就是人们常常批判的"多头鉴定"。然而公道地说，自从 2005 年《决定》出台、法院系统撤销鉴定机构后，交错性重复鉴定已经较少发生。

二是部分重复鉴定启动主体的特殊性。当事人不认可相关的鉴定意见，向原决定单位申请重复鉴定受挫后，一般会向上级机关或中央相关部门上访。上级相关单位（或联合部门）或在其请示与督查下成立专门临时办案部门，从而就成为重复鉴定新的决定主体。如在案例 40 中，为最终确定代义的死因，黑河市组成"代力上访问题暨代义死亡原因调查工作组"，对代义的死亡原因展开复查工作，并邀请国内知名鉴定机构就代义的死亡原因进行专家论证。①

（八）鉴定后果

中国刑事重复鉴定的实践表明，多次鉴定并未获得统一意见，甚至有时若干次鉴定意见均相同，也未能消除当事人及其家属的疑虑与不满（如案例 32：林清旗交通肇事案；案例 34：戴海静死亡案）。为有效研究刑事重复鉴定意见的相互关系，探索其内在规律与发现其隐含的问题，我们从刑事鉴定的决定者、刑事鉴定机构的属性、法院最终采纳的鉴定意见等方面进行以下分析：

首先，当公安机关与检察机关（自侦时）指派或委托的鉴定人进行两次或两次以上的鉴定时，在绝大多数案件中，前后几次鉴定意见基

---

①郭毅：《4 次法医鉴定得出两种不同结论　死者家属上访讨说法》，载《法制日报》2009 年 12 月 23 日。

本一致。而且，侦查机关（尤其是公安部门的侦查机关），其系统内从下到上的鉴定机构的几次鉴定意见更趋于一致。而对当事人及其家属来说，他们自行委托社会鉴定机构并给付鉴定费，得到的鉴定意见与其预期是一致的。

其次，重新鉴定是支持还是否定前次鉴定意见，与鉴定机构是隶属于侦查部门（2005 年前还包含法院的鉴定机构）还是非侦查部门无关，而是与指派或委托机关有关联。重新鉴定是支持还是否定前次鉴定意见，与官方依职权启动还是当事人申请无关。

最后，有限的案例显示，当出现多个鉴定意见而争论不休时，法院采纳鉴定意见时有两个特点：一是在多个鉴定意见中，法院更容易采纳权威性鉴定机构的鉴定意见；二是法院容易采纳自己聘请的鉴定机构的鉴定意见。这些特点都得到了其他学者实证研究的印证：法官倾向于首先采信级别较高的鉴定机构作出的鉴定意见；然后是更权威的鉴定人作出的鉴定意见。[1]

三、问题与改革路径

（一）过度重复鉴定产生的问题

凡当事人在刑事程序中只能申请而无权委托鉴定的国家中（如德国、日本），当事人都可能对法院（有时包括检察院）的鉴定意见持有异议，从而申请重新鉴定；而在英美等国家，一般由当事人自己聘请专家证人，在法庭上，他们根据需要可以随时申请更换专家，不存在与职权主义国家类似的重新鉴定制度。由此可见，在与中国类似的国家中，适度的重复（新）鉴定具有重要的法律功能：它通过程序吸纳与化解当事人对鉴定意见的不满，获得其信任，避免国家与个人之间产生新的冲突；它给予了办案部门纠正错误或印证其正确的机会，从而为甄别前次鉴定真伪、查明案件事实奠定了基础。

然而，在中国目前的部分刑事案件中，却呈现出过度重复鉴定的特征，如在刑事程序中，重复鉴定的概率过高；同一案件，鉴定次数多、持续时间长；办案部门的鉴定意见难以被推翻；当事人为启动重复鉴定

---

[1]汪建成：《中国刑事司法鉴定制度实证调研报告》，载《中外法学》2010 年第 2 期，第 286~319 页。

机制而动用各种手段，不惜赴京上访、申诉，甚至到办案部门闹事、武力威胁；部分案件，无论办案部门出示何种鉴定意见，都会招致一方当事人不满，使其左右为难……

本来，初次鉴定获得的鉴定意见绝大部分应获得当事人的信任，重复鉴定只能是例外，不应过多。但在中国，重复鉴定却在诸如死因鉴定、损伤程度鉴定中泛滥成灾，它正在或已经酿成了以下后果：一再重演的重复鉴定案件，严重削弱了当事人对办案部门的信任与预期，增添了国家解决纠纷的成本。人们对刑事鉴定的信任，理应基于制度的信任，[①] 然而事实恰巧相反，制度运作不仅未能培育人们的信任感，反而激起当事人强烈的不满与愤慨。

同时，过度的重复鉴定，使案件久拖不决、诉讼不能定分止争，司法权威声名扫地。中国处于社会转型期，各种矛盾突出，办案机构承办的案件逐年上升，但案多人少、办案经费不足，而重复鉴定的案件，需要耗费他们大量的时间、钱财，更使其疲于应付、经费捉襟见肘。于是，办案部门不得不采取或"拖"或"避"的战术，其后果，更增添了当事人的不满，加快了他们上访的步伐。

当然，过度重复鉴定也是一个两败俱伤的结果。对于不满鉴定意见的当事人及其家属而言，常年马不停蹄地奔波于不同部门，耗尽了激情，给家庭带来了难以承受的经济、精神与时间压力。一些当事人或其家属，甚至被迫逃逸异乡；一些赴京上访户，有时还可能被地方暴力截访，关进黑监狱、精神病院或学习班；有时，一些当事人还难以被亲邻理解，其内心的痛苦更是难以言表。

有时，重复鉴定，尤其是因上访或闹事而开启的重复鉴定，如果查明了案件真相或促使办案部门在相关事项上做一定程度的妥协，极可能产生社会示范效应，鼓励当事人频频利用重复鉴定，甚至有些人会谋求不正当利益，这是恶性的重复鉴定，尤应警惕。

（二）变革路径

长久以来，我们对《决定》寄予厚望，但事实证明，在治理刑事重复鉴定方面，它发挥的作用甚微。我们以《决定》的实施作为分界线（从表1中编号为32的案件为分界点），则发现两部分重复鉴定案

---

①张维迎：《信息、信任与法律》，生活·读书·新知三联书店2006年版，第6页。

例的特征几近一致，如重复鉴定的涉案性质、发生阶段、持续时间、鉴定次数、多次鉴定意见之间的相互关系等方面，几乎没有实质性改变。或许正因如此，部分专家讥讽《决定》实际上是"号错了脉、开错了方"。① 当然，此种批评或许过于苛刻，但无法否认，《决定》并未对侦查机关的鉴定机构与鉴定人的规制或管理造成冲击性影响，也没有对刑事鉴定程序有根本性的变革；加之如前所述，侦查机关的鉴定机构承担了绝大部分的刑事鉴定，故重复鉴定的问题仍一如既往。

中国刑事重复鉴定需要变革，但首先需要明白以下几个前提：

第一，当前的重复鉴定，主要发生在死因鉴定、损伤程度鉴定、犯罪嫌疑人或被告人刑事责任能力的精神病鉴定等方面，这是最亟须改革的领域。因为这些鉴定意见涉及刑事案件的最基本问题，决定着是否需要立案、能否追究相关人员的刑事责任以及刑罚的轻重。

第二，刑事重复鉴定的案件，当事人双方具有某种程度的特殊关系（朋友、恋人或乡邻），或者案件性质特异，如涉警，典型的是被害人死于羁押或审讯期间。在前类案件中，当事人此前的恩怨、矛盾等情绪，必然会影响到当前案件的处理，尤其是损伤鉴定与被害人突然死亡的死因鉴定；而在后一类鉴定中，被害人家属与侦查机关或看守所的对立情绪更加严重，更不信任官方解释。

第三，如前所述，刑事重复鉴定主要发生在侦查或初查阶段，这也必须引起注意。

第四，中国当前的刑事鉴定程序问题重重，2012 年修正后的刑事诉讼法对此漠然视之。例如，程序的封闭性、单方性，当事人没有对鉴定机构与鉴定人的选择权，除部分案件外，鉴定过程也并未公开。

刑事鉴定的变革刻不容缓，当然，在目前制度存在惯性依赖的情况下，大动干戈或暴虎冯河式的激进变革，只可能带来办案部门更加强烈的抵制与反抗。根据前面对重复鉴定现状的研究以及实践中的成功经验（如山东、西安等地检察院采取的"阳光鉴定程序"②），我们认为，当前可行的改革路径有以下几点：

---

① 柴会群：《从"证据之王"到"是非之王"》，载《南方周末》2010 年 1 月 21 日第 B08 版。

② 张继英、王莹：《西安：刑事技术鉴定 16 年无误》，载《检察日报》2006 年 11 月 20 日第 2 版。

第一，在上述几类最易爆发重复鉴定的领域，在其第一次鉴定中，就应实现鉴定过程的公开与程序的多方参与，允许当事人参与、监督、见证鉴定过程。

第二，倘若出现了重新鉴定的申请或有必要进行重新鉴定，办案机关应当赋予当事人对重新鉴定机构与鉴定人的选择权，同时他们也应有权再次参与鉴定过程。

第三，为使当事人更容易接受鉴定意见，法律应该赋予当事人聘请相应的专家辅助人监督、见证鉴定过程。在一些影响较大、预期可能存在重要争议的案件中，当事人自己聘请的专家，可以与办案部门的鉴定人共同鉴定，如在哈尔滨林松岭案中，尸检小组的成员来自于公安机关与被害人双方。当然，这就需要修正目前新刑事诉讼法规定的专家辅助人制度了，即专家辅助人参与监督、见证鉴定，至少应将其参与时间提前到侦查或初查阶段。

第四，完善相关配套措施。一是建立检材备案制度，避免后续鉴定的不能，典型案件有湖南黄静案、黑龙江代义案、广西曾仲生案。鉴定争议的产生，在很大程度上，就是相关内脏标本的毁损或污染。二是建立办案机关针对当事人鉴定疑问的释明制度。鉴定中的一些问题或瑕疵，完全可以通过补充鉴定或适当修正来获得解决；同时，当事人对鉴定意见的不满，也可能是由于情绪或对专业知识的缺乏，故而办案机关详细解答当事人的疑问，是避免重新鉴定的重要措施。

第三章　当事人启动刑事重新鉴定的途径与方法

一、问题的提出

在刑事诉讼中，按照法律文本与最新修正案的规定，当事人①双方只能向侦控机关与法院申请重新鉴定。然而，由于刑事程序法律并未采取强制鉴定的立法模式，以及没有明确规定重新鉴定的启动条件，②故对某一专业问题是否需要重新鉴定、何时鉴定，都委诸办案部门自由裁断。于是实践中当事人提出重新鉴定的诉求常常受挫，甚至被办案部门粗暴拒绝，以至于有学者感叹说：法律虽然赋予了当事人申请重新鉴定的权利，但并无实际意义。③

然而，在当前的刑事案件中，由于部分鉴定意见往往决定着办案部门是否立案、相关人员有无罪责及罪责轻重，故当事人为成功启动重新鉴定，发展出一系列行动策略，如上访，到办案部门、地方政府闹事，

---

①重新鉴定的申请主体，其实还包括当事人的代理人、辩护律师等主体，除特殊说明，本书一般均以当事人称呼所有的申请主体，以使行文简便。

②长期以来，只有1998年最高人民检察院颁布的《人民检察院刑事诉讼规则》第207条对人身伤害的医学鉴定有争议的重新鉴定的几类情形进行了规定，但在其2012年颁布的新的《人民检察院刑事诉讼规则（试行）》中已经删除了这一条款。不过公安部在2012年颁布的《公安机关办理刑事案件程序规定》第246条规定了重新鉴定的条件。具体条文为："经审查，发现有下列情形之一的，经县级以上公安机关负责人批准，应当重新鉴定：（一）鉴定程序违法或者违反相关专业技术要求的；（二）鉴定机构、鉴定人不具备鉴定资质和条件的；（三）鉴定人故意作虚假鉴定或者违反回避规定的；（四）鉴定意见依据明显不足的；（五）检材虚假或者被损坏的；（六）其他应当重新鉴定的情形。重新鉴定，应当另行指派或者聘请鉴定人。经审查，不符合上述情形的，经县级以上公安机关负责人批准，作出不准予重新鉴定的决定，并在作出决定后三日以内书面通知申请人。"

③徐静村：《论鉴定在刑事诉讼法中的定位》，载《中国司法鉴定》2005年第4期，第1页。

自伤自残……固然，这种行为作为"弱者的武器"① 或当事人的"底线救济"② 权，传递出中国刑事重新鉴定制度救济功能的不足，因而当事人被迫借助干扰性、边缘性甚至武力手段来表达内心的不满与愤慨。但是，行动策略的非法与暴力，却远超国家可以容忍的治理底线。更何况，不正当的维权方式颠覆了程序自治，使因鉴定而引发的冲突久拖不决，令司法权威一落千丈。且其示范效应，导致了部分民众缠诉、闹访、打砸抢等极端恶劣的社会后果。

因此，国家必须对当事人重启鉴定的行动策略进行治理，从而建构合理、可行的刑事重新鉴定制度，以减少乃至限制当事人的非法抗争，并重建司法信任。然而，当事人重启鉴定的行动策略，除涉鉴上访外，既往研究较少涉及，仅散见于各类新闻报道与文献资料中。而本书期冀通过表1罗列的部分典型案例，结合以往研究及众多新闻报道，对当事人在刑事诉讼中对公检法机关鉴定意见不满而采取的各种行动策略进行经验分析。

二、当事人重启鉴定的行动策略

(一) 反复抗议

针对办案机关的鉴定意见，当事人或其家属不服时，其本能反应就是向办案机关表示异议或强烈不满。反复抗议的实质是他们希望通过否定或抗议的强烈程度与频率，促使办案单位再次鉴定来否定先前的鉴定意见。运用此种策略的原因在于：当事人或不知道是否可以申请重新鉴定；③ 或寄希望于国家主动修正既有的鉴定意见；或当事人无力给付重

---

①弱者的武器，是美国学者詹姆斯·C. 斯科特在研究马来西亚农民日常反抗形式时提出的一个重要概念，相关具体内容及其论证可参见［美］詹姆斯·C. 斯科特：《弱者的武器》，郑广怀等译，凤凰出版集团、译林出版社2011年版。
②底线救济被认为"是一种非到不得已而为之的最后救济"。参见徐昕：《论私力救济》，中国政法大学出版社2005年版，第177页。
③法律虽然规定侦查机关应当将用作证据的鉴定意见告知当事人，但并没有规定其对重新鉴定申请权的告知义务，故在刑事司法实践中，办案部门有时并不告知当事人重新鉴定申请权。

新鉴定所需的费用，而企盼办案单位再次鉴定。①

反复抗议办案单位的鉴定意见，是当事人或其家属最初不信任鉴定意见情绪的自然流露，在不同案件或同一案件中反复出现。虽其抗议方式一般较为温和，但总是反复、持续地在办案部门的办公场所进行；有时，还伴以当事人或其家属凄惨哭喊、静坐的画面。这些行为共同组合成特定的仪式，在威严、肃穆且标榜正义的侦控机关与法院门前，其景不仅令人浮想联翩（人们天然同情弱者），形象化地颠覆或嘲弄了办案部门宣称的神圣使命、正义形象。即便当事人或家属较为理智，但多次的抗议（一些案件可持续数年），亦增加了办案机构与人员回应、解释的成本，影响正常工作秩序。

（二）诉诸论证与说理

当事人不附证据、过度说理的抗议，不是发动重新鉴定的最佳事由，反而会被办案部门标签为"缠诉"。事实上，当事人更多地会通过讲证据、摆事实的论证方式来说服办案机构重启鉴定，尽管在实践中其成功率并不高。

一是表现为凭常识、常情的逻辑判断质疑官方鉴定意见的可靠性。这主要表现在被害人被疑似非正常死亡，而办案部门却给出排除他杀尸检意见的案件，以及犯罪嫌疑人或被告人被鉴定为精神病的案件中。例如，高莺莺、涂远高、赵凤凤、谢佩银、李胜利等系列坠楼死亡案，家属均不满官方给出的跳楼自杀意见，他们发出一连串掷地有声的质问：被害人生前毫无疾病或轻生征兆，怎么会无缘无故自杀？他们身上那么多的非坠楼伤痕，官方却无法给予合理解释？被害人的伤痕为什么与现场布局不符？②

二是当事人及其家属为使己方的质疑、辩驳显得更加可靠或有分

---

①中国目前在刑事诉讼中对当事人申请鉴定的费用承担方式规定不明，导致实践中有时由办案机构给付，有时由申请人给付。因此，当一些办案部门不愿意启动重新鉴定时，就往往以当事人先给付鉴定费为前提，否则拒绝重新鉴定。如在河南周口李胜利死亡案件中，被害人家属不信任官方的3次鉴定，而申请第4次鉴定时，办案机关要求被害人家属拿3万块钱鉴定费，否则不给予鉴定。为此被害人家属被迫放弃重新鉴定。参见杜涛欣、金明大：《河南周口"警察杀人事件"真相》，载《农业农村农民（A版）》2007年第6期，第22~24页。

②徐超华：《男子在刑案专案组坠楼身亡　家属疑其遭刑讯逼供》，载《中国青年报》2008年10月24日。

量，他们一般会咨询或学习部分法律与鉴定知识，从专业角度进行论证。这种知识的来源主要有以下途径：当事人或其家属主动咨询专家、学者，从而对鉴定事项进行详细的了解；当事人或其家属自修相关的法律、鉴定知识。

三是借助律师，通过较为专业性的说理启动重新鉴定。在现代社会，司法过程不仅意味着一个特殊的知识运作过程，而且意味着一种特殊的思考纠纷的方式。[①] 换言之，现代司法是职业人专门化活动的领域，尽管当事人或其家属可以领会甚至学习，但诉讼程序角色的定位以及偶尔步入法庭的现实却限制了其功能的进一步发挥。

与当事人相比，律师因为常年耳濡目染，可以在办案过程中获得大量鉴定的实践性知识。律师发挥的作用主要表现为：因为娴熟于鉴定制度，他们能够有效洞悉、质疑、反驳办案部门在鉴定过程、鉴定材料等方面存在的各种程序问题，如鉴定人未能回避、不具备资质等；同时，刑事司法作为专业领域，需要合法的专业程序的形式与术语，[②] 而律师可以根据法律制度的话语，将当事人重复鉴定的诉求、相关的论据与理由，恰当地予以格式化与"问题化"，从而使重复鉴定申请更易引起办案部门的注意。当然，律师还能通过实践理性获得与办案人员交流的言说技巧以及处理问题的"无言之知"。

（三）聘请专家参与

当事人及其家属可以通过研习、咨询而获取鉴定知识。然而，刑事鉴识科学作为知识系统，需要长时间训练方能获得，故其对专业知识的理解、运用与论证均存在不足。何况，当事人与其家属并非一定中立，他们总是站在对己有利的立场对鉴定意见进行质疑，且避重就轻，他们向办案机构提出的反驳与申请重新鉴定的理由，客观而言未必有太强的说服力。而律师虽较当事人专业，但其角色毕竟是法律人，身份差异决定其话语力量与专家不同。

专家参与官方鉴定过程的优越性在于：专家旁观整个鉴定过程，能以专业角度对检材、鉴定方法存在的瑕疵提出有效质疑。[③] 此外，专家

---

①强世功：《立法者的法理学》，生活·读书·新知三联书店 2007 年版，第 8 页。

②［美］戴维·斯沃茨：《文化与权力——布尔迪厄的社会学》，陶东风译，上海译文出版社 2005 年版，第 145 页。

③钱昊平：《疑犯在看守所非正常死亡调查》，载《新京报》2008 年 1 月 7 日。

的身份、地位与专业训练，使其反驳显得可靠，或至少在其专业术语的包装下，使其论证看起来如此，即便与办案部门的鉴定人针锋相对，因与刑事鉴定涉及的专业知识有争议而动摇了后者的牢固根基。因此，专家意见巩固了当事人或其家属申请重新鉴定的信心，印证或激起了社会民众对国家办案机构的怀疑，客观上增添了它们启动重新鉴定的压力。当然，在实践中，当事人利用专家见证鉴定过程的情况相对较少，因为它必须获得办案部门的许可。

（四）游行、喊冤的仪式化策略

在部分案件中，一些家庭成员组织起来进行游行示威，四处痛诉冤情，声泪俱下、撕心裂肺。[①] 游行喊冤作为一种抗争策略，往往是当事人及其家属求助正规救济途径受挫后的温和对抗，它并非暴力，尽管易演变为暴力，常常与其他重启鉴定的努力相伴而生，或者作为其他策略的补充手段。一般来说，凡存在家属游行喊冤的样本案例，其特征均较为一致，如被害人疑似非正常死亡，官方鉴定意见与社会常识严重相悖，被害人家属求助无门、被逼无奈。然而应注意的是，游行喊冤与因被害人死亡引起的群体性事件迥然有别，它不借助暴力，成员一般仅限于亲属，没有其他因素的介入，因而一般不会造成恶性的社会后果。

尽管如此，家属借助游行喊冤的仪式化场景，客观上取得了重要作用：它诉诸"天"、"良心"等意识形态，总能激起民众的怜悯与同情之心，并获得社会的道义支持与民间对办案机构的强烈谴责。加之游行本身对社会秩序的巨大隐患，官方在追求和谐秩序与化解社会矛盾的压力下，必然严肃应对此种动辄十余人，并随时可能因参与人数的增多而失控的游行队伍。当然，若社会民众自发参与当事人家属的游行队伍，或民众自发组织游行，则事态的严重性立即升级，极易演变为群体性事件。

（五）上访

当事人因不满办案部门的司法鉴定意见而上访，早已引起相关部门的注意。2005 年，公安部在全国掀起了声势浩大的"大接访"活动，

---

①如李胜利死亡案件，其家属为了抗议公安机关自杀死亡的尸检意见而被迫采取的相应行为。参见子非：《周口"警察杀人事件"始末》，载《法治与社会》2007 年第 8 期，第 28 页。

在所有接访案件中，涉及法医鉴定上访的案件占40%以上。研究者发现，河南省2004年1月至10月到公安部上访的160例案件中，有111例涉及法医鉴定，占上访总数的69.4%，其中对法医鉴定意见不服的有22件，占上访的法医鉴定类总数的19.8%。[1] 为此，2010年8月25日，时任全国人大常委会委员长的吴邦国，针对当事人不服鉴定意见，长期赴京上访作出了专门批示。[2]

其实，上访已经是当事人及其家属目前不满官方鉴定意见而重启鉴定的最常规策略，其具有以下特点：

1. 重复上访。上访在同一案件中反复进行，"不达目的不罢休"、没完没了。

2. 越级上访。在当事人及家属看来，若要打破地方既定利益格局，他们必须引入上层权力来对地方办案部门施加政治压力。而到基层或者市一级党政机关、政法部门上访，虽然成本较低，但盘根错节的地方利益关系网阻碍了当事人权利救济的实现。所以赴省甚至赴京上访就是众多当事人的首要选择。

3. 异常的上访手段。有些当事人在采用正常手段上访无效的情况下，有时尝试边缘性的、轻微的干扰手段，包括到上访部门门前静坐、下跪，到具有重要象征意义的公共场合打出"求助、申冤"横幅等。

4. 上访涉及的部门众多，既有公安司法部门，又有党政机关，且在同一案件中，当事人综合运用多种上访渠道，其目的是追求最佳上访效果。

（六）通过媒体与网络向办案机构施加压力

现代传媒技术的发达，不仅使信息的获得相对便捷，而且信息传播速度极快。当事人及其家属有时通过媒体与网络发布信息来寻求社会共鸣与民间支持，从而质疑办案部门的鉴定意见，促使办案部门启动重新鉴定，并希冀改变事件性质。其中一种方式是通过传统纸质媒体，借助记者之手，公示案件信息与鉴定意见。然而，与传统媒体相比，现代网络技术使当事人及其家属更倾向于选择在网上公布信息从而获得支持。

---

①王永等：《法医临床学鉴定中涉访案件的分析》，载《中国法医学会法医临床学学术研讨会论文集》2005年版，第250页。
②郭华：《对我国国家级鉴定机构功能及意义的追问与反省》，载《法学》2011年第4期，第112页。

就当前来看，被称为"中国网络第一案"的黄静案，可以说集中体现了网络对办案机构鉴定意见的重要影响。①

求助媒体与网络并非当事人及其家属的第一选择，这往往是在合法救济途径失败后的抉择。如同黎朝阳案的家属（其妹妹）所说："已经走投无路才考虑了这样的方式，一直没有人告诉我们事情的真相。无论如何我们都要知道自己的亲人是怎么死的，按照国家法律该怎么办？""为了弄清楚我哥哥的死因，我们先后到过桂林市信访办、政法委、人大和纪委等部门上访和反映情况，但是他们都是敷衍了事。作为无权无势的我们怎么办呢？最后我想到了媒体，特别是最容易发表信息、信息传播速度最快的网络。事实证明我的努力是有效的。"② 但不可否认，媒体发布的信息并非客观的，尤其是当事人或家属自行在网络上发布的信息更是如此。但其后果使办案部门处于被动，以致出现舆论主导审判的结局。

（七）人体试验的自伤自残

为证实办案部门鉴定意见的虚假或荒谬，提出具有说服力的反驳理由，当事人或家属有时通过较为激烈的自伤、自残或人体试验重启鉴定。当然，选择此种抗议方式，必须是案件具有一定的特殊性：一是试验具有可行性，至少在试验者看来，办案部门的鉴定意见有违科学常理，否则没有人愿意尝试此种较为极端的自损性乃至存在生命之危的抗议策略。二是有人愿意成为试验者。三是试验者必须在适当的场合公开展示试验的过程，单方的或秘密的试验不会被认可。四是试验者需综合权衡本试验可能带来的对抗效应，否则试验无意义。五是试验必须在最大程度上符合案件原有条件。

正因如此，真正以人体试验来反驳办案部门鉴定意见错谬的案例并不常见，据笔者所知，以人体试验重启鉴定只发生在著名的代义死亡案中。③ 然而，人体试验并非一定靠谱，因为在专业法医看来，代力"以身试药"的做法其实颇为不值，因为法医用一个词就可以排除这种试

①方常君、方谦华：《黄静案真相》，载《晚报文萃》2006年第9期，第9～13页。
②尹鸿伟：《法官之死与逼供传统》，载《南风窗》2007年第10期，第49页。
③刘福国：《嫩江代义死亡事件案结事未了》，载《中国妇女报》2010年1月19日第A04版。

验的科学性——个体差异。① 不过，"以身试药"的行为本身，尤其是甘冒生命之危，表明其是以身体和生命为赌注的一种威慑与社会控制机制，它的公开性与表演性，随着媒体的成倍放大，必然给办案部门带来不可估量的压力。

（八）诉诸暴力

通过暴力变相启动重新鉴定，往往是当事人及其家属在体制内无法寻求正当救济的无奈，是危险且充满戏剧性的选择。论者已经指出："中国底层的维权者并非偏好暴力的方式，在几乎所有的暴力冲突事件发生之前，维权者都曾经经历过漫长而又艰辛的上访和申诉过程。在他们的维权话语系统里，都会出现'依法维权'的字眼，他们列举有关政策规定以及有关领导曾经发表过的讲话，以此寻求在法律上和'上级管下级'的规则范围内寻求问题的解决。"② 然而，这些诉求都被制度系统冷冰冰的拒绝或无期限拖延，或者政府并未给予家属一个较为合理的说辞。

发生暴力的案件存在以下共性：存在个体死亡，且其死超出了家属与社会的预期，如好端端的一个人突然坠楼死亡，死前并无征兆。官方在处理案件时粗糙，现场保护与勘验马虎，程序不符合法律规定等。事实还未查明，办案部门甚至地方政府就强制火化尸体，且为了火化尸体而暴力抢尸，或与被害人家属签署尸体火化协议。暴力可能由当事人或家属单独完成，如到办案部门办公场所，武力威胁办案人员。③ 有时，除当事人与（或）其家属外，由于涉案事件吸引了众多民众参与，从而形成群体性暴力事件。群体性暴力事件一般是因为政府过去在处理一些经济、治安等社会问题时存在严重失误，早已引起民怨与不满。④ 而不满社会的这种心理具有一定的传染性，它通过一定的载体传播而与相

---

① 柴会群：《女子以身试药拷问法医鉴定》，载《南方周末》2009年7月17日。

② 邢少文：《暴力事件的演变轨迹》，载《南风窗》2011年第24期，第37~38页。

③ 朱建国：《南通"5·28"亲姐妹硫酸毁容案纪实》，载南方网2000年6月30日。

④ 正如贵州省委书记石宗源所指出的，瓮安事件表面的、直接的导火索是女中学生的死因争议，但背后深层次原因是当地在矿产资源开发、移民安置、建筑拆迁等工作中，侵犯群众利益的事情屡有发生。参见丁补之：《瓮安溯源》，载《南方周末》2008年7月10日第A2版。

同社会处境者产生共鸣，① 一旦出现适当的时机，对社会的不满顺势爆发，导致简单案件演变为社会泄愤的群体性暴力事件。这在高莺莺死亡案、戴海静死亡案、李树芬死亡案、涂远高死亡案中可窥一斑。

（九）自行委托鉴定

当事人及其家属为反驳办案部门的鉴定意见，有时选择自行委托鉴定机构进行鉴定。其功能是：它有效地质疑了办案部门给出的鉴定意见的真实性，坚定了当事人及其家属申请再次鉴定的信心。同时，办案部门即便不认可或不接受私力救济获得的鉴定意见，但至少更有压力启动再次鉴定。自行委托鉴定的鉴定意见也强化了社会民众对异议方的支持与对办案部门的不信任。

从当前看，当事人或其家属自行鉴定获得的鉴定意见经常与官方鉴定意见相左，这在客观上可以督促办案部门认真对待，或者再次启动鉴定，或者认可当事人方的鉴定意见。然而实践证明，办案部门几乎从来没有给予私力救济的鉴定意见证据资格与证明力，甚至根本就无视该鉴定意见。而且只要当事人提供的鉴定意见与办案部门相悖，后者立即启动新的鉴定程序对之进行否定，如在黄静案中，黄静的母亲先后委托南京医科大学法医司法鉴定所、中山大学法医鉴定机构进行两次鉴定，针对这两次鉴定意见，一审法院的判决书中认为：这两次鉴定非经司法机关委托，不具备程序效力，且没有作出肯定性结论，而不具备实体意义的鉴定意见，因此不予采信。②

当然必须注意，上述各种行动策略往往在同一案件中被当事人交错使用。作为理性抉择的个人，当事人及其家属注重的是策略的效果而非策略手段与目的之间的正当性关联。一般来说，当事人的行为选择大致经历了一个从温和到暴力、从程序内救济到程序外救济的演变过程。

三、行动策略传递出的案件结构特征

当事人的行动策略必将耗费一定的金钱、时间与心理成本，故具有经济学家斯宾塞与法学家埃里森·波斯纳所谓的信号传递功能。③ 基于

---

① 于建嵘：《社会泄愤事件反思》，载《双周刊》2008 年第 15 期，第 1 页。
② 吴少军、李永良：《黄静裸死案鉴定之谜》，载《中国审判》2006 年第 7 期，第 67 页。
③ 张维迎：《信息、信任与法律》，生活·读书·新知三联书店 2006 年版，第 39 页。

此，我们可以根据信号传递理论，从当事人与办案部门的二元维度，来具体研究行动策略传递出的深层结构信息。

（一）谁不满

谁不满的问题即是当事人重启鉴定的主体特征，当事人双方的不满绝大多数指向法医鉴定，位居前三位的分别是死因鉴定、人体损伤程度鉴定、法医精神病鉴定。其中，被害人方倾向于就死亡原因启动重新鉴定。犯罪嫌疑人或被告方重启鉴定程序，则可能是认为办案部门的鉴定意见确实存在错误，或者以其患有精神病为由，据此提出精神病的重新鉴定。而当事人双方纠缠于重新鉴定的案件情况，则集中在人体损伤程度鉴定，当然也有部分案件是对被告人或者犯罪嫌疑人是否存在精神病的情况存在争议。

被害人死因的尸检意见——自杀抑或他杀，往往决定着侦查机关是否立案、能否追究相关人员刑事责任等重大问题。尤其当被害人之死过于蹊跷、死前毫无征兆，且又死于侦讯或看守所等敏感时期或地点，以及死于家庭、恋爱、工作或朋友纠纷中时，被害人家属大多难以接受官方鉴定意见。再结合侦查机关在刑事鉴定程序中存在的各种问题，可以说，对死亡原因的鉴定已经成为中国目前重复鉴定的重灾区，且基本上呈现出被害人一方因为不满而持续上访、闹事的趋势。

伤残鉴定意见决定着案件性质、罪责轻重等问题，甚至"在伤害案中，司法鉴定不是重要证据，而是唯一证据，直接关系到被告人有罪还是无罪，罪轻还是罪重，有时甚至是人命关天的事"。结合刑事案件中伤残鉴定的数量（约占刑事案件总量的1/3），其重新鉴定发生率应该比较高，[1] 只不过无论是案件性质、涉案结果、不满方采用的抗议手段还是戏剧化场面、轰动效应，其都无法与死因鉴定案件相提并论，故较少引起人们的关注。然而，此类案件却具有以下特点：当事人双方往日积怨颇深、长期争执，[2] 一旦因矛盾激发而发生伤害事件，则无论办

---

①如某法院上半年共受理故意伤害案件14件，当事人提出重新鉴定的有5件，占35.7%。参见陈煦：《析人身伤害重新鉴定制度的若干问题》，载《人民司法》1998年第11期，第41页。

②孙兆麟、惠晓莉等：《人身伤害案件重复鉴定的困境与对策》，载《甘肃法制报》2010年3月31日第A06版。

案部门给予何种鉴定意见，双方都互不认账，一些论者的研究或报道①证实了此点。

除此之外，刑事案件中的精神病鉴定亦须特别提及。刑事诉讼（尤其是命案）中精神病重复鉴定的情况是严重的。因为只要重新鉴定，精神病鉴定意见的不一致率就极高。据最高人民法院前副院长张军指出，在其经手的刑事案件中，"只要有两次（精神病）鉴定，最后的结论肯定是不一样的"。② 一些精神病鉴定专家进行的实证研究也发现，在办案单位请其进行的复核鉴定中，结论分歧的案例占 51.4%（71/138）。③ 相互冲突的鉴定意见，不仅使办案人员难以抉择，也容易引起双方当事人的不满，尤其是影响较大的案件。

（二）不满谁

当事人最不满侦查机关的鉴定意见，不管该机关隶属公安部门还是检察院。之所以如此，最直观的解释是 90% 以上的刑事鉴定，均由侦查机关在侦查阶段独立启动与完成。④ 侦查阶段的鉴定是启动立案、发现证据、推进侦查的有力措施，几乎所有的鉴定类型都会在侦查阶段发生，⑤ 这提高了重复鉴定在侦查阶段的发生率。

当然，当事人反对侦查机关的鉴定意见，亦非完全出于主观偏见。福建省检察系统的技术人员根据 2000 年以来 6 年间对 7374 件法医文证的审查，发现原结论错误鉴定的有 978 件，其中每年通过文证审查纠正的伤情鉴定错误平均约占 6%；2006 年 1 月至 6 月该省三明市人民检察院技术处共受理法医文证审查 248 件，纠正错误鉴定意见 17 件，纠错

①在人身伤害案件中矛盾双方对立性强，积怨较深，犯罪嫌疑人提出重新鉴定的，被害人主观上大多有抵触心理，误认为鉴定染上了"权力、人情、利益"色彩，对法庭公正产生深深的怀疑。参见赵友智：《法医学重新鉴定有关问题探讨》，载《山东审判》2003 年第 5 期，第 82~84 页；孙兆麟、惠晓莉等：《人身伤害案件重复鉴定的困境与对策》，载《甘肃法制报》2010 年 3 月 31 日第 A06 版。

②张军主编：《刑事证据规则理解与适用》，法律出版社 2010 年版，第 17 页。

③禹海航等：《司法精神医学鉴定结论分析的分歧》，载《临床精神医学杂志》2001 年第 2 期，第 78 页。

④汪建成：《中国刑事司法鉴定制度实证调研报告》，载《中外法学》2010 年第 2 期，第 290 页。

⑤邹明理：《论侦查阶段鉴定的必要性与实施主体》，载《中国刑事法杂志》2007 年第 1 期，第 67 页。

率达 6.8%。[1]

由于公安部门的侦查机关承担了主要的侦查职责，因而与检察院相比，当事人更容易针对公安机关的鉴定意见启动重复鉴定。而检察院的尸检意见大多是为涉案人员开脱，如张庆案、曾仲生案、黎朝阳案、李胜利案、谢佩银案均是如此，结果引发了被害人家属强烈的质疑与不满，致使其反复上访。其实，检察院的侦查机关与犯罪嫌疑人或其单位（公安机关）存在千丝万缕的关系，加之同为国家工作人员，即便鉴定中立，被害人也容易产生"官官相护"的联想，更何况实践中的典型案例已经"固化"，并沉淀为当事人的认知偏见。

因为法官的"相对中立性"、法庭审判最终决定被告人之罪责、辩护律师的帮助、权利参与空间的增强等，所以重复鉴定在审判阶段仍为数不少可以得到合理解释。不过需要认识到，相对侦查阶段，审判阶段发生重复鉴定的概率要小得多，而且多数情况下，都是当事人为反驳侦查机关的鉴定意见而启动重新鉴定机制，在某种程度上，这是他们不满侦查机关鉴定意见的情绪在审判阶段的延续。

当检察院并非作为自侦机构而仅承担审查起诉职能时，检察院与法院，尤其是与公安机关相比，依职权启动初次鉴定或重新鉴定的情况要少得多，故当事人也较少因不满检察院的鉴定意见而再次启动鉴定。当然，由于检察机关（作为非自侦部门）初鉴与重新鉴定的资料过少，我们无法确切描绘当事人对其鉴定意见的态度，也无法刻画他们对检察院的满意程度。但有一点我们可以肯定，检察院较少启动重新鉴定，在很大程度上是因为公诉机关与侦查机关在追诉犯罪问题上的立场是高度一致的，由侦查机关启动并完成的鉴定程序，一般而言符合公诉机关的利益。[2]

（三）向谁申请

中国刑事重新鉴定的决定权被公检法部门垄断，除特殊情况外，只要案件并未进入下一阶段，当事人只能向原办案机关申请重新鉴定。至

---

①郑勋、张仁平：《福建：运用专业技术洞察证据真伪，6 年发现 978 件结论错误鉴定》，载《检察日报》2006 年 8 月 10 日第 1 版。

②汪建成：《中国刑事司法鉴定制度实证调研报告》，载《中外法学》2010 年第 2 期，第306 页。

于许可与否，都由其自由裁量，当事人没有法律规定的合理救济渠道。由于 90% 以上的刑事鉴定均发生在侦查阶段，可以说，侦查机关是重新鉴定的最重要的决定主体。

不过，倘若案件还没有立案，或已经到达审查起诉阶段，则当事人有时也会选择向检察院申请重新鉴定，如广州海珠区检察院每年法医鉴定书的文证审查有 400 多份，其中因刑事案件而申诉控告，要求重新鉴定的有十多份，约占 2.5%，并呈上升趋势。[①] 在部分当事人看来，尽管目前的检警关系存在种种负面因素，但检察院只要作为非自侦机构，且名义上是国家宪法规定的法律监督机关，至少看起来比公安机关更中立。何况，在案件并未立案时，当事人申请公安机关再次鉴定的通道被堵塞，他们也无法在审判阶段寻求重新鉴定，因此转而求助对公安机关负有立案监督责任的检察院，不失为目前较为合法的救济渠道。

当案件进入审判阶段后，无论是对侦控机关还是法院鉴定意见的质疑或反驳，当事人均选择向法院申请重新鉴定。因为法院判决将关涉被告人之定罪与量刑，且法院是中立、公正的司法机关，加之辩护律师参与案件的数量增多与行使权力空间的增大，这些都客观上促使当事人，尤其是被告方更容易申请重新鉴定。

（四）何种策略

当事人重启鉴定的行动策略，其种类、数量、激烈程度、合法（合理）与否，同以下几个因素紧密相关：

1. 当事人的主体性及案件性质

如前所述，被害人一方对鉴定意见的不满，更多源于被害人被疑似非正常死亡，为讨说法，希望办案部门查清案件真相、追究相关人员刑事责任，可以说，被害人一方几乎用了本书概括、归纳出的所有行动策略。除此之外，在被害人被疑似非正常死亡的案件中，还表现出以下特点：凡暴力或群体性事件、自残性人体试验均发生于此类案件中。与其他案件相比，此类案件上访使用频率最高，且在同一案件中反复运用。随着案情发展，行动策略的暴力性、对抗性逐步升级，各种行动策略常常被叠加使用，且持续时间长，动辄数年。

[①] 侯鸿剑、董延明：《论司法实践中重新鉴定的现状和发展方向》，载《全国第十二次法医临床学学术交流会论文集》2009 年版，第 162 页。

至于伤情鉴定与精神病鉴定，无论是由当事人单方还是双方启动，行动策略都相对温和，几乎没有暴力冲突，最常见的方式是反复表达抗议、不断申请重新鉴定、屡屡上访，部分案件中，当事人有时还自行委托鉴定。不过，在这两类案件中，尤其是伤情案件的鉴定中，最明显的特征是：当事人双方交错反复申请重新鉴定，互不买账，你来我往，案件始终纠缠于鉴定意见的是是非非之中。而当案件未被立案时，针对办案部门的鉴定意见，当事人一方则会反复上访或多次自行委托鉴定。相对而言，在这两类案件中，当事人启动重新鉴定的行动策略暴力程度低、参与人数少。

同样，当事人的主体性特征与行动策略也紧密相关。与被害方相比，犯罪嫌疑人或被告方运用的行动策略相对来说更理性，更有说服力，更多借助律师的帮助，不使用暴力，较少自行委托鉴定。当然，在伤情鉴定、精神病鉴定的案件中，他们的家属也会闹事、反复抗议，但一般不会发展到暴力程度，不会发生群体性事件，这与其在诉讼中被追诉的不利地位相关。

与此不同，被害人的角色与地位决定了其策略性质。为什么被害人及其家属重复且越级上访、求助技术专家、频频公布案情于网络、借助媒体推波助澜、动辄闹事，甚至与办案部门发生暴力冲突？这是因为，在被害人家属看来，亲人之死已为不幸，倘若其死又相当可疑，则追究具体死因乃是他们最起码的责任或义务。当办案部门一再拒绝或拖延再次尸检，而且并不对家属步步紧逼的质疑给予合理解释时，则可能进一步印证他们的猜测。假若此时办案部门在案件处理及鉴定过程中问题重重、作风粗暴，或地方政府强行抢尸并急速火化。此时将必然强化被害人选用各种行动策略的正当性，甚至闹事、暴力冲突也会被视为家属无可奈何的合理选择，而办案部门或地方政府妥协、默认、息事宁人的回应策略本身也可以被视为被害方敢如此行动的"共谋"。而且，失去亲人带来的痛苦，民众对政府、司法机关的不信任，因社会不公而衍生出的仇官、仇富心理，使家属轻轻松松就可以获得社会的同情与支持，这些都助长了其行动策略的可变动范围。

2. 给出鉴定意见的办案部门

当事人及其家属在向侦查机关申请重新鉴定时，行动策略涵盖了所有类型，并且表现为多种策略在同一案件中的并用、同一策略在单一案件中的反复、违法与合法策略的混合、暴力与非暴力的叠加，等等。然而，最明显的特征是，在侦查机关并未立案前的初查阶段，针对该部门出具的鉴定意见，行动策略的暴力性最突出，群体性与暴力事件均在此阶段发生，至于赴京上访、网络公布案情、自残式试验、到侦查机关抗议或闹事，发生的概率同样很高。然而，一旦案件进入起诉或审判阶段，当事人采取的策略相对理性与合法，附理由申请重新鉴定、上访的合法救济渠道增加。虽然存在部分当事人到法庭闹事等抗议方式，但这种闹事较少使用威胁、暴力手段。由此可以看出，在侦查阶段当事人不满鉴定意见而重新启动鉴定的策略问题最多，最具暴力倾向。

行动策略的类型与给出鉴定意见的主体、阶段的联系源于如前所述的原因，如鉴定的案件类型、各阶段鉴定与重复鉴定的数量、是否立案对案件或事件分流的意义。而这些都集中反映在侦查程序中，诸如死亡原因鉴定、损伤程度鉴定与精神病鉴定，其意见不仅决定着侦查机关是否立案，而且还可能意味着侦查进程是否需要终结。当然还有一个重要的要素在某种程度上影响着侦查阶段当事人重启鉴定行动策略的种种特性，那就是中外司法经验所证明的"鉴定错误，案件错误的可能性则是100%，起诉、审判程序纠正侦查机关错误鉴定意见的可能性微乎其微"。[1] 因此，当事人当然希望在侦查阶段解决这一问题。

3. 相关办案部门回应的方式

若当事人不服办案部门提供的鉴定意见，其最初的本能反应是向后者表达不满，或附理由申请重新鉴定或单纯反复抗议。这是两种常常被当事人及其家属优先或许更恰当地说是无意识选择的策略，他们几乎不可能一上来就上访、向网络公布案情否定办案部门的不公、闹事或运用暴力，即便是所谓的故意"缠诉"，也有一个逐步发展的过程。

至于办案部门的回应方式，样本案例反映出以下几种典型模式：（1）直接拒绝当事人重新鉴定的诉求，或漠视其抗议，但并不给予合理解释；（2）拒绝重新鉴定，并强行抢尸与火化尸体；（3）故意拖延重新鉴定；（4）要求当事人申请鉴定时预交鉴定费，否则拒不鉴定，当事人无法承受；（5）针对当事人自行委托获得的鉴定意见，办案部

---

①霍宪丹、郭华：《中国司法鉴定制度改革与发展范式研究》，法律出版社2011年版，第196页。

门依职权启动新的鉴定机制对其否定；（6）办案部门多次鉴定意见均与不满一方的期望出入较大，尤其与常情、常理相悖；（7）办案部门的鉴定过程、鉴定主体、鉴定材料存在严重问题，当事人申请重新鉴定，但办案部门拒不纠正；（8）办案部门的重新鉴定意见推翻了前次鉴定，但该鉴定意见最终不被采纳……

结合办案部门的回应方式与鉴定程序中存在的各种严重问题，各上访部门对当事人上访的漠视、拖延或冷处理，以及社会民众、学者对不满一方当事人的强力支持，共同合理化了他们采取非常规或不合理甚至不合法的抗议方式。当事人及其家属受挫越多、被拒绝给予重新鉴定的次数越多、心中对事情真相的渴望越强、受到的支持越多，由此带来的寻求公平、正义的心情就越为迫切与坚定，行动策略就越趋于多样、反复与暴力，持续的时间、涉及的部门、投入的金钱与精力也同步增长。

（五）什么效果

1. 各办案机关均不愿针对本机构的鉴定意见启动重新鉴定

对鉴定意见不满的当事人，通过各种策略向原办案单位施压，期望后者启动重新鉴定机制的效果并不是十分理想。事实上，由办案单位通过再次鉴定来否定自身先前的鉴定意见，无论是从心理情感还是从制度体制上来说，都较难实行。心理学研究证明：个人或组织在社会公众面前作出承诺或决断，一般都会坚持到底，[1] 很难撼动。哪怕重新鉴定对当事人而言意义非凡，但对办案部门来说，却是对其权威的质疑与否定，或至少说明办案部门在选择鉴定机构与鉴定人时存在重大瑕疵。尤其是侦查机关开展的鉴定，如法医尸检，基本上都由其内设鉴定机构的鉴定人进行，而重新鉴定本身是一种否定性鉴定，[2] 这意味着他们的专业能力、法律素养或品行可能存在问题。何况，侦查机关启动重新鉴定需要行政化审批，这会带来行政领导对其内部鉴定人不利的评价，尽管不会追究其法律责任，但在科层化的行政体制中，这种不利的影响难以消除。而且，它还会连带影响到整个侦查、鉴定工作的公正与权威。加之当前政法部门本来存在信誉危机，一心想要维护其权威与公正形象，

---

① [美] 戴维·迈尔斯：《社会心理学》（第8版），侯玉波等译，人民邮电出版社2006年版，第171页。

② 邹明理：《重新鉴定增多原因与对策研究》，载《证据科学》2012年第1期，第6~7页。

若后续鉴定意见否定前次鉴定意见，其形象可想而知；况且重新鉴定行为本身势必给当事人或社会民众留下国家权力"出尔反尔"、鉴定腐败无能的"刻板印象"。

当然，除此之外，难以重新鉴定，还有其他原因。例如，刑事诉讼法，包括2012年3月通过的新刑事诉讼法，均未对重新鉴定启动条件进行具体规定。同时，诸如重新鉴定成本高、多次不同且冲突的鉴定意见使办案机构难以抉择、一些办案机构刻意掩盖真相、初次鉴定草率而无再鉴定可能、鉴定经费问题……都使原办案部门难以根据当事人的要求启动重新鉴定。

2. 相对而言，办案部门更愿针对其他部门的鉴定意见启动重新鉴定

如前所述，一旦案件进入审查起诉或审判阶段，部分当事人会选择向检察院或法院申请重新鉴定。当检察院并非作为自侦机构时，启动重新鉴定的概率相对较高。当然，从这里可以延伸出一个观点，当事人对公安机关的鉴定意见不服时，他们是否可以选择性地向检察院申请重新鉴定，此种救济机制是否比向公安机关申请重新鉴定更可行，也更为公正？至于法院，虽然受到侦查机关鉴定意见的影响颇深，但其中立、公正的地位还是决定了在审判阶段，当事人因不满侦控机关鉴定意见而申请重新鉴定的成功概率相对要高一些。

四、问题与改革路径

(一) 问题

当事人因不满办案部门的鉴定意见而动用各种行动策略启动重新鉴定，当然具有正面功能：它促使办案部门纠正错误的鉴定意见、提升鉴定机构与鉴定人的责任心；重复而反常的策略（如上访），暗示鉴定制度变革的必要与契机，事实上，这也确实推进了近年的一系列鉴定制度革新；当事人可以借此维护自身的合法权益，且重新鉴定作为重要的权利表达机制，在一定程度上能够缓解或吸纳当事人的不满与愤懑。因而，重新鉴定在当前具有存在的合理性。确实，只要中国刑事法律不赋予当事人自行启动刑事鉴定的权利，他们总会在不同程度上对办案部门的鉴定意见存在不满，并寻求权利救济，故重复（新）鉴定与职权主

义诉讼的关系如影随形，① 具有发生的必然性。尽管如此，与其他职权主义国家的鉴定制度相比，中国重新鉴定的次数过多，当事人为启动重新鉴定而动用的策略五花八门，重新鉴定是否需要启动，办案部门也并未实行严格、公开的听证。

毋庸置疑，中国刑事诉讼中当事人施行的行动策略，并非全部合理、合法，甚至其行为本身就违法，不断制造出新的问题与冲突。应该说，按照法律规定的本意，通过适当的论证与说理来申请重新鉴定最为可取，且本应为当事人唯一的合法救济途径，这是职权主义国家的通例。在某种程度上附理由申请重新鉴定是不满一方应当适度承担的"证明责任"，也是办案部门考虑是否启动重新鉴定的重要依据。

至于通过反复抗议以表达对官方鉴定意见的不满，而并不提出可信的理由，以及通过上访、游行喊冤、求助网络、人体试验、闹事、群体性事件等方式来促使甚至逼迫办案部门启动重新鉴定，无论其结果如何，都完全与现代法制相悖，它将本应由刑事程序解决的法律纷争，抛入社会与政治的层面，在当事人之间的纠纷中，再度植入当事人与办案部门的冲突，人为地加剧了案件的复杂性与争议性。而且，诸如此类的行动策略耗时费力，给当事人自身带来了沉重的精神、经济、时间与心理压力，成为不可承受之重。虽然，除部分案件外，基本上都是当事人寻求常规救济途径受挫后的无奈且被迫的选择。同时，这些行动策略也凸显了办案部门严重的信誉与合法性危机，使法律尊严与权威受到嘲弄。特别当案件与社会其他矛盾纠集在一起时，则可能引发群体性事件以及官民之间的暴力冲突。除此之外，实践中一些当事人施加的行动策略（尤其当其取得预期效果时），往往成为其他人竞相模仿的对象，最后演变为在一些案件中，一旦当事人不满办案部门的鉴定意见，动辄就上访、闹事。

当然，当事人通过自身力量委托鉴定机构进行的私力救济相对较为温和，它类似私人性的鉴定咨询，目前存在一定的合理性，尤其当案件还并未进入立案程序时更是如此。此时，办案部门可以将其鉴定意见作

---

① 在职权主义国家，比较典型的如德国、法国、日本等都存在重新鉴定。参见出文昌：《欧洲司法鉴定制度》，载《人民法院报》2001 年 4 月 23 日第 B02 版；吴何坚、李禹：《赴日考察报告》，载《中国司法鉴定》2002 年第 4 期，第 60 页。

为是否启动重新鉴定的一个参考依据。由此看来，当事人自行委托的鉴定意见，可以被附理由申请重新鉴定的途径所吸收，但目前不宜过多鼓励。因为当事人需要自己垫付鉴定费及附带费用，需要拥有相关的鉴定材料，有时需要办案部门的协助与支持。故在刑事鉴定实践中，私人委托鉴定的发生概率一直较低。何况，该鉴定本身可能存在倾向性、依附性、单方面性以及鉴定人的党派性，加之当前社会鉴定机构存在的诸多问题，使其鉴定意见并不具有很大的说服力。正因为如此，在这种情况下，一些学者认为应当赋予当事人刑事鉴定的独立决定权以解决重复鉴定问题的提议，但在当前就未必可行与有效。[①]

从上面的分析可见，在当事人为重启鉴定而实施的众多行动策略中，无论是基于实践还是根据法理分析，唯一值得保留并应合理规范的是附理由或论证式申请重新鉴定的行为，以减少并消除其他违背法制的救济方式，从而实现程序自治、限制恣意、法律安定等众多功能，促进刑事鉴定意见的可接受性，并使诉讼成为解决社会纠纷的最佳且最终途径。

（二）改革路径

然而，改革的路径究竟如何选择？2005 年全国人大常委会通过的《决定》曾经被寄予厚望，但事实上，仅就刑事重复（新）鉴定而言，一些评论者早就指出，"多头鉴定、重复鉴定没有得到根本遏制，给执法办案、诉讼活动带来困难，社会各界意见较大"，[②]"诉讼活动中的重新鉴定率并无减少趋势，与重新鉴定有关联性的鉴定争议仍层出不穷"。[③] 同时，据一位法官报告，《决定》实施前后两年，再次鉴定的比

[①]当事人自行委托鉴定的权利存在较多问题，如在民事案件中，当事人为反对法院委托的鉴定机构出具的鉴定意见，有时自己委托鉴定人鉴定，这种鉴定意见尽管不具备证明能力但却往往与当事人预期一致，成为他们反对法院委托的鉴定意见的重要理由，导致大量的重复鉴定问题，因此目前法律暂不规定当事人的鉴定委托权为好。而且，即便在各项制度较为健全的美国，当事人自己聘请专家证人出庭也会导致众多问题。参见易延友：《证据法的体系与精神——以英美法为特别参照》，北京大学出版社 2010 年版，第 213 页。

[②]邹明理：《应当正视司法鉴定管理工作的成绩和问题——写在〈决定〉实施五周年之际》，载《中国司法鉴定》2011 年第 1 期，第 67 页。

[③]邹明理：《合理控制重新鉴定和有效解决鉴定争议措施探讨》，载《中国司法》2008 年第 8 期，第 85 页。

例与改革之前基本接近。①

需要指出的是，鉴定制度改革后，由于法院撤销了鉴定机构，故并没有卷入鉴定领域的实质争议，审判阶段的鉴定与重复鉴定的公正与公平有所改善。然而，因为侦查阶段的鉴定问题众多，社会鉴定机构的鉴定意见混乱，鉴定科学本身的问题，以及司法信任的缺失，导致当事人仍然在审判阶段不断申请重新鉴定。而法院、法官面临法律、社会与政治压力，鉴定经费的捉襟见肘，多个鉴定意见的难以抉择，故在一些案件中，重新鉴定的启动仍然举步维艰。②

可以看到，《决定》掀起的改革浪潮虽然凶猛，但对解决重复鉴定问题的作用非常有限：当事人的不满程度一如既往，频频使用各种行动策略，且越趋暴力、多样与反复。问题的存在，可能与《决定》当初制定时，立法者对问题的判断不全面有关。实质上，重复鉴定发生的原因涉及鉴定材料、鉴定科学、鉴定主体与管理主体、当事人与办案部门等多方面。③ 针对这些问题，论者们提出了各种建议，激进者甚至认为，需要剥离侦查机关的鉴定机构，赋予当事人鉴定启动权，但结果都收效甚微。

在进行刑事重新鉴定制度改革前，需要明白以下几个前提：（1）刑事重新鉴定主要聚集在死亡原因鉴定、损伤程度鉴定与精神病鉴定等法医学鉴定领域，而较少发生于物证类与声像资料类鉴定。（2）重复鉴定一般发生于立案前与侦查阶段，其次是审判阶段，审查起诉时较少。（3）侦控机关在各自的诉讼阶段，都排他性地拥有是否需要根据当事人的申请决定重新鉴定的权力。（4）法律没有规定重新鉴定的条件，以致是否需要重新鉴定都由办案部门自由裁量。法律亦没有规定当事人申请重新鉴定受挫后的救济措施与申请重新鉴定的次数，或许这些是当事人为启动重新鉴定而动用各种行动策略的最重要理由之一。（5）法律没有规定当事人申请重新鉴定时适当的"证明责任"，以及办案部门尤其是法官在判断是否需要重新鉴定时的听证程序。

---

①韩振才：《再次鉴定案件的调查与思考》，载《中国法医学会第十次法医临床医学学术研讨会论文集》2007年版，第128页。

②陈卫东等：《刑事案件精神病鉴定实施情况调研报告》，载《证据科学》2011年第2期，第202页。

③邹明理：《重新鉴定增多原因与对策研究》，载《证据科学》2012年第1期，第6页。

（6）侦查机关鉴定机构与鉴定人的完全剥离，① 以及赋予当事人自行鉴定或重新鉴定决定权的改革措施，因受到侦控机关、法院的强烈反对，在当前难以实行。

刑事重新鉴定制度的变革，若要实现当事人重启鉴定行为的规范化、理性化、程序化，以及办案部门决定是否需要重新鉴定的合理化并限制其恣意，必须将其建立在上述前提的基础上，方能取得成功。我们当然支持其他研究者反复强调的诸如进一步加强鉴定机构的统一管理、严审鉴定机构与鉴定人的资质、制定鉴定科学尤其是法医学鉴定标准等宏观措施的推进，但在我们看来，当前最可行且有效的制度革新主要表现在以下四个方面：

1. 明确规定重新鉴定的条件

我国修正后的新刑事诉讼法对鉴定制度有一些局部的改革，然而仍没有规定重新鉴定的相关条件。条件的缺失是当事人与办案部门在是否需要启动重新鉴定时争论与冲突的焦点。根据实践经验，立法者可以厘定出常见的需要重新鉴定的要件，促使当事人在不满办案部门的鉴定意见时，必须附带理由，并进行适当说明，这是必要的承担证明责任；同样，这也能够约束办案部门尤其是侦查机关的自由裁量权。

2. 建立办案部门是否启动重新鉴定的多方听证程序

在大陆职权主义国家，如日本，是否启动重新鉴定由法庭主持听证，检察机关、当事人和鉴定人共同在场，由主张重新鉴定的一方提出主张和理由，经各方陈述自己的意见后，由法庭决定是否重新鉴定。② 我们应对之借鉴，由办案部门、当事人、鉴定人多方参与的理性听证程序及其附带的证据提供与争点辩论，可以合理化参与人的相关诉讼行为。当事人可以表达不满，鉴定人的出席也可以释明异议。作为主持者的办案部门则根据听证时获得的信息，并通过说理，正当化是否许可重

---

①陈永生博士详细分析了中国侦查机关鉴定机构存在的问题以及国外法医鉴定机构设置的情况，但他最后仍然认为，在目前，只能通过在侦查机关内部强化鉴定机构的相对独立性，以及其他配套措施来进行有限改革，而无法完全对之剥离。参见陈永生：《中国司法鉴定体制的进一步改革——以侦查机关鉴定机构的设置为中心》，载《清华法学》2009 年第 4 期，第 104 页。

②吴何坚、李禹：《赴日考察报告》，载《中国司法鉴定》2002 年第 4 期，第 60 页。

新鉴定的决定。理性辩论的听证程序，毫无异议具有"作茧自缚"的效应，①尽管法律仍然会给异议方适当的救济权利，但他们很难抗拒程序带来的后果，选择的余地也大大缩减，除非程序的进行明显不公。

目前，中国刑事法律只是规定当事人可以申请重新鉴定，但并无具体操作程序。办案部门一般并未举行听证程序，只是依当事人的申请当即或事后作出同意或不同意的决定，较少说理或说理不透。过于简约的处理方式，可能剥夺当事人充分表达异议的机会，鉴定人的缺席也不利于异议的释明。因此，法律的再次修正，必须建立办案部门是否启动重新鉴定的听证程序，但应注意两点：在审查起诉与审判阶段，检察院与法院相对较为公正与中立，作为主持者，可以听取当事人双方的意见，必要时要求鉴定人出席进行说明，操作起来难度不大；而当事人不满侦查机关的鉴定意见申请重新鉴定时，前述研究告诉我们，此时争议发生频率过高、行动策略问题最多、异议方与侦查机关的冲突最激烈，侦查机关更应主持听证，鉴定人必须出席，同时还应引入检察院的监督。

3. 制定当事人不服办案部门决定的救济程序

目前，在公安司法机关作出"不同意重新鉴定决定"的情况下，法律没有赋予当事人有效的救济方式，致使近年来"涉鉴上访"案件的急剧上升，有损鉴定的公正性，不利于社会的和谐与稳定发展。因此，应进行以下改革：针对公安机关不同意重新鉴定的意见，当事人可以向检察院申请重新鉴定。我们的实证研究发现，检察机关作为非自侦机构，确实更倾向于否定公安机关的鉴定意见，而因检法机关本身相对较为中立，针对其不同意重新鉴定的决定，有权再次向其申请，由其再次主持听证。

4. 实现重新鉴定程序的多方参与性与过程的开放性

针对法医学鉴定存在的众多问题，在实践中，部分检察机关（如山东与福建）进行了改革，建立了"阳光鉴定"程序，即在鉴定过程中，邀请当事人、律师及其聘请的专家见证鉴定过程，从而使鉴定意见

---

①季卫东：《法治秩序的建构》，中国政法大学出版社 1999 年版，第 18 页。

被当事人所接受。① "阳光鉴定"程序实质上就是通过鉴定人员资格、鉴定程序、检验过程、鉴定意见的公开透明，最终获得鉴定意见的可接受性。但问题是，此种改革仅局限于检察院或法院，② 且主要运用于死亡原因鉴定与损伤程度鉴定领域，故进一步的改革是将其推广，运用于整个诉讼阶段，同时扩展到法医精神病鉴定，乃至其他存在重大争议的鉴定领域。同时，重新鉴定程序的多方参与与开放，还需要在鉴定机构与鉴定人选择方面进行改革，即一旦办案部门启动重新鉴定，当事人可以参与鉴定主体的选择，甚至自己选择鉴定人与办案部门指派或聘请的鉴定人共同鉴定。

重新鉴定制度的上述改革，仍然只是将当事人的不满与抗争约束于刑事程序领域的事后补救措施。其实，实践中的很多重复鉴定在初次鉴定中可以轻易避免，无须耗时费力的进入重新鉴定程序。因此，"阳光鉴定"程序也应引入可能存在重大争议的初次鉴定领域，尤其是前述三类法医鉴定，这是解决重复或重新鉴定最有效而根本的措施。当然，这需要几个条件的支持：首先，技术顾问聘请阶段的向前延伸。修正后的刑事诉讼法只规定当事人可以在审判阶段聘请技术顾问，可以将其延伸到立案前、侦查与审查起诉阶段，既然实践行之有效，不妨直接将其法律化。其次，针对困难群体，应建立合理的法律援助制度与刑事鉴定援助制度。前者受到法律的规范，而后者虽然在各地自发推行，但刑事鉴定援助却凤毛麟角，其主要原因则在于办案部门指定或委托鉴定的单方性、封闭性，当事人及其技术顾问根本无法参与，故制度改革后，应大力支持刑事鉴定援助制度的建设。

---

①孔繁平、卢金增：《"阳光鉴定"让当事人口服心服》，载《检察日报》2009 年 10 月 15 日第 1 版；郑欣、刘龙清：《"阳光鉴定"化解纠纷》，载《检察日报》2008 年 11 月 20 日第 2 版。

②一些法院也有类似的鉴定制度改革，参见陈群：《杭州中院司法鉴定阳光操作》，载《人民法院报》2003 年 12 月 24 日。

第四章　刑事案件中的"涉鉴上访"现象研究

一、问题的提出

中国上访现象古已有之，从上古绵延到清末，并延续至今。[1] 1949年后的上访历程经历了几番功能变更。[2] 但自 20 世纪 90 年代以来，随着社会转型带来的各种矛盾、官民冲突的进一步激化以及民众维权意识的增强，中国上访潮一直居高不下，引起了各界持续而强烈的关注。为此，学者们提出"依法抗争"与"以法抗争"等[3]社会学解释框架，也开创了偏重制度建构与改革建议的法学研究路径。[4] 然而，上述分析却暴露出当前民众上访动机、诉求类型无规律可循，因此，笼统、宽泛地理解、解释中国上访现象，无法切中要害，也不利于对上访问题的分类治理。唯有采取"小叙事—大视野"的研究范式，从微观、具体的上访现象入手，方能迈向细微与宏大、具体与抽象、理论分析与立法对策相结合的实践法学。[5]

---

①中国古代的相关上访现象，参见刘顶夫：《中国古代信访源流考》，载《湘潭大学学报（哲学社会科学版）》2005 年第 S2 期，第 107~109 页。

②应星认为，新中国上访（信访）的发展阶段分别是：大众动员型上访、拨乱反正型上访、安定团结型上访三个阶段。参见应星：《作为特殊行政救济的信访救济》，载《法学研究》2004 年第 3 期，第 58~71 页。

③李连江、欧博文：《当代农民的依法抗争》，转引自吴毅《"权力—利益的结构之网"与农民群体性利益的表达困境》，载《社会学研究》2007 年第 5 期，第 21~45 页；于建嵘：《当前农民维权活动的一个解释框架》，载《社会学研究》2004 年第 2 期，第 49~55 页。

④应星：《作为特殊行政救济的信访救济》，载《法学研究》2004 年第 3 期，第 58~71页；季卫东：《上访潮与申诉制度的出路》，载《青年思想家》2005 年第 4 期，第 5~9 页。

⑤徐昕、卢荣荣：《暴力与不信任——转型中国的医疗暴力研究：2000~2006》，载《法制与社会发展》2008 年第 1 期，第 82~101 页。

按照该研究范式，本部分将选择刑事案件中的"涉鉴上访"作为观察样本。原因在于，刑事程序中的涉鉴上访频频发生，形势严峻，被视为中国当前上访中最令人头痛、最麻烦、最难以解决的问题，[①] 以致引起高层重视。[②] 尽管如此，目前论者研究刑事案件中涉鉴上访的论文寥寥，且集中于上访原因与对策。这固然很好，但仅简单列举原因、泛泛而谈对策是不够的。[③] 特别是既有研究遮蔽了涉鉴上访在中国法律、政治语境中的困境。它虽被主流意识解读为一种维权模式，[④] 一度还被中央视为倾听基层民声、监督地方机关的政治渠道，但是，过度的涉鉴上访却颠覆了程序自治，成为法治敌人，罔顾程序正义，[⑤] 使社会冲突久拖不决，费时耗财，使刑事司法权威声名扫地。更糟糕的是，近年来各种上访如潮水般涌向京城，有理、无理上访混杂难辨，缠访、闹访屡禁不绝，不仅混淆了上访救济与纠纷解决功能[⑥]的正当性，还催生出基层国家机关在上级考核压力下的暴力截访、非法拘禁等行为。

因此，本部分将从微观层面来揭示当事人（上访人）不满官方鉴定意见而上访的现象发生的内在逻辑，并根据上访的分类治理、"各个击破"的现实需要，提出国家亟须建立"过程导向信任"的鉴定程序机制，利用程序的开放性与当事人的多方参与性，吸纳当事人的意见，减少并消除上访。此外，鉴于当前司法机关信誉度偏低、完全兑现诉讼的定分止争功能尚需时日，上访应在例外情况下，作为第三章所述的当事人诉讼外的一种"底线救济"权或一种对抗国家的特殊类型的"弱

---

①王进忠：《解读公安涉法上访（上）》，载《辽宁警专学报》2008 年第 2 期，第 46 页。

②如 2010 年 8 月 25 日，时任全国人大常委会委员长吴邦国针对当事人不服鉴定意见、长期赴京上访作出了专门批示。参见郭华：《对我国国家级鉴定机构功能及意义的追问与反省》，载《法学》2011 年第 4 期，第 112~117 页。

③王羚：《司法鉴定引发上访的原因与对策》，载《中国司法鉴定》2003 年第 4 期，第 57~59 页；刘龙海：《轻伤害案件为什么易引发群众上访》，载《检察日报》2009 年 11 月 1 日第 3 版；刘永军、翟志锋：《故意伤害案引发上访多的原因分析》，载《中国信息报》2010 年 8 月 6 日第 7 版。

④于建嵘：《当前农民维权活动的一个解释框架》，载《社会学研究》2004 年第 2 期，第 26~29 页。

⑤应星：《作为特殊行政救济的信访救济》，载《法学研究》2004 年第 3 期，第 49~55 页。

⑥王亚新教授认为，纠纷解决功能是信访（上访）制度的重要功能。参见王亚新：《非诉讼纠纷解决机制与民事审判的交织》，载《法律适用》2005 年第 2 期，第 9~11 页。

者武器"。

二、当前涉鉴上访的特征

我们对刑事案件中涉鉴上访的研究，将以（但不限于）前述表1中所列的在实践中发生的众多经典案例（如江苏南通的王逸案、湖北老河口市的高莺莺案、湖南湘潭的黄静案、贵州瓮安的李树芬案、广西南宁的黎朝阳案、河南周口的李胜利案、黑龙江嫩江的代义案等）为研究对象。这些案件一度成为舆论的公共话题，一些还推动了刑事鉴定制度的革新。同时，我们也批判性地继承了前人的研究成果，参考了各地披露的涉鉴上访的情况及其应对策略，并与本书相关论断进行印证。

（一）涉鉴类型

案例显示，刑事程序中的涉鉴上访，主要发生在法医鉴定领域，且集中于伤情鉴定与死因鉴定案件，有时也见于（官方对犯罪嫌疑人或被告人进行的）精神病鉴定的案件。这可从其他研究得到印证：一是河南人 2004 年 1 月至 10 月到公安部上访的 160 起案件中，有 111 起涉及法医鉴定，占 69.4%。[1] 二是目前关于刑事案件中因鉴定而上访的研究，几乎讨论的都是伤情鉴定或死因鉴定。[2] 三是据研究者指出，从 2005 年 5 月 18 日至 9 月 6 日山西省公安机关受理的群众对刑事科学技术鉴定意见不服而提出申诉的信访案件的统计数字来看，伤情鉴定 51 起，约占 54%，死因鉴定 43 起，约占 46%。[3] 四是 2006 年至 2008 年河南省汝州市共发生因群众不满司法机关对刑事案件的处理而引发的赴省进京上访案 72 起，其中轻伤害案 32 起，占上访案件的 44%，居各类案件之首。且在 32 起轻伤害上访案中，当事人都对轻伤鉴定结果的真

---

①王永等：《法医临床学鉴定中涉访案件的分析》，载《中国法医学会法医临床学学术研讨会论文集》2005 年版，第 250 页。

②兰樟彩：《41 例命案上访及原因分析》，载《刑事技术》2000 年第 3 期，第 42~43 页；刘龙海：《轻伤害案件为什么易引发群众上访》，载《检察日报》2009 年 11 月 1 日第 3 版；刘永军、翟志锋：《故意伤害案引发上访多的原因分析》，载《中国信息报》2010 年 8 月 6 日第 7 版；刘瑛：《法医鉴定引发上访的原因及对策》，载《北京人民警察学院学报》2005 年第 5 期，第 25~27 页；姚桂法等：《人身伤亡案件上访原因探讨及对策》，载《中国法医学会法医临床学学术研讨会论文集》2002 年版，第 129~130 页。

③赵芳芳、周革荣、朱四平：《办理刑事科学技术鉴定引发信访案件的思考》，载《刑事技术》2005 年第 6 期，第 46 页。

实性提出异议。[1] 五是 2005 年公安部在全国掀起了声势浩大的"大接访"活动，涉及法医鉴定而上访的案件占 40% 以上，时任公安部办公厅信访办主任透露，"大接访"活动的前两天，群众反映较多的问题就是对公安机关死因鉴定和伤情鉴定处理的不满。[2]

（二）上访主体

什么人在刑事案件中上访，因案件的鉴定类别而异。在死因鉴定案件中，上访人为"疑似"被害人之亲属（父母、兄弟姊妹）；而在伤情鉴定与精神病鉴定案件（针对犯罪嫌疑人或被告人）中，上访人则可能是当事人（本人或其亲属）一方，或双方同时交错进行。鉴于中国刑事案件中犯罪嫌疑人或被告人的高羁押率、超期羁押所表征出的"羁押常态原则"，[3] 其若不满官方鉴定意见，一般都是亲属代为上访。当然，上访主体几乎不会错位上访，即上访人不会为对方利益而上访。[4] 同时，上访人往往会通过媒体、网络发布案件信息，或聘请律师、鉴定专家寻求智力、法律与道义上的支持，这些措施强化了上访的持续、反复进行。

（三）时空

当事人上访持续时间较长，少则一两年，多则十年。上访既发生于侦查机关立案前，也发生在诉讼程序的各个阶段，即便在诉讼程序结束后乃至当事人服刑完，也存在上访现象。当然，就刑事鉴定意见的性质而言，因不服办案部门死因鉴定意见的上访，基本发生在立案前。原因在于，当被害人被疑似非正常死亡后，死因鉴定往往决定着侦查机关是否立案以及有无必要追究相关人员刑事责任等核心问题。而伤情鉴定案件的当事人上访从初查、侦查持续到审判阶段，因为轻微伤、轻伤、重伤等不同的鉴定意见，不仅决定着侦查机关是否立案，也关系到被告人

①刘龙海：《轻伤害案件为什么易引发群众上访》，载《检察日报》2009 年 11 月 1 日第 3 版。

②沈路涛：《公安部信访办：尽量不要越级上访》，载《新华每日电讯》2005 年 5 月 21 日第 2 版。

③孙长永主编：《侦查程序与人权保障》，中国法制出版社 2009 年版，第 30~36 页。

④实践中偶尔有之：据记者报道，妹妹"悲观厌世"自缢身亡，妹夫被公安机关确定为凶手，死者的姐姐却认为此案疑点重重。面对错误原判，姐姐历经十余载艰难奔波，耗尽了 10 万余元，写下 150 多万字申诉材料，上访 800 余次，终于为妹夫昭雪，但这是小概率事件。参见蓄水：《当代"杨三姐"为"杀妹凶手"洗冤》，载《廉政瞭望》2010 年第 4 期，第 54~55 页。

的定罪与量刑。

当事人初次上访的上访地点逐步升级，从地方上访直至赴京上访；而后再次上访时，则倾向直接进京上访。同样，当事人上访的部门涉及地方到中央的各级党政机关、人大、政协。当然，根据刑事案件的性质，上访相对集中于政法系统。结合上述两方面的特征，公安部、最高人民法院、中央政法委等机关，成为常见的上访部门。

（四）手段

当事人多数情况下（尤其是初次）采取合法手段上访，如到上访部门排队—领取表格—等待通知—递交上访材料。但基于上访渠道不畅、上访被拒、上访无故被拖、上访效果欠佳等原因，有些当事人尝试采取边缘性、干扰性手段，如到上访部门门前静坐、下跪，到具有重要象征意义的公共场合打出标语、申冤横幅，或围堵上访部门。在江苏南通王逸伤害案中，被害人及其家属曾先后到南通、南京、北京等地各级政府部门反映情况，并以请愿、下跪等多种形式表示强烈抗议。有的上访人还采用如自伤、自残、自焚、跳楼、自杀等暴力手段。[①] 一些对刑事鉴定不满的当事人或其家属（如黄静的家属），还利用新闻媒体和网络（尤其后者，便捷、广泛、快速和言论受控制力较低）发布消息、表达诉求、扩大影响。

（五）不满指向

当事人不满鉴定而上访，涉及公安、司法机关各部门。当事人针对侦查机关（尤其是公安机关）鉴定而上访的频率最高，其次是法院、检察院。这不难理解，盖因90%以上的刑事鉴定均由侦查机关在侦查或初查阶段独立启动与完成，[②] 何况侦查机关进行的鉴定，往往决定着是否立案以及能否追究相关当事人的罪责与刑罚轻重，因此不满一方在此阶段频繁上访乃情理之中。至于审判阶段的上访，是因为鉴定意见将最终决定被告人的定罪量刑，当事人必须放手一搏。但因法院相对客观、中立，审判相对透明，以及律师更广泛的参与，使得审判阶段的鉴定意见更容易被接受，上访相对较少。而检察院在审查起诉阶段，基于

---

①王进忠：《解读公安涉法上访（上）》，载《辽宁警专学报》2008年第2期，第44~49页。

②汪建成：《中国刑事司法鉴定制度实证调研报告》，载《中外法学》2010年第2期，第286~319页。

其与侦查机关追诉犯罪立场一致而较少启动鉴定机制，故当事人几乎不会针对其鉴定而上访。

（六）上访后果

涉鉴上访的后果复杂。虽然上访在"侵权—维权"的话语维度中，被赋予"天然"正当性，且它确实为一些当事人洗刷了冤情，但却导致了以下负面后果：从个人而言，上访为上访人带来难以承受的经济、精神、时间成本，一些上访家庭为此倾家荡产、负债累累，且对于"职业"上访者，长期的上访已经让其无法回归故土，更不被世人理解，甚至为其带来严重的心理与精神疾病。① 同时，上访特别是重复上访给国家增加了触目惊心的治理成本，更可怕的是，上访恶化了本已脆弱不堪的司法信任，产生恶劣的"示范效应"，如"不信任（鉴定）—上访—再不信任—再上访……"的恶性循环，此外，还导致了一些恶意上访。

谈及涉鉴上访，我们必须提及另一层意义上的结果，即上访效果。样本案例显示，上访虽被当事人频繁运用，但却未必成功。越级上访虽表面上撕破了基层关系网，但实际上常常遭遇高层信访部门将上访人的要求简单向基层批转的命运（如高莺莺案）。当然，更多的情况是案件当事人及家属的上访不是杳无音信就是被告知耐心等待，这是上访部门运用自如的"拖延"术（如黎朝阳案、曾仲生案）。原因在于，根据国家对上访的处理原则，上访问题最终需要在基层解决。同时，闹访、缠访、无理上访与有理上访难辨，上访部门（尤其是中央）针对不计其数的片面信息无法有效甄别，当然部分原因还在于上访部门过多，彼此有相互推诿责任之嫌。

---

① 早在 2002 年，一些研究者就指出，80%的上访者具有一定的心理问题及精神异常。参见吴国娟：《司法鉴定中长期上访者分析》，载《临床精神医学杂志》2002 年第 4 期，第 225 页。

三、上访的原因

（一）宏观背景：当事人与办案部门互不信任

按照卢曼的洞见，信任是一个社会复杂性的简化机制，[1] 它是个人在信息不对称或现代社会高度分工情况下作出的合理抉择。因此，信任可以产生合作、彼此认同，减少社会交流或运作的成本。中国刑事案件中涉鉴上访的产生，部分基于当事人与办案部门之间缺乏信任。

1. 当事人不信任公安司法部门

虽然伯尔曼提出：法律必须被信仰，否则形同虚设。[2] 然而，中国此刻遭遇的真正问题与其说是法律的"信仰"危机，不如说是法律的"信任"危机。[3] 时任最高人民法院副院长沈德咏在 2009 年 8 月 10 日至 14 日召开的全国法院大法官社会主义理念专题研讨班上说："当前，部分群众对司法的不信任感正在逐渐泛化成普遍社会心理，这是一种极其可怕的现象。"[4] 信任危机早已投射在刑事司法中。论者实证研究显示：3/4 的民众对公安、司法机关不信任或非常不信任，公安司法部门的整体形象和威信堪忧。[5]

首先，缺乏信任的刑事司法在鉴定领域危机重重，具体表现为重复鉴定盛行。据侦查机关和人民法院的粗略统计，在刑事案件中，同一事项鉴定两次以上的占鉴定总数的 60% 以上，[6] 一些案件反复鉴定达到 5 次、6 次，甚至 8 次之多。[7]

其次，刑事鉴定因鉴定争议而备受质疑与指责。在黄静案、代义

---

① [德] 尼克拉斯·卢曼：《信任》，瞿铁鹏、李强译，上海世纪出版集团 2005 年版，第 30 页。

② [美] 伯尔曼：《法律与宗教》，梁治平译，中国政法大学出版社 2003 年版，第 1 页。

③ 许章润等：《法律信仰：中国语境及其意义》，广西师范大学出版社 2003 年版，第 8 页。

④ 孙松滨：《执法者违法法制如何维护——对司法的不信任是极其可怕的现象》，载《边疆经济与文化》2010 年第 4 期。

⑤ 胡铭：《刑事司法的国民基础之实证研究》，载《现代法学》2008 年第 3 期，第 39～45 页。

⑥ 邹明理：《合理控制重新鉴定和有效解决鉴定争议措施探讨》，载《中国司法》2008 年第 8 期，第 86 页。

⑦ 据一些论者说，个别案件中司法鉴定意见居然可以达到 33 份之多。王松苗：《司法鉴定：成为"证据之王"尚需假以时日》，载《检察日报》2005 年 12 月 14 日第 5 版。

案、李乔明案等案件中，办案部门之间或办案部门与当事人之间对鉴定意见存在持续而强烈的争议，他们互不买账、针锋相对，其混乱局面令社会哗然。

最后，部分鉴定机构与鉴定人的中立性、公正性岌岌可危。在死因鉴定、精神病鉴定中，他们过度考虑社会、政治因素，罔顾鉴定的科学性，或者故意错鉴，颠倒黑白、混淆是非，如 2009 年发生在内蒙古的鉴定腐败窝案，涉案 30 余人，其中 26 人为司法干警、法医及法官，使鉴定公信力严重受损。[①]

事实上，反复鉴定、对鉴定意见争论不休、错鉴此起彼伏等问题，早已撩起了科学鉴定的神圣面纱，使一度被誉为"证据之王"的鉴定意见被戏谑为"是非之王"。[②]

办案部门信誉资本的流逝，通过典型案例被当事人感同身受，并在媒体的放大中沉淀，进而塑造为民众的深层认知结构，以致影响到涉案个体的行为选择。事实上，因不被信任，在诸如涂远高案、高莺莺案、戴海静案、代义案中，办案部门鉴定意见受到当事人家属的强烈抵制。在这些案件中，当事人或其家属不仅重复、越级上访，还可能引发暴力抢尸、私设灵堂、游行示威、自杀式威胁、武力对抗等恶性事件。缺乏信任增加了官方鉴定意见被当事人接受的运作成本。盖因在现代社会，国家权威或统治的生命力需借助民众的自觉服从，"正如心理学研究现在已经证明的那样，在确保遵从规则方面，其他因素如信任、公正、信实性和归属感等远较强制力重要"。[③] 而不信任的心理具有扩散性，以至于在一些被害人死亡的案件中，尸检还未进行上访已经展开。[④] 最悲剧的是，互不信任还可能发展为流血事件。[⑤]

---

①王和岩：《操纵司法鉴定：内蒙古窝案》，载《新世纪》2010 年第 2 期。

②柴会群：《从"证据之王"到"是非之王"》，载《南方周末》2010 年 1 月 21 日第 B08 版。

③[美] 伯尔曼：《法律与宗教》，梁治平译，中国政法大学出版社 2003 年版，第 17 页。

④如 2009 年 8 月，某地公安机关抓获一名贩毒犯罪嫌疑人。审讯期间，该犯罪嫌疑人突然面色赤红、呼吸急促、大汗淋漓，后送医院抢救无效死亡。事发突然，死者家属怀疑公安机关刑讯逼供，数十人围堵政府部门。参见关仕新：《"阳光鉴定"：确保办案质量提升司法公信力》，载《检察日报》2011 年 3 月 3 日第 3 版。

⑤辽宁抚顺小瓦村的一桩命案引发上访者杀死截访者，引来全村过半数村民联名请求法院轻判。参见张千帆：《上访的治理成本》，载《中国新闻周刊》2010 年第 23 期，第 83 页。

2. 办案部门不信任当事人

上访具有"下情上达"的信息传递、监督纠错和纠纷处理的功能。然而，当事人滥用上访，逐渐消减了自身的正当性，容易引起信誉危机。原因可能在于，上访一时成功的便利、高效以及上访案例的"示范"效应，使当事人视上访为解决问题的最终捷径，形成惯性依赖，动辄就上访。当然，上访合法性根基或意识形态话语权的被解构，还在于实践中无理上访——谋利型上访、精神病人的上访、没有合法或合理依据的偏执型上访①，对其正当性的冲击。实践中，一些法医认为，在上访案件中，部分当事人对鉴定意见期望过高，或是对鉴定标准理解片面，或是鉴定结果不符合自己的期望，坚持认为鉴定结果有误。② 一些学者还指出，有的当事人在长期上访的经历中通过反复诉说事件，逐渐形成思维定式，坚信自己有冤情，在日常生活中一旦捕捉到相关信息就闻风而动，反复上访，表现为精神上偏执，固执己见。③ 当事人有时上访的直接动因还在于为获得更多赔偿。例如，叶某某驾驶拖拉机到施工场地运沙，与施工场地看管员王某（男，70岁）发生争执，而后王某摔倒当场死亡。经法医学鉴定，死者王某系冠心病猝死。结论向家属宣布后，家属认为法医鉴定有误，要求重新鉴定，不断上访。半年后，经多次调解，王某家属得到大笔赔款，也不再上访了。后来其家属自己讲，他们也知道王某有心脏病，内心也同意法医的鉴定意见，上访是为了制造舆论，给公安机关和对方施加压力，以便得到更多的赔款。④

涉鉴上访中存在的各种问题（尤其是无理上访），势必影响办案部门对当事人及其家属的信任与看法。在办案部门看来，当事人对鉴定意见不满而上访，除特殊情况外，多半是他们采取的一种抗争姿态，或者

①参见陈柏峰：《无理上访与基层法治》，载《中外法学》2011年第2期，第227~247页。

②王羚：《司法鉴定引发上访的原因与对策》，载《中国司法鉴定》2003年第4期，第58页。

③如一李姓市民，2000年1月因对其子"一氧化碳中毒死亡"的法医鉴定结论不服上访。四年来，李某从不接受法医的科学鉴定，认为儿子是被其儿媳的相好所害。公安机关经过现场勘查及深入细致地走访和调查，既没有在现场发现任何可疑痕迹，也未发现李某提供的所谓第三者。但李某固执己见，以同一理由坚持上访。参见刘瑛：《法医鉴定引发上访的原因及对策》，载《北京人民警察学院学报》2005年第5期，第25~27页。

④兰樟彩：《41例命案上访及原因分析》，载《刑事技术》2000年第3期，第16页。

是精神偏执所致，其目的是追求不正当利益，未必真有冤屈。办案部门对当事人不信任而产生的这种理解偏向，具有连带的负面后果：当事人合理、正当的诉讼内权利救济——申请重新鉴定，也被无故拒绝，这促使当事人又回到上访的道路上来。

（二）具体背景：当事人双方错综复杂的关系

纵然现代法律程序试图简化或过滤当事人的社会特征，但法律规范本身却无法创造一个独立于外部环境的"隔音空间"。[①] 事实上，刑事程序中的涉鉴上访案件反而呈现出以下特点：当事人之间复杂的社会关系往往成为他们是否上访的重要变量。案例显示，因伤情鉴定而上访的案件，当事人关系最为明确与特殊。这些案件大多数发生于邻里之间或相熟识或存在一定关系的人之中。当事人双方在实施暴力前，就长年因各种鸡毛蒜皮或其他琐碎之事而积怨颇深，暴力伤害的最终发生，往往是纠纷冲突长期累积的总爆发。一些论者的实证研究支持了这一论断，他们发现，在河南汝州，因轻伤害鉴定意见而上访的案件大多发生于农村。在案件发生之前，被害人、犯罪嫌疑人双方因耕地、宅基地、用水用地相邻权等产生矛盾纠纷的占71%，且双方矛盾一直持续到案发。[②] 当事人双方长年累月蓄积的恩怨，必将注入或延续于国家解决纠纷的刑事程序中。毋庸置疑的是，在伤害案件中，伤情鉴定意见至关重要，双方当事人锱铢必较，办案部门给出的任何鉴定意见均可能招致他们的不满。

而在死因鉴定的上访案中，当事人之间的关系同样复杂。我们的研究发现：这些案件中，被害人或与犯罪嫌疑人存在家庭、恋爱、朋友等关系，或被害人死于侦查机关的羁押场所或讯问期间，或被害人死于工作单位（如宾馆、工厂）。在第一类案件中（如代义案与郭伟案），当事人可能存在家庭或恋爱纠纷，被害人死亡后，被害人的直系亲属不相信其为自杀，坚持要求国家惩办凶手，由此而赴省、进京上访。在第二类案件中（如黎朝阳案），因为侦查机关不被信任而背负刑讯逼供的恶名，加之部分犯罪嫌疑人被虐待致死案例的曝光，使家属根本不相信官

---

①李卫东：《法治秩序的建构》，中国政法大学出版社1999年版，第16页。
②刘龙海：《轻伤害案件为什么易引发群众上访》，载《检察日报》2009年11月1日第3版。

方给出的自杀身亡的尸检意见。而在第三类案件中（如高莺莺案），涉案单位的性质（被外界视为涉黑涉黄场所）以及其与地方政府千丝万缕的联系，使得家属对官方自杀尸检意见同样不信任。再加上被害人之死过于蹊跷、死前毫无征兆、身体伤痕无法合理解释、办案部门乃至地方政府处理失当等问题，更增添了当事人、家属的怀疑。何况，死亡事大，非一般案件可比，而尸检意见又决定着被怀疑之人是否能够被绳之以法，因此，查明被害人死因就成为家属责无旁贷、当仁不让的责任。

当事人双方之间事前存在恩怨或其他矛盾的案件给死因与伤情鉴定带来了巨大的不稳定性，双方的对立还可能延伸至法院判决后，范围涉及两个家庭乃至家族。① 由此看来，死因鉴定与伤情鉴定的刑事案件必须重视主体特征或其负荷的政治、社会与家庭因素，否则我们无法理解其上访中被植入的过多情感，也难以理解当事人不断重复上访、越级上访的动力之所在。

（三）直接原因：刑事鉴定问题重重而诉讼内救济功能不足

中国刑事鉴定目前存在各种问题，既使鉴定过程不可信，又使鉴定意见不可靠。例如：鉴定程序由办案部门排他地决定是否需要启动，单方指定或聘请鉴定人；鉴定过程过于封闭，排斥当事人或其家属参与（尤其在尸检案件中）；鉴定人不回避。

部分法医鉴定需要解决的问题疑难复杂，如鉴定技术欠缺、标准不科学（如伤情鉴定）。何况有些案件，鉴定人尸检不全面、草率，检材被销毁、污染或变质。当然，关键原因还是部分鉴定人根据政治、社会需要鉴定，② 或者故意错鉴。关于上述问题，既往研究已达成共识，毋

---

① 曾经发生在天台县的一例案件很好地阐释了这一问题。天台人陈某死于与邻居的一场混战，事故发生后，天台县公安局认为陈某因"脑基底动脉梗塞死亡"，且"与外伤无关"。随后，法院的判决却采用另一鉴定机构出具的"身体多种伤害共同参与导致死亡"鉴定意见。判决后，带来两个家族的持续对立：一方，陈某的亲戚们在网络上发帖，希望严惩凶手；另一方，被告人家属认为一审法院判决不公，开始上诉，并附上了长达数页的支持者名单。参见李笛：《天台陈启忠死亡之"迷"》，载《青年时报》2010 年 10 月 19 日第 A10 版。

② 在第十一届司法精神病学会议上，一位与会专家说："（司法精神鉴定）考虑的社会因素太多，按下葫芦起了瓢，没完没了。如果老这么偏，偏到哪里啊？有没有原则？"参见柴会群：《司法之困：那些犯下命案的精神病人》，载《南方周末》2009 年 6 月 4 日第 A03 版。

庸赘述。^① 当前，当事人不满相关鉴定的救济主要是申请重新鉴定（包括补充鉴定），但重新鉴定救济功能不足。

首先，启动难。当事人不满办案部门的鉴定意见，法律赋予当事人权利申请重新鉴定，但有几个问题限制了重新鉴定的开启：如法律没有明确规定重新鉴定的条件；是否允许重新鉴定，其决定权仍然操控在侦控机关与法院手中；针对办案部门不允许重新鉴定的裁决，当事人并无救济途径；办案部门亦无须对拒绝重新鉴定进行说理。

其次，重新鉴定程序仍然问题重重。即便办案部门许可重新鉴定，但当事人同样不能参与鉴定机构与鉴定人的选择以及监督、见证鉴定过程，而重新鉴定的鉴定过程依然存在一些问题。

再次，重新鉴定可信度不高。初次鉴定意见即便是错误的，重新鉴定也难以纠正，如李胜利案、黎朝阳案，再次鉴定仍然维护、肯定初次鉴定意见。

最后，重新鉴定存在高昂的鉴定费。虽然法律没有规定，但重新鉴定的费用却一般由申请者承担，一些办案部门以此为借口（甚至故意提高鉴定费）要求当事人预交鉴定费，否则不予重新鉴定（如前面提到的河南周口李胜利死亡案）。

四、上访的行动逻辑与作为抗争策略的上访

（一）上访的行动逻辑

选择上访，尤其是赴京上访，除部分上访偏好者外，大部分都是当事人身处基层"权力—利益的结构之网"^② 下的行动逻辑，是当事人在特定背景中的理性行为，而不管事实层面是否合理。当事人（或其亲属）上访，表面看来是为了推翻官方的先前鉴定意见，但其实质是希望严惩犯罪嫌疑人、被告人（被害方上访）或希望开脱、减轻罪责（被告方上访）。当然，部分案件的当事人或其家属，是为了追求其他利益，如更多或更少的经济赔偿。故追问上访发生、发展的事实逻辑，

---

① 邹明理：《重新鉴定增多原因与对策研究》，载《证据科学》2012 年第 1 期，第 6~7页。

② 吴毅：《"权力—利益的结构之网"与农民群体性利益的表达困境》，载《社会学研究》2007 年第 5 期，第 43 页。

需要对当事人最终选择上访的过程进行简要分析。

不满官方鉴定意见，当事人或其家属的本能反应就是向办案机关表达不满或异议，这是程序框架内的合理反映，其实质是他们希望通过否定或抗议的烈度与频率，促使办案单位自行启动再次鉴定，并否定先前的鉴定意见。但与单纯的否定、不满相比，当事人更容易申请重新鉴定，这是法律规定的救济权，而且目的更明确。申请重新鉴定，当事人一般需要提出理由或证据，就当前的趋势而言，他们提出的依据已经从最初对鉴定意见存有异议，扩展到鉴定人、鉴定机构违背鉴定程序、鉴定规则、职业道德与纪律等，甚至深入到鉴定科学的可靠性等更深层面。① 理由的变换，说明当事人申请重新鉴定深思熟虑。

尽管如此，单纯表达不满或仅申请重新鉴定，都不必然引起办案部门启动重新鉴定机制，或即便官方启动了重新鉴定，亦不必然改变鉴定意见或达到当事人的预期。此时，当事人可能选择接受现实，或再次抗议与申请重新鉴定。但在一部分当事人非得讨个"说法"的案件中，他们也可能采取进一步的措施，如自行委托鉴定、通过网络或媒体发布信息寻求社会支持、到办案部门闹事、自伤自残式威胁、群体性暴力或上访。

然而，当事人自行鉴定获得的鉴定意见并不具有法律效力，故常常被办案机构拒绝承认，它最大的功能是印证当事人的怀疑，作为申请重新鉴定的辅助证据，但鉴定费用的不菲与鉴定检材的难得，使当事人自行鉴定现象并不常见。而当事人采取的过激措施，如到办案部门闹事、游行示威、以死抗争，或借助群体性事件对办案部门施压，若难以把握合理限度，反而可能把事情搞砸，甚至会被认为影响社会安定、危及司法秩序，最后被治安处罚或刑事处分。何况，当事人采取措施的影响局限在地方。至于寻求网络与媒体支持，也需要条件，即能够吸引眼球，引起注意，形成声势浩大的舆论压力，但在这个对不公已"审美疲劳"的时代，常规性的"故事"已无人问津。

故选择被法律、政治话语所承认，且有几千年历史积淀而成的上访，是当事人自认为较为理性的策略。上访虽然成功率不高，但往往

---

① 纪念：《关于司法鉴定类信访投诉的分析与思考》，载《中国司法鉴定》2009 年第 1 期，第 77~80 页。

"一步到位"，领导一句话就可以解决问题。而当事人申请重新鉴定，可能旷日持久，成本不菲，却效果不佳。有时，当事人申请重新鉴定取得的鉴定意见，即便证明了办案部门的鉴定意见明显有误，也仍然不会被法院采信。① 上访失败，只是刺激当事人再次上访的动因，在他们看来，失败说明他们自身努力不够。

当然，当事人选择上访，有时还因为其诉求无法被法律程序"格式化"，如无法提出新的线索，或重新鉴定客观上已不能进行。最典型的是办案部门经过鉴定后，在现有的法律程序内，案件已经终结，但当事人的诉求却有道义上的正当性，即从常识、常情与常理来说，当事人不满官方鉴定意见是有理的，但其实际上已经丧失了重新鉴定的可能性。

而上访则不同，上访所需要的不是法律框架内的细节举证，而是一种小民百姓在面对青天大老爷时的"喊冤"和悲情宣泄，通过这种"喊冤"与悲情宣泄，将官（办案机构）民（当事人）纠纷变成一种可以被言说、渲染和传播的"苦"，这种"诉苦"的技术一向为中国民众所熟悉。而且，它与暴力冲撞、围堵办案部门或自伤自残性地要挟办案部门改变鉴定意见不同，它在此处转换成了碰触而不危及稳定的赌注，以逼迫国家按照政治的逻辑——稳定压倒一切，大事化小、小事化了来思考和处理问题。②

当然，在实践中，当事人选择上访的时机是随机的，各种策略和手段也是综合运用的，这是中国自古以来的实用哲学——有效就成。因此，我们才可以看到，一旦当事人不满官方鉴定意见，当即就上访，无须申请重新鉴定。③ 也有一些当事人既申请重新鉴定，又不停上访，并且还自行鉴定或大量发布网络信息，各种策略交错使用。

---

①王建胜：《我的当事人的鉴定历程》，载《法律与生活》2008 年第 22 期，第 15~16 页。
②吴毅：《"权力—利益的结构之网"与农民群体性利益的表达困境》，载《社会学研究》2007 年第 3 期，第 21~45 页。
③如山东省济南市再生物资公司退休的商某，因一起感情纠纷被打伤。商某一直头疼，大小便失禁，并伴有遗精现象。他到公安局报案后，公安机关经过法医鉴定，认为构成轻微伤，属于治安案件，不构成刑事犯罪，但是多收了他 60 元鉴定费。为此，商某怀疑公安机关弄虚作假，随后他向公安机关索取法医鉴定结论书又遭拒绝，最后他选择了上访。参见王健：《北京"上访村"调查》，载《民主与法制》2007 年第 9 期，第 10~12 页。

（二）作为抗争策略的上访

对当事人而言，上访可被定位为一种策略行为。它呈现出当事人鲜明的抗争姿态（态度），摆明对办案部门强烈不满，昭示地方"徇私枉法、黑白颠倒"。上访是当事人为"权利救济"而采取的一种实用战略，尽管它常常带有不纯洁的动机。实际上，上访也确实对办案部门产生了重要影响，哪怕是一种上访的姿态，都在上级考核压力下令基层难安，尽管其结果并非一定为当事人所预期。正是基于对他人上访的耳闻目睹或亲身的参与体验，上访已由当事人从"自发"升格为"自觉"，哪怕并未付诸行动而只是口头宣誓。

当事人选择反复、越级上访的抗争姿态，其目的是让上访部门，包括社会民众了解其冤屈，引起关注，以便给地方施压，从而改变当事人与办案部门的悬殊力量。上访给地方办案部门的压力，主要有以下两种：

一是当事人上访成功，获得上访部门，主要是中央级信访部门（特别是中央领导）的批文或批示后，地方部门一般会顶着压力快速解决问题。这就不难理解，为什么超过60%的访民都希望进京上访以引起中央领导重视，以便问题迎刃而解。[1]

二是上访姿态（尤其是重复上访、越级上访）本身能给地方办案部门施加压力。直接向高层权力"诉怨"和"告状"的上访，有时恰恰是当事人对地方进行施压性试探。他们相信，上访的姿态会给基层政府和司法部门带来压力，让他们感受到有可能因此而被置于高层"权力的眼睛"（福柯语）的监视与评判之下，以便期待地方做出相应让步。故虽然大多数访民都知道，通过上访直接解决问题的可能性不大，但是到北京上访能给地方施压，而中央也确实采取了相应的应对之策，如要求将问题解决在基层，对各省各地的信访数量进行统计评比，并对解决信访不力的省份提出批评。由此，在量化考核压力下，各地纷纷派人到北京接访，对访民进行劝说或者与访民讨价还价。[2]

可见，当事人上访，不仅反映了程序救济功能不足、官民信任失

---

①王健：《北京"上访村"调查》，载《民主与法制》2007年第9期，第10~12页。

②侯猛：《最高法院访民的心态与表达》，载《中外法学》2011年第3期，第648~659页。

范，而且是他们理性的抗争策略，他们希望借助上级尤其是中央，给基层办案部门施压，打破地方既定的利益格局。尽管客观上上访成功率并不高，但当事人对其报以的预期、少数案例的示范以及反复上访透露的政治信号，都足以激起当事人的坚持与他人的效仿。更何况（一位论者指出），虽然上访成功的可能如同买彩票一般，但上访人别无他途，"死马当活马医"，至少希望犹存。

五、刑事案件中涉鉴上访的治理

多年来，在中国的上访潮中，刑事案件的涉鉴上访异常醒目，2005年的司法鉴定体制改革未能使其有所改观，问题依然如故（2006年之后，涉鉴上访同样存在）。在制度层面，涉鉴上访虽然被塑造为当事人的法律政治权利，但它却颠覆了程序自治，未能使诉讼成为社会纠纷的最终解决渠道，反而使部分案件被迫卷入依靠政治解决的途径。随之而来的后果是削弱了人们对刑事程序定分止争功能的信任。而更恶劣的负面效应为上访救济偶尔的"戏剧性"与"荒诞性"，演变成无理上访、缠访的闹剧，国家疲于应付。

就功能而言，上访效果不佳。案件如潮水般涌入省城、京城，上级部门却因时间、精力和资源有限，无法准确甄别信息真伪，也无足够人力调查。故涉鉴上访虽早已引起中央高层重视，但除少部分案件因中央信访部门的批示而发回地方重新处理外，大部分案件上层都只是要求将矛盾化解在基层，或者采取量化考核措施将赴京上访推回地方。这在一定程度上表明，虽然上访具有令中央观察民情的政治功能，但过多的上访案件也令其不堪重负。

而且因各种原因，即便最后上访案在地方得到解决，其成本也让人望而生畏。[①] 个别案件尚且如此，那众多的上访案，地方办案部门何以应对？如此烦琐与超常的上访治理，怎可能成为科层制办案机构的日常运作模式？除此之外，一些地方办案部门，如法院还采取定期由院长、

---

① 地方解决上访所做的工作、花费的成本，远远超过诉讼。参见公安部警务督察局官网：《南通通州督察上门20余次上访积案圆满解决》，载 http://www.mps.gov.cn/n16/n1978875/n1978952/2794153.html；又参见杨明、汪波：《两份伤情司法鉴定引出7次越级上访曾发短信请纪检组长"帮忙"》，载昭通新闻网，http://tougao.ztnews.net/show.aspx? id = 27611&cid = 12。

庭长、办案法官共同接待涉鉴信访，甚至为最大限度地化解当事人之间的矛盾，减少缠访、闹访等社会不稳定因素，推出"院长下乡接访，法官携卷下访"的创新工作举措，由群众上访反映问题转变为院领导下访解决问题，亲自到当事人家中"家访"，零距离办理上访案件。①表面看来，上述部分地区推行的上访化解方案似乎可行，且作为典型被报道，显示出国家治理上访的灵活性与优越性，体现了司法为民的国家意识形态。但毋庸置疑，地方相关部门解决涉鉴上访成本高昂，且多数时候需要当地党政机关与司法部门相互协调、共同参与。故而此类实践模式只可能是超程序的"政治运动"的结果，不可能成为一种常规的问题解决方案。它仅是一种临时的、机会型的政治治理术，它关注的是社会稳定以及对上层考评的应付，它重视纠纷解决的社会功能——能干成事，即能让当事人不再上访，但忽略了规则之治——通过常规的程序解决问题，它甚至附带教唆效应，鼓励当事人上访。

面对上访困境，论者提出改革上访制度的建议之策。于建嵘提出，应将散存于各部门的信访资源整合于人大。民革中央调研部研究员蔡永飞认为，在制定《信访法》的同时，应在全国人大建立对全国人大常委会负责的"全国人大信访监察委员会"，把各省、自治区、直辖市的信访局收归这个委员会并作为办事机构接待信访，使其成为中央信访机构，上访人员到省城上访就等于到了首都。② 然而，大多数法律界人士对此种叠床架屋式的制度改组持消极态度。"只要老百姓头脑中的官本位意识、青天意识和政府万能意识还存在，信访问题就难以得到真正的解决。"③ 目前大力推行的信访责任追究制、领导干部亲自接待制等措施，其实仍在强化上访解决矛盾的能力，忽视了刑事司法的定分止争功能，甚至刺激当事人选择超诉讼的上访渠道解决问题。因此，论者评论说，这些改革每自我强化一次，实际上就是往死胡同里又走了一步，已经很难退出了。④

我们认为，对于刑事案件中的涉鉴上访必须采取分类治理，与其纠缠于上访制度与政治体制改革，不如适当调整刑事鉴定程序，在诉讼框

---

①李辉：《会泽涉信零增长》，载《云南日报》2009年12月10日第10版。
②王健：《北京"上访村"调查》，载《民主与法制》2007年第9期，第10~12页。
③詹洪春：《上访族探秘》，载《记者观察》2003年第2期，第24页。
④石破：《进京上访死结怎样化解》，载《南风窗》2010年第16期，第23页。

架内吸纳当事人对鉴定意见的不满与争议。实践中，一些地方的成功做法早已引起世人注意，如山东省检察系统推行的"阳光鉴定"制度①与陕西省西安市检察院推行的"临场见证"制度。②

由此看来，通过鉴定程序改革而实行事前预防，是治理当事人不满鉴定而上访的最有效措施。它在最易产生鉴定争议的领域赋予当事人（包括他们聘请的律师或专家）参与见证鉴定的权利，赢得了他们对办案机构出具的鉴定意见的信任，即凭借过程公开导向结果信任。它针对的往往是被害人蹊跷死亡，特别是死于看守所的特殊案件。它不仅在初次鉴定中使用，也在因当事人不服而引发的重新鉴定中运用。它的成本远远少于对当事人不服鉴定而上访的治理成本。因此，实践部门称之为"阳光鉴定"的程序改革，可以说是当前通过刑事鉴定程序本身来预防涉鉴上访的有效措施，它比简单地借鉴国外制度更为有效。它借助程序的自缚力与当事人充分参与从而必须接受程序的"作茧自缚"效果而筛选出无理上访。

当然，当前的"阳光鉴定"程序同样存在修正的必要，诸如它仅仅在检察机关运作，大多仅涉及死因不明的案件，当事人还较少参与鉴定人的选任，鉴定过程的公开程度还需细化等。因此，"阳光鉴定"程序的本土经验需要进一步总结、提炼，并推广于整个刑事程序阶段（包括初查阶段），运用于容易引发争议的更多鉴定领域，方能最大限度地减少涉鉴上访现象。

然而，保留当事人适度的上访权又是必要的妥协。因为在制度存在惰性的情况下，上访可以刺激其改革。同时，针对地方办案部门层出不穷的徇私枉法，上访毕竟是法律渠道内的较好解决方式，它至少避免了当事人更激进的私力救济，如闹事、暴力对抗、群体性事件等。而且，针对刑事程序制度的刚性与办案部门人员的冷漠，不满鉴定意见的当事人还需要一个发泄怨恨与被人倾听的渠道。国家某部委一位从事信访工作多年的工作人员说：由于现阶段法律体系还未健全，老百姓还需要一个发泄怨气的渠道，因此信访还有存在的必要性。有人听一听他们的

①孔繁平、卢金增：《"阳光鉴定"让当事人口服心服》，载《检察日报》2009年10月15日第1版。

②张继英、王莹：《西安：刑事技术鉴定16年无误》，载《检察日报》2006年11月20日第2版。

"喊冤声"，对他们来说是一种宽慰。

上千年历史积淀而成的上访心理结构，已经内化为民众超稳定的潜意识，其被弃置还需时间的淘洗。故而鉴于中国建设法治社会还是一个漫长过程，当司法救济导致实体正义失落时，当用尽司法救济仍无法获得权利保障时，当司法腐败导致人们丧失对司法的信心时，我们仍然必须保留作为当事人的"底线救济"权利的信访（上访）。

第五章　死刑案件中精神病鉴定的
启动及其抗辩

一、问题的提出

美国著名学者约书亚·德雷斯勒曾指出：在刑法界中，争议最大的莫过于精神病人的免罪辩护。从 14 世纪爱德华三世的"愚蠢的行为"成为刑事指控的完全辩护理由以来，对于这一问题的争论已经持续了数百年，即使是在最近几年，英美两国的法院以及立法机关仍然难以给"精神病"下一个准确的定义，并且一提出"精神病"的定义，就招来哲学界压倒性的批评，一部分人还强烈呼吁废除以精神病为理由的辩护。[①] 事实上在英美两国，自从精神病辩护制度确立以来，关于该制度存在必要性的争议就没有停止过。[②]

而与英美国家相比，精神病抗辩或辩护在中国司法实践中起步较晚，法律规定亦不足。近年发生的几十起影响颇大的恶性案件，如陕西邱兴华杀人案、湖北随州熊振林特大杀人案、云南丽江导游徐敏超杀人案、福建南平郑明生杀人案、云南大学马加爵杀人案、浙江杭州刘全普杀人案、上海杨佳袭警案……史无前例地凸显了中国死刑案件中精神病抗辩问题的复杂性与争议性，引发了一场民间、学界之间的大论辩，至今尚未尘埃落定。

而死刑案件中的精神病抗辩，是指被告方根据《刑法》第 18 条，以精神病为由向法庭提出的无罪辩护。司法实践证明，当下法院在涉嫌死刑罪名的案件的审理中，精神病抗辩往往成为被告人及其辩护人抗辩

---

①［美］约书亚·德雷斯勒：《美国刑法精解》，王秀梅等译，北京大学出版社 2009 年版，第 305 页。

②赖早兴：《精神病辩护制度研究》，载《中国法学》2008 年第 6 期，第 106 页。

的重要理由甚或唯一手段，且随着媒体对一些典型案例的大肆渲染而激发出过度的"示范"效应，使被告方已经习惯在有可能判处死刑的案件中，动辄就提出精神病抗辩。然而，尽管在审判实践中，被告方及其支持者频频提出精神病鉴定申请，并通过"权利话语"论证精神病抗辩的"正当性"，但目前法院往往拒绝启动精神病鉴定。同时，2007年死刑复核权被收回最高人民法院，2010年"两高三部"联合发布两个证据规定，2012年修正《刑事诉讼法》，这些都表明国家正逐渐加强对死刑审判程序的法律规制，以突出对被告人的权利保障，但这种趋势看起来却与被告人精神病抗辩的失败经验相悖。有鉴于此，我们将结合相关调研和媒体报道的部分案例，详细剖析死刑案件中精神病抗辩难以成功的原因，进而寻求合理变革之途。

在展开讨论前，应该有所提醒：关于死刑案件中精神病抗辩的研究与社会争议，目前最引人瞩目的是精神病的司法鉴定问题，尤其是其中的鉴定启动权。由于被告人是否具有精神病，需要训练有素且获得相应资质的专家进行判断；同时，中国刑事鉴定权被国家垄断，且在死刑案件中，法官对精神病鉴定谈之色变，极不愿依职权主动启动鉴定。[①] 因此，被告方在庭审阶段提出精神病抗辩时，不能提交其自行委托获得的鉴定意见，即便提交也不会被法院采信，他们只能申请法院启动精神病鉴定程序。除此之外，还存在精神病鉴定科学本身的问题等。诸如此类，事实上影响了精神病抗辩制度在中国的运作。由此看来，讨论中国死刑案件中的精神病抗辩，根本无法同精神病的鉴定割裂开来，因为犯罪嫌疑人或被告人提出精神病抗辩，其目的就是启动精神病鉴定。从这一意义上说，死刑案件中的精神病抗辩，其本质上就是为精神病鉴定启动权辩护，如果没有特别说明，本书均是在这一意义上理解精神病抗辩。

二、死刑案件中精神病鉴定申请及其抗辩现状

（一）被告方提出精神病鉴定申请与抗辩的现象增多

最直接反映死刑案件中精神病鉴定申请或抗辩变化趋势的是我们曾

---

①陈卫东等：《刑事案件精神病鉴定实施情况调研报告》，载《证据科学》2011年第2期，第202页。

经对重庆市某中级人民法院 2005-2009 年五年间一审审判的调研，其中被告人或其辩护人以被告患有精神病为由进行抗辩或申请鉴定的案件绝对数与其所占死刑案件数量的比例均呈上升趋势，且逐年递增（见表 3）。当然，表 3 中的百分比无法掩盖我们样本数量的单薄。事实上，一些研究指出，精神病鉴定在刑事案件中相对较少，主要集中在手段残忍、不合常理的暴力犯罪中，[1] 如故意杀人案、故意伤害案等。[2] 同时，精神病鉴定大多发生在侦查阶段，进入审判时已相对较少，[3] 约占 10%。由此可见，即便我们假定审判阶段的精神病鉴定完全因被告方的抗辩而启动，借此也可以反推，即死刑案件中被告人提出精神病抗辩的案件占案件总数的比例不会太大。

表3　重庆市某中级人民法院 2005-2009 年死刑案件中精神病抗辩相关情况统计表

内容 年份	一审受理 案件数	死刑 案件数	死刑案件提出精 神病抗辩案件数	死刑案件检法启 动鉴定案件数	提出抗辩案 件占死刑案 件比例
2005	41	24	1	0	4.17%
2006	42	19	2	0	10.52%
2007	41	25	3	1	12.00%
2008	51	30	4	0	13.33%
2009	53	20	4	0	20.00%

但无法否认，中国死刑案件中精神病抗辩与申请精神病鉴定的案件

---

[1] 郭志媛：《刑事诉讼中精神病鉴定启动程序改革的实证分析》，载《江苏行政学院学报》2012 年第 1 期，第 131 页。

[2] 如陈伟华等在对湖南 2005-2009 年 1808 例精神病人犯罪后进行鉴定的资料分析表明，故意杀人罪 705 例（占 39.0%），故意伤害罪 563 例（占 31.1%）。参见陈伟华等：《湖南省1808 例犯罪精神病人司法精神病学鉴定资料分析》，载《中国临床心理学杂志》2012 年第 1 期，第 48 页。相同研究也证实了这一结论，参见林勇等：《广东、四川两地鉴定机构 2916 例司法精神病学鉴定资料对照分析》，载《广州医药》2008 年第 1 期，第 28~31 页；宋振铎等：《1989-2008 年司法精神病鉴定案例资料分析》，载《精神医学杂志》2009 年第 4 期，第 264~266 页。

[3] 陈卫东等：《刑事案件精神病鉴定实施情况调研报告》，载《证据科学》2011 年第 2 期，第 201 页。

绝对数仍呈上升趋势，理由有以下几点：

首先，在 2006 年陕西邱兴华杀人案中，是否应对邱兴华进行精神病鉴定的各种争议所带来的波及效应，使得精神病抗辩在恶性案件中逐渐成为被告方的惯常抗辩策略，无论成功与否。① 这种被外界解读为"后邱兴华案效应"的结果是，实践中一系列影响深远的死刑案件的被告方均在法庭审判阶段提起了精神病抗辩与精神病鉴定。而以福建南平郑明生杀童案为起点的一系列校园血案更掀起了中国死刑案件中精神病抗辩的高潮。

其次，论者与媒体对死刑案件精神病抗辩的关注集中在近一段时间。② 早在 2000 年，江苏南通亲姐妹硫酸毁容案就吸引了理论界与媒体的强烈关注，但其影响力与全民参与程度远不能与 2006 年邱兴华案相提并论。因为"邱兴华案终将变为一种社会机遇。类似的机遇是国人记忆犹新的辛克利行刺里根总统案，辛克利因被鉴定为精神病而免责。从某种程度上讲，邱兴华也许就是'中国的辛克利'"。③ 如果说理论研究与媒体报道是对社会发出的冲击波的回应④的论断是正确的话，那么我们据此可以认为，死刑案件中精神病抗辩在近年大量出现的论断应是可靠的。

再次，据山东省某安康医院的统计指出，随着法律知识的普及和精神卫生知识的宣传，司法精神病鉴定案例逐渐增多。特别是 1997 年新刑法实施后，经法定程序鉴定确认被告人精神病的案例增加得更多。⑤

---

① 例如，在 2010 年佛山中级人民法院审判的成瑞龙一案中，被告人成瑞龙逃脱死刑的唯一办法就是被认定为精神病。因此，他向法院递交了要求对其进行精神病鉴定的申请，并以此为由，请求法院从轻处罚。当其请求被法院驳回时，他说："我知道我没有精神病，但是申请精神病鉴定是我的权利，我行使了权利，没有意见。"参见刘艺明：《广东杀十三人凶犯审判揭秘：三理由认定无精神病》，载《广州日报》2010 年 3 月 8 日。

② 我们通过中国知网进行检索，输入"精神病抗辩"、"精神病辩护"、"精神病鉴定"等关键词所收集的几百篇文章与媒体案例显示，大规模关注精神病抗辩（尤其是死刑）的文章集中在 2000 年之后，特别是 2006 年之后。

③ 郭光东：《吁请最高法院高度关注邱兴华鉴定问题》，载《南方周末》2006 年 12 月 14 日第 A01 版。

④ [美] 劳伦斯·M. 弗里德曼：《法律制度：从社会科学角度的观察》，李琼英、林欣译，中国政法大学出版社 2004 年版，第 14 页。

⑤ 宫玉祥、张永生：《司法精神病鉴定"无精神病" 10 年案例分析》，《中国法医学会第三届全国司法精神病学术会议论文集》2006 年版，第 56 页。

结合前面精神病抗辩主要发生在涉嫌故意杀人、故意伤害等恶性案件中，以及如后所述，法院并不愿依职权主动鉴定的讨论，说明死刑案件中精神病鉴定基本上都由被告方的申请而启动，同时也意味着精神病抗辩现象的增多乃是不争的事实。

最后，研究者的实证调查数据表明，法院审判阶段发生的精神病鉴定案件数量在增加。① 虽然不排除一些被告人表现出典型精神病特征（手段残忍、不合常理、犯罪动机奇怪）的案件会被法院主动启动鉴定程序，但我们认为，中国刑事法官庭审总体较为消极，且其调查责任倾向于讯问被告人客观事实，② 加之当被告人涉嫌死刑罪名时折射出的刑事司法实践的民粹主义特色，③ 可以推断，死刑案件中精神病鉴定数量的增加，应该主要是被告方申请精神病抗辩所致。这已得到实践证实：中级人民法院在审判涉及死刑罪名的案件时鉴定数量最多，但中级人民法院直接启动鉴定的案件并不多。④

被告方在可能被判处死刑的案件中频繁提出精神病抗辩或精神病鉴定的根本动因在于以下几点：

第一，一旦精神病抗辩成功，随之启动的精神病鉴定就有可能证明被告人存在精神病而无刑事责任能力或仅具限制责任能力，这也是最主要的一点。

第二，一些典型案件反映出，即便精神病抗辩失败，也不会给被告方带来利益损失；若拒绝提出抗辩，反而失去了维护自己权益的机会。

第三，一些案件中的被告人确实在作案时患有精神病，至少存在极

---

① 郭志媛：《刑事诉讼中精神病鉴定启动程序改革的实证分析》，载《江苏行政学院学报》2012 年第 1 期，第 131 页。

② 陈如超：《刑事法官的证据调查权研究》，中国人民公安大学出版社 2011 年版，第157~161 页。

③ 所谓刑事司法的民粹主义，是指法院在一些刑事案件的审判上，倾向于大众的价值观和诉求，将平民化和大众化作为这类社会影响较大的刑事案件判决合法性的最重要来源或者重要来源之一。参见肖晋：《刑事命案中精神病鉴定问题的理论反思》，载《法学论坛》2010年第 5 期，第 72 页。

④ 陈卫东等：《刑事案件精神病鉴定实施情况调研报告》，载《证据科学》2011 年第 2 期，第 201 页。

大的可能性。①

第四，部分案件中的被告人受到了专家与学者的强力支持。在一些死刑案件的审判过程中，精神病专家强烈呼吁法院启动精神病鉴定程序，甚至通过媒体披露的信息对被告人进行精神病鉴定。② 还有一些法律人（包括律师、法学学者）以"权利话语"作为武器，直指法院不启动精神病鉴定是一种失误，一些学人甚至通过网络发出联名公开信，要求法院为被告人启动精神病鉴定，保护其合法权益。

第五，鉴于中国司法精神病学的科学性、客观性问题，部分鉴定人不能站在中立立场，以及鉴定人错鉴造成的难以追究责任或不被追究责任的现状，有时被告人试图以鉴定逃脱罪责。③ 由此看来，种种动机促使被告方选择精神病抗辩，但恰恰是抗辩原因的良莠不齐，以及难以避免的错鉴、误鉴，④ 在一定程度上又强化了法院拒绝精神病抗辩的做法。

（二）法院倾向驳回被告方的精神病鉴定申请与抗辩

在被告人涉嫌死刑罪名的案件中，被害人或其家属一般会强烈请求

---

① 据 2005 年的相关报道，我国现有重性精神病人 1600 万，只有约 20%的病人能得到及时治疗；同时重性精神疾病患者中的 30%~40%会产生暴力倾向。

② 如刘锡伟教授对邱兴华案、刘爱兵案发表的看法。在湖南刘爱兵发案四天后，刘锡伟就根据媒体披露的信息，拟定了一份"界定湖南 12·12 特大杀人案犯罪嫌疑人刘爱兵患有精神分裂症的十点理由和根据"的意见书。详细内容参见刘锡伟：《界定湖南 12·12 特大杀人案犯罪嫌疑人刘爱兵患有精神分裂症的十点理由和根据》，载 http://bbs.chinacourt.org/index.php? showtopic=372002。

③ 在实践中发生了几起犯罪嫌疑人因精神病鉴定而试图逃脱罪责的案件，参见黄春宇、范红达：《精神病鉴定岂能成为真凶的免死金牌》，载《中国检察官》2011 年第 8 期，第 70~72 页；金镒：《精神病鉴定：把住免死"金牌"》，载《哈尔滨日报》2006 年 9 月 10 日第 7 版。

④ 精神病的错鉴、误鉴问题其实在德国也较为常见，这是精神病科学本身的问题，当然它在中国尤为突出。德国相关情况可参见张丽卿：《刑事诉讼制度与刑事证据》，台湾元照出版公司 2003 年版，第 394 页。

法院判其死刑，① 而当被告人作案手段恶劣、后果严重，社会民众往往义愤填膺。此时，被告方倘若提起精神病抗辩与精神病鉴定申请，法官所考虑的就已经不仅是案件事实清楚、证据确凿充分的问题了，他们必须顾忌"案结事了"与"社会认同"，尽管这已经背离了程序自治的理想。因为在中国，司法正义的渊源在法律之外。"重实体、轻程序"不但是政治文化和心理传统，也是法律得以顺利运作、分配正义，法院、法官得以维持民众信心、争取最低限度独立的现实手段。这是一种灵巧的工具主义法治。②

工具主义的法治传统要求法庭审判必须衡平各方利益，故在涉及死刑罪名的案件中，被告方的精神病抗辩权并非法庭考虑的唯一因素，甚至不是主要因素，而高层的认同则加剧了这一趋势。例如，2008 年 4 月，时任最高人民法院院长的王胜俊在珠海的法院视察，谈到死刑问题时指出，判处死刑要做到"三个依据"：一是要以法律的规定为依据；二是要以治安总体状况为依据；三是要以社会和人民群众的感觉为依据。法官不会轻易根据被告方的抗辩启动精神病鉴定的原因还在于：精神病抗辩的证明责任法律规定不明；法官作为外行无法判断精神病专家意见的真实可靠性，尤其在存在多份鉴定意见的情况下；鉴定费用增加了法院负担，且被判无罪的精神病人难以被安置。③

如此的法庭审判局面，注定在被告人涉嫌死刑罪名的案件中，精神病抗辩与精神病鉴定申请的成功率较低。如表 3 所示，该院五年来针对被告人提出精神病抗辩的 14 起案件，无一例外被法庭拒绝。而近年媒

---

① 当然，在家庭暴力、被害人作恶多端或被害人是精神病人并危及家庭及社会的案件中，被告人因不堪忍受或为民除害而杀死被害人的案件，此时无论是家庭其他成员还是社会民众，都会为被告人求情，请法院从轻或减轻判决（当然这从反面又证明了被害方与社会情绪对法院判决的影响）。而在其他恶性案件中，被害人或家属则难以原谅被告人。因此，当 2008 年北京第一中级人民法院在审判宋晓明因债务纠纷刺死马某一案中，被害人之母梁建红对被告人求情而博得学界与民间赞誉一片。参见江渚上：《"求情减刑"：伟大的母亲，人性的司法》，载《新京报》2008 年 7 月 16 日。

② 冯象：《正义的蒙眼布》，载《读书》2002 年第 7 期，第 96~104 页。

③ 陈卫东等：《刑事案件精神病鉴定实施情况调研报告》，载《证据科学》2011 年第 2 期，第 203 页。确实，当被告方提起精神病抗辩并申请鉴定时，法律并没有明确规定鉴定费用如何分配。而根据司法实践，大多恶性案件的被告人根本无力承担鉴定费用，此时启动鉴定必然意味着由法院承担鉴定费。

体披露的系列案件，如云南红河州马忠富案、湖北随州熊振林案、青岛肖增明案……同样反映出法庭径直驳回了被告方提出的精神病抗辩。事实上，被告方提出精神病抗辩的成功率，还可由法官在死刑审判中启动精神病鉴定的态度与频率来判断。因为若精神病抗辩成功，随之而来的就是对被告人进行精神病鉴定，以反驳侦控机关的鉴定意见（若被告人不满而申请重新鉴定），或者维护自身合法权益（审前没有鉴定）；反之，没有进行精神病鉴定也就意味着不可能抗辩成功，因为被告方无法自行提供鉴定意见，即使提供也不具有可采性。

据一些学者的实证研究指出，法庭在审判阶段启动鉴定的情况极少，[①] 且更不愿轻易启动精神病鉴定，甚至多地若要在死刑案件中启动精神病鉴定，还要求由审委会决定。其根源，一是案件经过侦控机关的两层筛选，二是法院不希望成为舆论的焦点。因此，死刑案件在审判阶段若要对被告人进行精神病鉴定，不仅需要更充足、可信的理由，还需要由审委会讨论决定。这当然导致精神病鉴定难以开展，相应地，精神病抗辩也不可能有效。何况，一些研究表明，在精神病鉴定中，被告人不负刑事责任能力的比例高达 30%（且限制责任能力的也有 3% 左右），[②] 如此局面，使法院在死刑案件中不能不谨慎。

除此之外，一些精神病专家与辩护律师的看法印证了上述结论。一些精神病专家根据多年的实践指出，法院是否启动精神病鉴定，需要考虑以下因素：

第一，被杀的不是犯罪嫌疑人的亲属，即便激起民愤，一般也不做精神病司法鉴定。

第二，杀多人者倘若被鉴定为精神病，要衡量利弊。其一，有助于推卸官方责任则应采纳；其二，有助于平息民愤则不应采纳；其三，有助于强调犯罪嫌疑人反社会之个人问题，起到教育作用，则不应采纳。

第三，杀人者倘若伤及军警，不宜进行精神病司法鉴定。[③] 实践中

---

①汪建成：《中国刑事司法鉴定制度实证调研报告》，载《中外法学》2010 年第 2 期，第 290 页。

②陈卫东、程雷：《司法精神病鉴定基本问题研究》，载《法学研究》2012 年第 1 期，第 165 页。

③赵天水：《精神鉴定何时出现"珍贵范本"》，载《南方周末》2010 年 4 月 29 日第 A03 版。

律师们也一再指出：当被告方提出精神病鉴定的申请时，法庭大多以"被告人在庭审中表述清晰明确，没有证据证明本人和家族有精神病史"作为驳回请求的常规套语。

因此，邱兴华案虽带来一定的正面效应，"让全社会正视精神病人的正当权利"，但在此后的时间里，在重大刑事案件中，犯罪嫌疑人接受精神病鉴定并未成为常态，更多的是在司法机关的"酌情考虑"中，有选择地进行。面对精神病抗辩难以成功的现实，有人甚至发出中国精神病鉴定何日出现"珍贵范本"的慨叹。[①]

三、精神病鉴定申请与抗辩难以成功的理由

中国死刑案件中的精神病抗辩与精神病鉴定申请呈现出尖锐的矛盾，即被告方虽频繁提起精神病抗辩与精神病鉴定申请，但时常被法院否决。当然，即便过分推崇被告人诉讼权益的英美两国，其精神病抗辩问题同样毁誉参半。故在美国，自行刺里根总统的辛克利因精神病被宣告无罪以后，约有半数州修改了法律，使严格限制精神病辩护成为当前美国刑事司法制度发展的一个趋势。[②] 据有关学者介绍，美国目前精神病鉴定的提起比例不足1%。[③] 同样，英国近年以精神病作为辩护理由被援用的每年也只有一两次。但细究起来，中国与英美两国限制精神病抗辩的原因不同。例如，在英国，被告人不愿提起这一辩护是因为他们宁愿冒定罪和判刑的危险，也不愿招致被确定为精神病错乱的污名及随之而来的无限期监禁治疗。[④] 因此，除了前面讨论的工具主义的法治传统，以及法官是否启动鉴定而考虑的各种案内、案外因素外，我们更需在法律框架内进一步追问：为什么被告方的精神病抗辩在中国的成功率较低，以及法院拒绝或忽略被告方精神病鉴定申请的原因是什么。

（一）法律没有规定被告方提起精神病鉴定申请与抗辩的证明责任

当被告方提出精神病抗辩与鉴定申请时，控辩双方应由何方承担何

---

①赵天水：《精神鉴定何时出现"珍贵范本"》，载《南方周末》2010年4月29日第A03版。

②储槐植：《美国刑法》，北京大学出版社2005年版，第79~80页。

③何恬：《重构司法精神医学：法律能力与精神损伤的鉴定》，法律出版社2008年版，第61页。

④[英] J. C. 史密斯、B. 霍根：《英国刑法》，李贵方等译，法律出版社2000年版，第225页。

种证明责任、证明到何种程度，法律语焉不详。法律缺乏对被告人提起精神病抗辩与鉴定申请的相关证明责任的规定，可能产生以下几种后果：

一是可能导致被告人及其辩护人投机取巧。法律对被告人及其辩护人提出的相关抗辩事由，没有设定最起码的提供证据责任，或者说未要求其履行初步举证责任，导致在死刑案件审理中，被告人及其辩护人提出精神病的抗辩事由往往存在随意性。我们对表1所示中级人民法院五年来提出精神病抗辩的13起死刑案件进行梳理时发现，未履行任何初步举证责任，随口辩称被告人患有精神病的有8件（当然该8件之辩护律师皆为指定辩护人）。当问及提起精神病抗辩的原因时，辩护人往往说是感觉被告人可能患有精神病、被告人杀人动机捉摸不透等。这其实反映出被告人及其辩护人为了不被法院判处死刑而存在的侥幸心理，随心所欲寻找理由，并无任何的事实及医学根据。

二是被告人在提起精神病抗辩的同时提供了初步证据，此时就产生了被告人是否存在精神病的后续鉴定问题。若被告人提起精神病抗辩的诉求，但并未提交任何证据进行证明，此时法官可以直接驳回其申请。若被告人提供相关证据，如家庭的精神病史、亲人或邻居的相关证明，就可能具有精神病鉴定的需要。此时，究竟由哪方进行鉴定就成为现实中亟须解决的问题。在实践中，有时由法院直接聘请鉴定人进行鉴定，有时由法院建议检察机关撤回案件补充侦查，并没有操作的规范性。

根据当前我国刑事诉讼法的规定，审判阶段是否需要进行鉴定一般由人民法院决定，被告方提起的精神病抗辩与鉴定诉求并不能导致司法精神病鉴定的必然启动，而是由法官自由裁量。于是当被告人提出精神病抗辩的诉求时，常常因鉴定请求权与决定权分离，以及没有相对客观的审查被告方鉴定请求是否合理的标准，而导致辩护方与法官之间的冲突。一些精神病专家指出：目前启动精神病鉴定的标准法律规定不明确，对于什么样的情况应当启动鉴定程序没有可操作性的规定。现行法律规定，若要鉴定需证明是否有精神病史，但是刚发病就犯罪的犯罪嫌疑人没有既往精神病史的资料，在这种情况下法官是否批准司法鉴定的申请就带有很强的主观性。① 按照一些专家的意见，精神病是一个精神和生理问题而非智力问题，不能以智力是否正常作为判断的依据。但实践中，法官往往通过被告人思维清晰、表现正常为由拒绝被告方的精神病抗辩请求，而被告方对法官不启动的决定并无任何救济措施。更何况，即便被告方提出了以下适当的证据，如被告人有精神病家族病史、本人曾经患有精神病、被告人的日常表现、犯罪动机不合理等，但在涉嫌死刑罪名的案件中，尤其是社会影响较大的案件，法官其实会优先考虑该案引发的社会后果与被害方的意见，进而倾向否定辩方诉求。

因此，在当前司法鉴定职权主义模式的情景中，法律必须设立必要的精神病抗辩与鉴定启动的审查标准，对于符合抗辩条件的，法官应决定司法鉴定；对于不符合法定标准的，法官则可以驳回辩方的请求。如此不仅能够杜绝法官的恣意性，且能够使其摆脱外在的影响，避免成为当事人双方强烈抗议与社会民怨发泄的对象。

（二）司法精神病鉴定问题重重

科学证据若要可信，需具备三个条件：理论的有效性，科技的有效性，专家正确地将科技应用于特定案件中。② 然而就此三个条件展开讨论，司法精神病鉴定却存在以下众多问题：

1. 精神病鉴定缺乏统一的科学标准

目前，精神病鉴定诊断为疾病所依据的三个诊断系统（中国精神障碍分类与诊断标准第 3 版、国际疾病分类第 10 版及美国精神障碍诊断和统计手册第 4 版）之间，甚至各诊断系统不同版本之间的诊断标准并不完全一致，故使用不同的诊断标准可能得出不同的诊断结果。而更关键的是，评估精神病对辨认能力、控制能力的影响程度缺乏标准，鉴定人对其理解存在差异。对精神损伤因果关系的评定更为复杂，常因鉴定人的认识差异导致不同的结论。③ 司法精神病鉴定共同标准的缺失，导致该领域时常出现错鉴现象，一方面使真正的精神病人被判刑，另一方面却使正常人逃脱刑责，以至于司法精神病学被个别人指责为

①郭志媛：《刑事诉讼中精神病鉴定启动程序改革的实证分析》，载《江苏行政学院学报》2012 年第 1 期，第 131~136 页。

②王兆鹏：《辩护权与诘问权》，华中科技大学出版社 2010 年版，第 226~227 页。

③刘小林、刘杰：《司法精神病鉴定中不同结论的原因及对策研究》，载《中华精神科杂志》2005 年第 1 期，第 45 页。

"垃圾学科"或"半吊子学科"。

同时，精神病鉴定的诊断方法，也使其科学性备受质疑。当一位精神病鉴定人出庭作证时，辩护律师对其诘难，认为其问询式精神检查不科学，没有仪器检查，并评价法医精神病鉴定与老中医的搭脉没什么区别。① 尽管这反映了人们对精神病鉴定抱有成见，但不可否认，精神病学到目前为止还称不上是客观的科学，只要鉴定，各鉴定人都可能声称自己出具的是"正确"的鉴定意见。轰动海内外的黄静案出现 6 个结果不同的鉴定意见更加表明：既然一般的生化鉴定尚且如此，精神病鉴定又能达到什么样的公正结果？

2. 鉴定人在精神病鉴定中的中立性问题

由于涉及死刑罪名的案件后果严重、社会影响较大，被告人一旦进行精神病鉴定，鉴定人要考虑的因素太多，承受的各方面压力也很大。因此，有些被告人明明是精神病人，但为了平息所谓"民愤"，个别专家在司法机关施加的压力下不能坚持原则，将病人鉴定成无病，或者有病也要承担刑责。② 据一些业内人士透露，在司法精神病鉴定界曾有一个潜规则：如果受害人是肇事者的亲人，则犯罪嫌疑人易被评定为无刑事责任能力，如果受害人是外人，则其多被评为限定责任能力或完全责任能力。2009 年湖南安化刘爱兵故意杀人、放火一案中，司法精神病鉴定就是如此。在该案的法庭审判中，针对辩护律师的提问，出庭的湖南芙蓉司法鉴定中心鉴定人坦陈，由于精神疾患的判别并无一个量化标准，所以他们对这类影响重大的案件鉴定，"会考虑中国特殊的国情"，"也会考虑案件本身的特殊情况"。而且，该鉴定人反问道："如果将刘爱兵这类犯下累累血案的犯罪嫌疑人鉴定为精神病人，会不会造成当地政府的负担？会不会有很多受害群众上访？"可以说，他的陈述有力地证明了司法精神病鉴定启动难以及鉴定人并不中立、客观。

---

①刘小林、刘杰：《司法精神病鉴定中不同结论的原因及对策研究》，载《中华精神科杂志》2005 年第 1 期，第 45 页。

②刘全普案先后共经过三次精神鉴定。凭借最后一次由上海一位著名司法精神病学专家参加的"限定责任能力"鉴定结论，刘全普被法院一审判处无期徒刑。不过，一名参与了第二次鉴定的专家曾公开表示后悔，认为刘全普更应鉴定为无刑事责任能力。这位专家透露，他是考虑到社会影响才同意将刘全普评定为"限定责任能力"，"我以为他也就判刑五年、十年，没想到他会被判无期"。参见柴会群：《司法之困：那些犯下命案的精神病人》，载《南方周末》2009 年 6 月 4 日第 A03 版。

同时，鉴定人过失或故意错误鉴定和虚假鉴定屡见不鲜，此外，还存在利用精神病鉴定来帮助被告人逃脱法律制裁的现象。因为肯定的精神鉴定意见在司法实践中素有"免罪金牌"之称，而错鉴的存在，导致它们有时成为被告人开脱罪责的工具，甚至成为"杀人执照"。知名专家刘锡伟教授认为，中国司法精神病鉴定的误鉴率高达10%，其典型案例如2000年南通王逸亲姐妹硫酸毁容一案，由于上海司法部鉴定科学研究所精神病鉴定组的误鉴，认为王逸精神正常，有完全的刑事责任能力，并且又否定了第一次鉴定（南通医学会）和第二次鉴定（江苏省医学会）的正确意见，而导致法院采纳了错误的鉴定意见。① 然而，尽管司法精神鉴定存在不少误鉴、错鉴的情况，并由此导致错案、冤案，但却从没有人为此而承担责任。

3. 存在多次相互冲突的鉴定意见

法院一旦认可被告人的精神病抗辩，并启动精神病鉴定，则容易出现多次相互冲突的鉴定意见。这种鉴定意见的冲突表现在以下几个方面：同一法院委托鉴定所获得的若干次鉴定意见相互冲突；法院委托的鉴定机构出具的鉴定意见与侦控方提交的鉴定意见相互冲突；公检法三机关委托或指派的鉴定单位出具的鉴定意见彼此矛盾。例如，2007年云南丽江中级人民法院审理徐敏超涉嫌杀人案中，辩护律师出示了由法院委托的中国法医学会司法鉴定中心对徐敏超作出的法医精神病学鉴定书，该鉴定书认定"徐敏超作案时患有旅行性精神病，评定为限制（部分）刑事责任能力"。而在此之前，云南省公安厅技术处鉴定徐敏超对作案具有完全责任能力。不同的鉴定机构作出了截然相反的鉴定意见，控辩双方各执一份精神病鉴定书，争辩不休。又如，2006年上海市中级人民法院审理金某故意杀人暨附带民事赔偿一案的庭审过程中，公检法三机关分别委托相关鉴定机构作出了四份相互矛盾的鉴定意见，金某先后被鉴定为完全刑事责任能力、限制刑事责任能力、无刑事责任能力，导致法官认证困难。②

重复鉴定的出现，固然与精神病鉴定的科学性、鉴定人的不中立等

---

①赵天水：《精神鉴定何时出现"珍贵范本"》，载《南方周末》2010年4月29日第A03版。

②肖波、张华：《多份精神病鉴定结论的甄别》，载《人民司法》2008年第6期，第16~18页。

问题有关，还在于被告人及其家属与控方、被害人对鉴定意见的法定能力的评定存在分歧，其中辩方对完全责任能力的异议最大。① 实践中，针对部分法院给出被告人的精神病鉴定意见，当事人只要认为与其期望相悖，就立即提出抗议，反复申请重新鉴定，不惜频繁上访，甚至求助网络发布案情，寻求民众支持，以给法院施加外在压力。而一些法院又担心把事情闹大，害怕破坏社会稳定，导致部分无理的鉴定申请也被允许。有时，针对法庭的鉴定意见，控方也会申请补充侦查，以进行再次鉴定。其后果是，一旦法院启动精神病鉴定，则会带来无休止的重复鉴定。

然而，两份或两份以上的精神病鉴定意见常常彼此矛盾，如最高人民法院副院长张军说，在其经手的刑事案件中，"只要有两次（精神病）鉴定，最后的结论肯定是不一样的"。② 多份且冲突的鉴定意见，使大多数法官无法抉择。作为外行，他们总是强调没有合理审查精神病鉴定意见的知识结构，面对多份鉴定意见，他们或者要求鉴定人出庭，或者诉诸再次鉴定，又或者根据鉴定机构的级别高低进行判断，很少有法官能够结合案情或其他证据来甄别其真伪。其实，再次鉴定尽管可能印证某次鉴定意见，但其效果也可能是扬汤止沸，意见的一致并非成为其真实的理由。而精神病鉴定人的出庭，可以通过他们的陈述、对质来减轻法官选择的困难。但实践中精神病鉴定人出庭率低（不足1%），③且并非其出庭就能使案件越辩越明，有可能使法官更加迷茫。④

当然，还需补充一点，重复鉴定的发生还部分基于中国刑事法官放弃了被告人刑事责任能力评定的职责。本来，鉴定人只进行医学鉴定，即被告人是否存在精神病，至于该精神病是否影响了被告人的刑事责任能力及影响程度，则应由法官评断。鉴定人与法官事实认定权的如此分配方式，既能使鉴定人可以相对超脱、作出较客观的鉴定意见，又能使法官综合评定被告人的刑事责任而部分减少重复鉴定的发生。但法官常以不懂专业知

①张广政等：《湖南省刑事案件司法精神病学鉴定案例的随访研究》，载《法医学杂志》2006 年第 2 期，第 43 页。

②张军主编：《刑事证据规则理解与适用》，法律出版社 2010 年版，第 17 页。

③马金芸、郑瞻培：《2006 年度我国司法精神病鉴定状况调查》，载《上海精神医学》2008 年第 2 期，第 37 页。

④2009 年杭州铁路运输法院在审理涉嫌"运输假币罪"一案中，前后出具不同鉴定意见的鉴定人出庭，但并未使法官作出合理判断。参见李亮：《三次司法鉴定结论各异 疑犯是否有精神病该听谁的》，载《法治周末》2010 年 1 月 14 日。

识为借口，或为逃避责任，选择放弃自己对刑事责任能力的评断。

根据上面的分析，我们可以得出结论：因司法精神病鉴定存在的各种问题，以及容易引发重复鉴定，且"没完没了"，导致法院尽管在被告方提出精神病抗辩存在重要依据的情况下，也不敢轻易启动鉴定程序。

（三）被告人因精神病抗辩被判无罪而存在的监管难题

我国 2011 年《刑法》第 18 条第 1 款规定："精神病人在不能辨认或者不能控制自己行为的时候造成危害结果，经法定程序鉴定确认的，不负刑事责任，但是应当责令他的家属或者监护人严加看管和医疗；在必要的时候，由政府强制医疗。"可见，对因精神病而被判无罪的人存在两种处理办法：监护人的看管与医疗，政府的强制医疗。

1. 监护人的看管与医疗

据中央电视台 2005 年 9 月 26 日所制作的《新闻调查》之"精神病暴力事件调查"反映，"在多数精神病人的家庭中，作为法定监护人的亲属都没有真正尽到监护人的责任，精神病人基本上都处于失控的状态"，当律师的抗辩或其他原因而导致被告人被判无罪时，监护人（主要是家属）会因经济能力而无法送其就医，以致他们不愿领回被无罪开释的精神病人；即便愿意或被迫领回精神病人，监护人对其的看管和医疗亦存在诸多问题。有些精神病人家属不堪监护责任的重负，甚至对精神病人采取铁链捆绑等远比监禁更为残酷的方式，当然，家属杀死精神病人的事件也屡有发生。

究其原因，在于如同众多研究者的统计所示，目前中国犯罪的精神病人总体趋势是文化程度低、生活在农村、经济状况差、获得较低的社会支持或生活环境恶劣，这折射出其家庭本来就贫困而又无计可施，且加之长期与精神病人生活在一起，监护人早已苦不堪言，还要时时赔偿其造成的损害，由此导致在精神病人涉嫌死刑罪名的情况下，监护人根本就不会在审判阶段提出精神病抗辩，甚至要求法院判其死刑或将其终身监禁。

2. 政府的强制医疗

《刑法》第 18 条虽规定"在必要的时候，由政府强制医疗"，但对于被判无罪的精神病人，究竟应由哪级政府负责、钱由谁出、如何落实等相关法律一直没有说法，导致无法具体操作。而目前对肇事精神病人实施强制医疗的机构主要是公安系统的安康医院，但安康医院的强制收治程序目前仍"无法可依"。即便如此，对于犯罪的精神病人，如果经鉴定不负刑事责任，也只有一小部分被送进安康医院强制治疗，大部分病人仍被放归社会。[①] 例如，湖南省2005~2009年接受强制治疗的犯罪精神病人比例很低，仅15.7%。[②] 其他研究与此相似，而且即使接受了强制治疗，也多为短期的治疗。[③] 另外，在刑事诉讼程序中送进安康医院的精神病人，也仅是公安机关在侦查阶段鉴定其犯病的犯罪嫌疑人，至于在审判阶段被鉴定为不负刑事责任的被告人，则只能被关押在监狱或做其他安排，而不能送至安康医院强制治疗。

精神病人因被判无罪而引发的监管和医疗难题，在2010年广东潮州中级人民法院审判的刘某因精神病而免除刑事责任的案件中尖锐地凸显出来。[④] 该案的两次鉴定结果（患有精神分裂症偏执型，被评定为"无责任能力"）出来后，潮州中级人民法院法官首先说服被害人家属接受该结果，然后多次找到刘某的父母，让其将刘某领回家中看管。然而，由于刘某父母均年事已高，且家境贫寒，拒绝将刘某接回，甚至要求将刘某枪决了事，以平民愤。潮州中级人民法院的法官找到刘某家庭所在的镇政府，对方明确表示因财政困难而无力承担强制治疗费用。后来，该院院长几经周转，获得该县县委书记的支持后，方才解决此问题。且更令人惊叹的是，该院法官在刘某被政府强制医疗后，才正式宣判。这说明，中国死刑案件中的精神病抗辩，其涉及的问题已远远超出了法律规制的范畴。

由此可见，当被告人因被鉴定为精神病而被判无罪后，其监护人不愿看管或医疗且政府的强制医疗亦遥不可及时，被告人或其辩护律师哪怕在审判阶段提出精神病抗辩，并辅之以有力证据，其抗辩也难以成功。考虑到这些问题，以及出于对安全的关注，法院大多不愿意将一些提出精神病抗辩的被告人按精神病人作无罪处理，以避免其重新实施危

---

①柴会群：《"武疯子"犯案不能一杀了之》，载《南方周末》2010年5月13日第F31版。
②陈伟华等：《湖南省1808例犯罪精神病人司法精神病学鉴定资料分析》，载《中国临床心理学杂志》2012年第1期，第48~49页。
③方肖龙、齐咏华、冯稚强：《90例无责任能力精神病违法者鉴定后处理的随访研究》，载《上海精神医学》2006年第5期，第273~275页；同时可参见陈政雄：《69例凶杀鉴定案例随访研究》，载《上海精神医学》1992年第3期，第177~178页。
④柴会群：《"疯汉"杀人的艰难免刑》，载《南方周末》2010年9月19日第A01版。

害社会的行为。

四、中国死刑案件中精神病鉴定申请与抗辩的合理变革

或许基于前述的原因，2012 年 3 月通过的新《刑事诉讼法》，虽然在第五编第四章史无前例地规定了依法不负刑事责任的精神病人的强制医疗程序，但并未在精神病抗辩与鉴定申请制度方面进行有意义的改革，如鉴定启动问题、被告方提出抗辩的证明责任问题等。当然，若过度强调被告人精神病抗辩权的优先地位，就可能忽略了"如何保护潜在受害人的生命和健康安全"，忽视了进行精神病鉴定后可能产生的鉴定意见的冲突，没有看到一旦被告人被判无罪后法院处理起来的左右为难，更遗忘了"一种权利是否能够得到保障，更加取决于国家和社会是否具有支撑这种权利的充足资源"。[①] 因此，中国死刑案件中精神病抗辩与鉴定启动制度的进一步改革，必须在被告人权利与国家治理能力之间寻求适度的平衡。

第一，法律须明文规定死刑案件中被告人提起精神病抗辩与鉴定申请的证明责任。明确的法律规则可以带来行动的可预期性与标准化，亦能够限制运用规则的人的自由。[②] 因此，就死刑案件的审判而言，确立精神病抗辩的证明责任分配至关重要，这既能避免被告方动辄恣意提起精神病抗辩，又能防止法院过度使用自由裁量权，甚至还能使法官从各种争议旋涡中解脱出来。

就被告人是否患有精神疾病这一问题，由于在刑事司法实践中，在统计学意义上是少数和例外，故应将精神病抗辩的证明责任赋予辩方，即当被告人提起精神病抗辩时，必须提交必要的证据证明被告人患有精神病的可能性较大，并影响到其辨认能力与控制能力。这类似英美两国辩方就"排除责任能力的精神疾病或者缺陷"的问题所承担的"提供证据责任"（所谓的积极辩护）。[③] 一些学者已经较为全面地指出了被告

---

①桑本谦：《反思中国法学界的"权利话语"——从邱兴华案切入》，载《山东社会科学》2008 年第 8 期，第 30~36 页。

②[美] 孔飞力：《叫魂：1768 年中国妖术大恐慌》，陈兼、刘昶译，上海三联书店 1999年版，第 230 页。

③孙长永、黄维智、赖早兴：《刑事证明责任制度研究》，中国法制出版社 2009 年版，第 58 页。

方应提交的相关证据：行为人有精神异常史或精神病家族史的；虽然没有明确的精神疾病发作史，但行为人家属及其周围人员反映其性格乖戾、行为冲动、情绪不稳、动作幼稚、睡眠规律反常，或者有抽搐发作史的；行为人的行为目的、动机、方式、过程等有悖常理的，或者缺乏作案目的或动机，或者虽有一定动机与目的，但与行为的严重后果显著不相称的；作案后或在诉讼过程中有精神反常表现的；行为人具有药物或酒精依赖史的；等等。① 而且，被告方提供的相关证据还需证明到一定程度，从而使法官相信被告人至少存在精神疾病并影响其辨认能力与控制能力的较大可能性，即高度盖然性。

一旦被告方提交了以上的相关证据，并证明到高度盖然的程度，法院就必须启动精神病鉴定程序，这就是死刑案件中对精神病的强制鉴定制度。事实上，2007 年最高人民法院、最高人民检察院、公安部、司法部在《关于进一步严格依法办案确保死刑案件质量的意见》第 9 条中就规定：对可能属于精神病人……的犯罪嫌疑人，应当及时进行鉴定或者调查核实。虽然并非强制鉴定，但其显示了在死刑案件中精神病鉴定的重要意义。既然如此，那么在审判阶段，当被告人提出精神病抗辩且有必要的证据证明时，法院就应该鉴定，而不能仅顾忌案结事了或社会认同而对之予以拒绝。死刑案件中精神病的强制鉴定制度，在某种程度上是国家对其垄断的精神病鉴定权的妥协与让步。当然，被告人既然在审判阶段提起精神病抗辩，至少说明他或者更加相信法院的中立性，或者希望通过审判阶段的鉴定来否定侦控机关的鉴定意见，因此，法院不应建议检察机关撤回案件进行再次鉴定。

第二，在死刑案件中，当被告人提起精神病抗辩时，需要建立必要的救济制度，以加强权利对权力的制约。因为尽管建立了强制鉴定制度，但在对证据的理解以及证据是否证明到了高度盖然的程度，法官与辩方存在差异，这需要赋予辩方适当的救济权。例如，当被告人的精神病抗辩申请被驳回时，法院必须给予详细且有说服力的理由，而不能根据其自由裁量权随意拒绝。被告方针对法院的驳回裁定，可以申请复议或作为向上一级法院上诉的理由。

①孙大明：《对邱兴华杀人案的司法鉴定学反思》，载《犯罪研究》2008 年第 5 期，第 51~61 页。

第三，规范司法精神病学的鉴定标准，改革相应的鉴定制度，减少重复鉴定，使法官不至于因畏惧心理而惧怕启动精神病鉴定程序。目前精神疾病的诊断标准需要进一步规范，使其客观、科学，并减少各规范之间的冲突；同时，对精神病人刑事责任能力的评估也必须制订可操作的、统一的标准，不能仅依靠鉴定人的个体经验进行判断。至于刑事责任能力究竟由鉴定人还是法官评断，目前争议较大，可以存而不论。

为避免重复鉴定，在司法鉴定程序上还需要适度的变革。例如，赋予被告方在法院选择鉴定机构与鉴定人方面的参与权；被告方可以聘请技术顾问或专家辅助人参与精神病的鉴定过程，① 可以邀请相应媒体、中立的第三人参与鉴定过程。这是通过被告方以及第三方对鉴定过程的参与来重塑他们对法院鉴定意见的信任，即通过"过程信任"建立"结果信任"。这不仅可以根治重复鉴定的问题，还能使精神病鉴定意见显得科学、客观，易为社会、被害人所接受。更重要的是，如此的制度建构可以减轻法庭在涉嫌死刑罪名案件中进行精神病鉴定所受到的超常压力。

第四，加强被判无罪且又有继续危害社会可能的精神病人的监管与治疗措施。由前面的分析可见，死刑案件中的精神病抗辩成功率低，其很大程度上是考虑到对被判无罪的精神病人监管与治疗难度大。一般来说，精神病人的家属因为经济原因与管理能力，都不愿负担监管与治疗职责。而对于地方来说，由于财政的限制，加之法律规定不明，导致其承担监管与强制治疗的压力过大，因此亦不愿接管精神病人。虽然公安部门的一些安康医院能够收留部分精神病人，但数量偏少，根本无法满足需求。因此，中国死刑案件中被告人提起合理的精神病抗辩能够成功，其关键之处在于国家与政府应该进一步增强对被判无罪且有继续危害社会可能的精神病人的监管与治疗措施，而不是如同修正后的刑事诉讼法一样，仅仅规定了不负刑事责任的精神病人的强制医疗程序，固然这已经是一种进步，但根本问题还没有解决。

---

① 目前现行《刑事诉讼法》第 192 条第 2 款规定，公诉人、当事人和辩护人、诉讼代理人可以申请法庭通知有专门知识的人出庭，就鉴定人作出的鉴定意见提出意见，但并没有规定这种辅助人参与鉴定过程，因此存在一些不足。

第六章　刑事鉴定争议解决机制

一、问题的提出

曾几何时，鉴定意见一度被誉为"证据之王"。德国学者甚至说："在铁面无私的法庭上，起决定作用的不再是《圣经》中上帝提出的律条，亦不是传统力量的约束，而是'专家们'的一纸鉴定。"[①] 然而，近年在中国，屡因一系列重特大案件而曝出重大鉴定争议，远播国内外，令刑事鉴定备受质疑，声誉扫地。虽早在 2005 年，全国人大常委会通过并实施了《关于司法鉴定管理问题的决定》。紧随其后，中央相关政法部门亦陆续出台了一系列规范文件，并被寄予厚望。[②] 但是，至今层出不穷，甚至愈演愈烈的鉴定争议，不仅未能实现当初立法者的法治宏图，反而一再诱发当事人上访、闹事，并时而激起大规模群体性事件。同时，办案部门案难结、事难了，且置身于舆论风口浪尖之上，招致各方口诛笔伐，渐渐失信于民，徒增刑事司法定分止争的难度。[③] 于是乎，退下"神圣光环"的科学鉴定，被戏谑为"是非之王"，而既有鉴定制度改革，也被论者讥讽为"号错了脉、开错了方"。[④]

中国刑事鉴定争议频仍，公信力岌岌可危！国家立法若一味采取鸵鸟战术，则并非长久之策。为此，2012 年修正的刑事诉讼法对此有所回应，如强制鉴定人出庭、创建专家辅助人制度等。且《公安机关办

---

① [德] 汉斯·波塞尔：《科学：什么是科学》，李文潮译，上海三联书店 2001 年版，第 1 页。

② 王必学：《多头鉴定、久鉴不决有望破解》，载《人民日报》2007 年 8 月 17 日。

③ 2007 年曾经闹得轰轰烈烈的代义尸检案，至今已逾 6 年，仍未最终得到当事人家属认同，代义之姐代力对媒体说，她们仍不会放弃。参见庞静：《代义案七年之痛》，载《民主与法制时报》2013 年 9 月 2 日第 6 版。

④ 柴会群：《从"证据之王"到"是非之王"》，载《南方周末》2010 年 1 月 21 日第 B08 版。

理刑事案件程序规定》（2012 年）首次细化重新鉴定、补充鉴定条件，最高人民法院司法解释（2012 年）亦吸纳了《关于办理死刑案件审查判断证据若干问题的规定》中对鉴定意见的审查内容与方法。然而，上述制度功能如何，还尚待司法实践持续检验（实践已证明，其效果并非尽如人意①）。另外，即使上述改革在审判程序中成功运作，但审前程序，特别是侦查阶段鉴定争议的解决与预防机制，却并未进入此次修法视野。事实上，当前中国刑事鉴定争议最频繁、影响最大、最令人头痛者，恰恰是发生于公安、检察院初查或侦查阶段。

当然，客观地说，对刑事鉴定争议的关注，法学界与鉴定界早已有之，他们分析了鉴定争议产生的众多缘由，提出了诸多应对之策。② 不过，当前论者的研究或过于笼统，面面俱到，常常混淆刑事诉讼与民事诉讼中两种鉴定争议的诉讼结构差异，对不同程序中鉴定争议的类型分布语焉不详，而一味模仿国外经验的研究思路，导致提出的治理路径千篇一律，或停留于某类具体鉴定争议、满足于个案分析，忽视案件背景、社会舆论等变量对刑事鉴定争议的重要影响，建议显得简单、琐碎而过于理想化，以致无法获得实务界认同，而浪费改革契机。

理论研究固然尚未尘埃落定，但刑事办案部门却饱经鉴定争议之苦，长久以来，一直在试验各种变革之途，且取得一定成效，如部分检察机关在尸检案件中推行"阳光鉴定程序"与"临场见证制度"，一些法院试行"重新鉴定听证程序"，以及哈尔滨公安局在曾经闹得沸沸扬扬的林松龄案死因鉴定中的妥帖且成功做法，反映出办案部门在解决与预防鉴定争议尤其是死因鉴定争议方面，已摸索出一套实践智慧。它们

---

①例如，鉴定人出庭未必能够消除当事人异议，法官也可能仍然无法作出合理判断。参见张倩：《死因争议求解之路》，载《民主与法制时报》2013 年 9 月 2 日第 7 版。专家辅助人出庭，也可能无法有效解决鉴定争议，反而有可能诱发更多的重复鉴定。参见章礼明：《评"专家辅助人"制度的诉讼功能》，载《河北法学》2014 年第 3 期，第 102~109 页。

②邹明理：《合理控制重新鉴定和有效解决鉴定争议措施探讨》，载《中国司法》2008 年第 8 期，第 85~89 页；郭华：《论鉴定意见争议的解决机制》，载《法学杂志》2009 年第 10 期，第 63~66 页；潘广俊：《司法鉴定意见争议评价机制研究——以浙江省司法鉴定管理模式为视角》，载《证据科学》2012 年第 5 期，第 578~584 页；陈永生：《中国司法鉴定体制的进一步改革——以侦查机关鉴定机构的设置为中心》，载《清华法学》2009 年第 4 期，第 84~104 页；陈永生：《域外法医鉴定机构设置的特征》，载《国家检察官学院学报》2010 年第 1 期，第 101-106 页。

承认这是在限制重新鉴定次数、剥离侦查机关鉴定机构、赋予当事人鉴定启动权的改革建议几乎被束之高阁的情况下，而采取的一种务实可行的制度改良。这些局部性探索与地方性知识亟须理论回应，并借此升华为法律制度的构建，通过常规化手段解决鉴定争议。毕竟，"中国获得成功的基本上都是在司法实践中自生自发的、民众普遍满意的改革，而那些直接引自西方的制度改革却无一例外地遇到了挫折"。①

有鉴于此，本部分将采取黄宗智提出的"走向从实践出发的社会科学和理论"的研究路径，② 在目前司法实践中，当事人不满手段之最多样与对抗性质之最剧烈，且社会影响最大、对刑事鉴定公信力损害最大的部分法医鉴定争议作为研究对象。我们通过搜集、整理相关典型案例（主要是表1中列举的案例）与既有文献材料，结合个人经验，描述当前刑事鉴定争议的案件结构特征，追溯其产生的复杂机制，并根据实践部门尝试的改革经验，借助"过程导向信任"的核心命题，在当前既定条件的约束下，来适度改良刑事鉴定程序，将其作为破解（重复鉴定）与预防（初次鉴定）中国刑事鉴定争议乃至提升国家司法鉴定公信力的最佳突破口。

二、鉴定争议类型及其案件结构特征

（一）研究材料及其说明

这里的分析材料主要基于以下两部分：

一是影响性案例，即鉴定公案（如表1中的黄静案、李胜利案、谢佩银案、代义案、李树芬案、黎朝阳案、谢亚新案、杨佳案、徐敏超案、刘爱兵案等几十例耳熟能详的经典案例）。作为公案，它们轰动全国、影响全社会，虽然数量少，但影响力比常规案件影响力的总和还要大。公案原本寻常，但由于某些特殊原因，引起媒体连篇累牍的报道，并迅速演变成公共话题，成为各界关注的焦点，③ 继而积淀为人们牢固的认知结构，成为社会评价的先验框架。而且刑事案件中接二连三出现

①陈瑞华：《论法学研究方法》，北京大学出版社2009年版，第155页。

②黄宗智：《经验与理论：中国社会、经济与法律的实践历史研究》，中国人民大学出版社2007年版，第440页。

③孙笑侠：《司法的政治力学——民众、媒体、为政者、当事人与司法官的关系分析》，载《中国法学》2011年第2期，第57页。

的鉴定争议公案，可以说，已足以将刑事鉴定制度的问题与缺陷彻底暴露，并放大摆在人们面前以供评断。另外，公案作为法治进程中的里程碑事件，是推动具有惰性性格的法律制度变革的原动力。中国改革开放后刑事诉讼文明化或革新历程，已反复验证了这种惯常的"回应性"或"压力型"司法。

二是为保障分析的可靠与结论的说服力，我们还根据既有刑事鉴定争议的相应文献，[①] 结合实地调研、日常鉴定经验，以资印证，希望勾勒出当前刑事鉴定争议的真实图谱。

当然，即便上述两部分材料存在缺陷，但它作为如同王亚新教授所谓的"类似于在广阔地面上分散打钻抽取的地底物质的样品"，一样可以"与关于广域地质构造的既存假说进行对照"，[②] 以验证或修正当前既有的解决刑事鉴定争议的各种立法对策与理论建议。

（二）类型分布

根据现有资料，我们可以看到，法医鉴定领域是刑事鉴定争议的重灾区。鉴定公案则更表明中国最具影响力且深陷是非旋涡的，主要为疑似被害人的死因鉴定与犯罪嫌疑人或被告人的精神病鉴定。若以鉴定争议引发的官民冲突、社会风波、舆论纷争来看，前者还甚于后者。至少，以鉴定争议为导火索的群体性事件，目前还仅见于死因鉴定类案件（如高莺莺案、李树芬案、涂远高案、戴海静案、吕海翔案）。当然，这两类鉴定案件能够如此引人注目，除鉴定意见在案件定性（自杀或他杀）、被告人罪责（有罪无罪、重罪轻罪）方面不可或缺的证据价值外，它们还符合学者所谓的"公案"应具备的"焦点"性主题元素：如案情扑朔迷离、案件涉官涉富、犯罪后果越过道德底线、当事人抗议手段暴烈等。因机缘巧合，它们借助媒体尤其是便利的网络，为民众提供了发泄社会不满、批评司法不公、褒贬时弊的渠道，个案遂演变成公

①以关键词"重复鉴定、重新鉴定"、"鉴定争议"、"多头鉴定"检索，到2013年5月，相关论文共有1000余篇，经过挑选，发现与刑事鉴定争议相关的论文大概500篇，案例100余例。主要的相关文献除前面提及的邹明理、郭华、潘广俊、陈永生等人的研究外，还可以参见刘锋：《刑事诉讼中的重复鉴定问题研究》，广东商学院2010年硕士学位论文；杜骏飞主编：《沸腾的冰点——2009中国网络舆情报告》，浙江大学出版社2009年版；龙跃：《刑事诉讼中的多头鉴定、重复鉴定问题研究》，浙江大学2011级法学硕士学位论文等。

②王亚新等：《法律程序运作的实证分析》，法律出版社2005年版，第5页。

案。① 即便如此，上述案件能够成为鉴定公案的毕竟是少数，大部分鉴定争议还是按照常规逻辑发生，并未进入世人与学者视野，而仅为鉴定界熟知。②

死因鉴定、精神病鉴定因案情醒目刺激、犯案手段恶劣、后果严重，容易唤起社会共鸣，但却遮蔽了其他鉴定争议的真实存在。其实，中国刑事司法中的伤情鉴定，争议数量远远超过前面两类鉴定争议。论者指出：伤害案件在公安司法工作中占据相当大的比例，约占刑事案件总量的1/3。③ 而在所有伤害案件中，轻伤害案件又占绝大多数。但无论伤害或轻重重，都常常引发鉴定争议，由此而制造的争端及信访问题已成为影响社会稳定的一个重要因素。④ 伤情鉴定，与犯罪嫌疑人或被告人的定罪量刑紧密相关，甚至可以说，在伤害案中，鉴定意见"不是重要证据，而是唯一证据，直接关系到被告人有罪还是无罪，罪轻还是罪重，有时甚至是人命关天的事"。当鉴定意见与一方当事人期望不符时，他们随即申请重新鉴定，如此往复循环，没完没了。⑤ 不过，因其案情琐碎、故事寻常、情节平淡，恩怨局限于当事人双方，媒体较少关注，几乎不可能产生轰动效应，难以激起民众兴趣与围观。

DNA鉴定、痕迹检验鉴定、声像资料类与电子证据鉴定、微量物证鉴定等，特别是价格鉴定，因案件数量多，鉴定意见同样关乎犯罪嫌疑人或被告人定罪量刑（如盗窃案中赃物的价格鉴定），鉴定争议依然存在。但相对上述三类法医鉴定而言，因其鉴定本身的科学性高（DNA鉴定），或鉴定案件数量少（笔迹检验），或鉴定意见的客观性强（痕迹检验），且因为它们很少单独决定或绝对性地支配侦查机关的

　　①孙笑侠：《公案的民意、主题与信息对称》，载《中国法学》2010年第3期，第139页。
　　②南方：《中国看守所离奇死亡分布图》，载《政府法制》2010年第21期，第26~27页；胡纪念、李从培：《110例精神病重复鉴定结论分歧原因分析》，载《法医学杂志》1999年第2期，第103~104页。
　　③江容眉：《人身伤害重新鉴定问题探讨》，载《宁德师专学报》（哲学社会科学版）2002年第4期，第22页。
　　④柳西才：《伤害引发上访的原因与对策》，载《人民公安报》2005年8月23日第7版。
　　⑤孙兆麟、惠晓莉等：《人身伤害案件重复鉴定的困境与对策》，载《甘肃法制报》2010年3月31日第A06版。

立案、审判机关的定罪量刑等核心问题，①故而当事人或其家属在表达鉴定异议后，即便公安司法机关置之不理或直接否决，他们也很难或不愿意付出类似死因鉴定、精神病鉴定或伤情鉴定的坚持与努力，不会采取诸如上访、闹事的"斗争"策略，很难以其为导火索衍生出群体性事件。纵使价格鉴定争议数量居高不下，②但仍无法与死因鉴定、伤情鉴定或精神病鉴定案件本身情节的复杂程度，鉴定意见给当事人或家属在案件中带来的影响，当事人之间因案前或案后积蓄的恩怨，以及由此而导致当事人采取不满手段及其带来的负面后果与波及效应相提并论。例如，在法医鉴定中，信访案件呈不断增多趋势，且可能引起群体性事件。③而这在价格鉴定引发的争议中，几乎不会出现。因此，法医鉴定争议的解决机制，较价格鉴定争议复杂。所以，本书后述分析，如无特别说明，将主要以刑事案件中最易产生的鉴定争议，且社会影响大、纷争化解难的死因鉴定、伤情鉴定与精神病鉴定案件为主。

（三）案件结构特征

1. 当事人

当事人（一些案件包括或仅有家属或亲属，特别是在死因鉴定中）当然是鉴定争议的主体，而且当事人之间还存在复杂的关系。最典型的是伤情鉴定案件，样本案例显示：

（1）当事人之间的纠纷或起源于长期恩怨、矛盾与冲突，或起源于临时口角而发生厮打或斗殴，如在汝州市检察院2006年至2008年审查批准逮捕轻伤害案236件的267人中，发生在农村的有189件214人，占80%。这些案件多发生在农村邻里之间，是邻里矛盾纠纷长期

---

①在特殊情况下，如果上述鉴定事项与被害人死亡相联系的时候，同样可能制造鉴定争议，特别是涉案当事人具有复杂的关系，或具有公案的主题性要素，如2009年杭州胡斌飙车案、2006年持续至今的念斌投毒案；DNA鉴定较少存在争议，但当其检材存在污染，或因技术存在缺陷时，同样可能产生争议，如李逢春案、李端庆案。参见叶俊：《法医鉴定争议困境》，载《民主与法制时报》2013年9月2日第8版；沈雁冰：《杭州富家子飙车案引发的舆论流变》，载《法律与生活》2008年第22期，第6~8页。

②某基层检察院2006~2011年共受理审查起诉刑事案件近2500件，大约2250件案件包含鉴定意见证据，主要以赃物估价鉴定、人体损伤鉴定、死亡法医鉴定为主。参见刘晓农、彭志刚：《关于刑事鉴定的几个问题》，载《法学论坛》2003年第1期，第100页。

③张锐等：《浅谈法医涉访案件的成因及对策》，载《广东公安科技》2010年第2期，第1页。

积累的结果，是矛盾的集中爆发。①

（2）在主观上，双方谁也不服谁，为了泄恨报复，或为了面子，或不服输，或为拖延，当事人一方或双方总不愿意认可鉴定意见。所以，只要有一方认为鉴定意见对己不利，就会提出重新鉴定。而客观上，当事人双方都存在或多或少的过错，虽然这与鉴定意见的可靠性无关，但却影响到他们的接受程度。

（3）伤害案件随着诉讼进程以及鉴定争议的发酵，继而造成当事人积怨加深、对立情绪增强，进一步加剧鉴定争议。特别是犯罪嫌疑人或被告人提出重新鉴定的，被害人主观上大多有抵触心理，误认为鉴定染上了"权力、人情、利益"色彩，对鉴定公正性产生深深的怀疑，而不愿配合再次鉴定。② 同时，伤情鉴定中，对容貌毁损、功能障碍、治疗是否终结等的鉴定，依据的是给伤者造成不可恢复的后果，这需要一定的治疗与康复时间，因此，侦查机关有时不能立即对犯罪嫌疑人采取准确有效的强制措施，这时也容易导致当事人双方纠纷的升级。

目前在死因鉴定争议案件中，主要凸显出官、权、富等一方当事人的强势要素，以及其他一些微妙的关系特征。

（1）"被害人"死于侦查机关的讯问过程或追捕中，或死于看守所羁押期间，而相应机构却解释为"被害人"跳楼自杀、因自身疾病死亡等原因，家属死活不承认，这是最典型的涉警案件。

（2）加害人与"被害人"之间是官（除第一类的警察机关）与民、富与贫、官与官（作为受害者的官员或公务员身份，往往被家属怀疑为因对其他官员进行举报或受到排挤或存在其他恩怨而被"谋杀"）之间的关系，这决定了受害方将官、权、富等敏感特征引入，为此而不惜挖掘甚至杜撰官、富背景，寻求道德话语权，质疑办案机构故意袒护犯罪嫌疑人而不服尸检意见。③

---

①刘龙海：《轻伤害案件为什么易引发群众上访》，载《检察日报》2009 年 11 月 1 日第 3 版。

②赵友智：《法医学重新鉴定有关问题探讨》，载《山东审判》2003 年第 5 期，第 84 页。

③如在贵州瓮安李树芬案件中，被指为"元凶"的王娇被认为是县委书记的亲侄女，或是副县长的孩子；18 岁的刘言超和 21 岁的陈光权传说与当地派出所的所长有亲戚关系。但事实上，三人并没有任何官方亲戚背景。参见吴伟：《瓮安事件始末》，载《新世纪周刊》2008 年第 20 期，第 50~52 页。

（3）加害人与"被害人"是朋友、恋人、夫妻等关系，事前存在矛盾或其他特殊事件（如强行发生性行为）或不和谐因素，而"被害人"死亡突然，"加害方"在场却无合理解释，此时家属倾向推定"被害人"是前述人员故意将其致死，一定要将其绳之以法，为"被害人"复仇。当然更关键的是，家属认为"被害人"死前毫无自杀征象，又无疾病反映，据此断定，"被害人"之死，必定是被逼迫所致或相关人员故意为之。而且，上述案件的一些特征强化了被害人家属的推理："被害人"身上为什么存在其他伴生伤痕？死亡姿势、身上伤情为什么与现场环境证据相冲突？为什么办案部门拒绝家属察看尸体？为什么尸体要急于火化？为什么地方政府要出面与家属签订协议？基于这些理由，"加害人"的嫌疑顺理成章地被巩固和强化，且极易获得社会同情。

在精神病鉴定案件中，对于被害人及其家属来说，犯罪嫌疑人或被告人滥杀无辜、残忍冷酷、手段恶劣、后果严重，而他们的犯罪手法有些经过精心策划，并非荒诞不经。一些人犯罪之前还有正常的职业与生活，犯罪之后逃跑、躲避侦查，抓捕之后矢口否认、毫不悔改，他们竟然还是精神病人？特别是一些精神病鉴定中暴露的腐败问题[1]与部分犯罪嫌疑人或被告人通过精神病逃避刑事惩罚的个案[2]所造成的恶劣影响，以及一些犯罪嫌疑人或被告人还具有官方、富人身份，或冲突双方存在事前恩怨或邻里冲突背景的事实，这令当事人包括社会民众都无法接受他们是精神病人的鉴定意见。对犯罪嫌疑人或被告人方来说，行为人犯案手段不合常理、动机不可思议、家族有精神病史、平时有不正常表现等行为，加之一些精神病专家或法律人的推波助澜，这又成为他们启动精神病鉴定程序的重要理由。于是双方各执一词，互不相让，甚至一些精神病鉴定案件成为草根与精英、民众与法律人、精神病专家之间

---

①关于精神病鉴定方面最突出的腐败案件，就是前文曾经提及的内蒙古公安厅管辖的安康医院法医故意虚假鉴定的重大案件，其在精神病鉴定、法医鉴定界乃至在法学界，都引起了强烈震动。参见王和岩：《操纵司法鉴定：内蒙古窝案》，载《新世纪》2010年第2期。

②在司法实践中，已经发生了几起犯罪嫌疑人因精神病鉴定而试图逃脱罪责的案件，相关情况参见黄春宇、范宏达：《精神病鉴定岂能成为真凶的免死金牌》，载《中国检察官》2011年第8期，第70~72页；金镭：《精神病鉴定：把住免死"金牌"》，载《哈尔滨日报》2006年9月10日第7版。

聚讼纷纭的主题，各方意见分歧，客观上推动甚至"要挟"当事人双方或一方采取进一步鉴定的争议姿态。

2. 办案部门

鉴定争议具有发生阶段的聚合性与不满指向的显著性。它们主要发生在侦查阶段，其次是庭审阶段或审查起诉阶段，但后续阶段的鉴定争议，大多是侦查期间鉴定异议的延续。这说明，当事人不满侦查机关鉴定意见的频率最高。原因在于，90%以上的刑事鉴定，均由侦查机关在侦查阶段独立启动与完成。[1] 且鉴定意见在侦查机关的证据体系中举足轻重，特别是在诸如伤害案与疑似非正常死亡案中鉴定意见更必不可少，甚至是最重要的证据。况且，在侦查或初查阶段，犯罪案件发生不久，当事人之间的对立情绪最高，凡鉴定意见无法满足一方预期，就极易激发其非理性的抗争手段。加之，一些案件因鉴定意见决定着是否立案或侦查终结，而可能无法进入（对于被害方）或进入（嫌疑方）后续诉讼阶段，这无疑使鉴定意见成为当事人双方的赌注与筹码，必须不惜代价放手一搏。

初查或侦查阶段的鉴定争议，除部分被合理解决外，剩下的，或被恶化或被不了了之或被无限拖延或随着诉讼进程流入后续程序。在审查起诉阶段，当事人亦会针对侦查机关的鉴定意见提出异议，但检察机关几乎不会启动重新鉴定。[2] 这是因为公诉机关与侦查机关在追诉犯罪问题上的立场是高度一致的，由侦查机关启动并完成的鉴定程序，一般而言符合公诉机关的利益。[3] 而在法庭审判时，由于鉴定意见决定着被告人的定罪量刑，且由于控辩式庭审结构、法官相对中立、辩护律师的更多参与，故虽经侦查或初查的过滤，当事人的鉴定争议有所减少，但比起审查起诉阶段却增多，特别是一些涉及被告人的精神病鉴定争议，在庭审阶段可能比侦查阶段更具影响力。但总体而言，庭审阶段的鉴定争

---

[1]汪建成：《中国刑事司法鉴定制度实证调研报告》，载《中外法学》2010年第2期，第298页。

[2]刘晓农等人介绍，在2250件具有鉴定意见的案件中，由犯罪嫌疑人或辩护人提出并被检察机关采纳重新鉴定的案件仅为个位数。而与此相对应，但凡提审犯罪嫌疑人并告知其鉴定意见时，犯罪嫌疑人多会提出对鉴定结果有意见。参见刘晓农、彭志刚：《关于刑事鉴定的几个问题》，载《法学论坛》2003年第1期，第100页。

[3]汪建成：《中国刑事司法鉴定制度实证调研报告》，载《中外法学》2010年第2期，第297页。

议，特别是法医鉴定争议，大多还是初查或侦查阶段的进一步延续。由此可见，侦查或初查阶段的鉴定争议，应是中国刑事司法制度回应的重心。因此，现行刑事诉讼法仅仅要求庭审时鉴定意见有争议时鉴定人出庭，以及当事人可以聘请专家辅助人，则未必是合理可行的解决办法。

3. 争议手段

当事人产生鉴定争议，目的是希望改变既有鉴定意见。为此，当事人必须选择特定的行为方式来传递或发送他们不满的信号。而能传递信号或信息的行为，对当事人来说必须是付出一定成本的行为。① 可以说，在中国的诉讼实践中，除持续、多次向办案部门表达质疑、不满以申请重新鉴定外，他们通过试验、模仿，或在"被逼无奈"、"走投无路"（当事人语）的情况下，已经自觉或不自觉地探索出表达异议的行动策略谱系。

（1）涉鉴上访。跨时间、跨地域、跨部门的重复上访、越级上访、多头上访，这是当事人运用最频繁的抗议策略，特别是故意伤害致人轻伤案件的上访率，居各类案件之首。② 而且，因鉴定而上访或信访，特别是命案与伤害案中的涉鉴上访，已经成为当前中国上访案中最令人头痛、最麻烦、最难以解决的问题，③ 早已引起中央高层的高度重视。

（2）闹事。当事人到办案部门辱骂、示威、暴力威胁工作人员。

（3）游行示威。当事人扯白旗、打横幅，组织家属游行、示威、喊冤，声泪俱下。

（4）自虐性威胁。当事人借助自伤、自残或自杀等行为，逼迫办案部门重视其合理诉求或改变鉴定意见。

（5）群体性事件。当事人未必有能力安排或组织成千上万人的群体性事件，但不可否认，他们确实利用了以鉴定争议为导火索的群体性事件，而缩小了自身与办案部门之间的实力差距，客观上博得了与政府

---

① 张维迎：《信息、信任与法律》，生活·读书·新知三联书店2006年版，第38~43页。

② 在2006年至2008年，汝州市检察院审查批准逮捕的各类刑事案件1039件1500人，其中故意伤害致人轻伤案件数和人数分别占批捕总数的22%和18%；审查起诉各类刑事案件1090件1607人，其中轻伤害案件数和人数分别占起诉总数的16%和13%。同期，汝州市共发生因群众不满司法机关对刑事案件的处理而引发的赴省进京越级上访、重访和非正常上访案件72件，其中轻伤害案32件，占上述上访案件的44%，居各类案件之首。参见刘龙海：《轻伤害案件为什么易引发群众上访》，载《检察日报》2009年11月1日第3版。

③ 王进忠：《解读公安涉法上访》（上），载《辽宁警专学报》2008年第2期，第46页。

或办案部门谈判的筹码。

（6）自行鉴定。固然当事人不能委托鉴定，但为印证自身推断，以否定官方鉴定意见，他们有时私下委托鉴定机构进行鉴定。而这些鉴定意见往往与办案部门的鉴定意见相悖，虽然它们不能直接作为证据，但却在客观上强化了当事人鉴定争议。

（7）利用网络曝光案情。当事人借助现代传媒，尤其是网络公布案情，获取社会支持，给办案部门施压，已逐渐成为流行趋势。

在具体案件中，当事人常常根据效果进行选择与组合。除此之外，尚有一些规律可循：

（1）侦查机关面临当事人不满而抗争的手段最多，暴力性最强，几乎可用的手段均轮番上阵。

（2）在死因鉴定案件中，被害方不满尸检意见时反应最为强烈，各种行动策略均会出现，且在同一案件中往往综合运用。这说明，疑似非正常死亡的尸检案件是中国目前最为迫切的鉴定争议解决领域。

（3）对于伤害案件鉴定，因为当事人双方关系特殊，任一鉴定意见都可能招致一方不满而出现交错上访，故导致其鉴定争议最难解决，持续时间最长。

（4）与被害方相比，犯罪嫌疑人或被告方因不满鉴定意见而抗争的手段相对温和、节制，较少闹事、上访。这可能与当事人双方的诉讼地位、被贴的法律标签、社会同情或抨击的偏向性等要素相关。

4. 争议后果

当事人在部分案件中存在鉴定争议本为寻常，它可以纠正鉴定错误，吸纳当事人异议，倒逼国家刑事鉴定的程序化与法制化，提高鉴定人水平……然而，与诉讼结构类似的大陆法系国家相比，中国刑事鉴定争议居高不下，[①] 演变成"案中案"，并超越刑事案件本身，成为"诉讼问题"与"政治问题"，其表现在：因鉴定争议引发的鉴定次数多，一些案件高达3次，甚至8次之多，且相互冲突。持续时间长，有些动辄几年。当事人或家属因鉴定争议而奔波，为此家徒四壁、负债累累、

---

①据侦查机关和人民法院的粗略统计，同一事项鉴定两次以上的，占鉴定总数的60%以上。参见邹明理：《合理控制重新鉴定和有效解决鉴定争议措施探讨》，载《中国司法》2008年第8期，第85页。当然，该数据可能存在一些夸张，但鉴定争议经常发生却是不争的事实。

妻离子散，在长年累月中，部分人甚至变得精神偏执、居无定所。特别是在涉鉴上访中，因上访人被截访、关进学习班或黑监狱，或上访屡屡无果，当事人之间的鉴定争议急剧演变成上访人与地方党政机关或政法机关的冲突，"鉴定争议"变为政治性的"上访争议"。而鉴定意见甚或案件结局因当事人上访而偶然改变，其产生的戏剧性"示范效应"，还可能催生出谋利性上访、无理上访与有理上访的无理化。

同时，在部分案件中，公检法机关以及地方政法委、党政机关悉数卷入，职权鉴定机构与社会鉴定机构均有参与，多头鉴定、重复鉴定频频出现。且鉴定争议致使案件久拖不决，特别是在犯罪案件持续攀升，而当前政法机关又案多人少的情况下，徒增办案机构的工作压力与解决社会纠纷的难度。何况，一个个具体鉴定争议，不断塑造当事人、社会民众的认知结构，并作为一种认知"前见"或思维定式，影响着他们将来对自身亲历的或关注的其他鉴定争议的评价，挫败国家鉴定制度改革的努力。这就是目前中国鉴定信任危机治理过程中的"内卷化"现象——国家治理走向了反面，越治理，鉴定争议越多。最后，鉴定争议还可能成为社会内部矛盾、社会民众与地方党政机关冲突的导火索或催化剂，以致刑事司法正当性与国家治理合法性可能失去民众认同感，国家统治出现合法性危机。

三、影响刑事鉴定争议的变量及其发生机制

根据样本案例，鉴定争议，是指当事人拒不认同（强反应）或难以接受（弱反应）办案部门给出的鉴定意见，它源于鉴定意见不可信，而非或仅非来自于鉴定意见不可靠。然而，鉴定意见的可信性，是基于当事人的"主观评断"——一种受情感支配的具有"归我属性"的个体认知，而不是限于甚或主要不是根据鉴定意见的"可靠性"问题作出的客观判断——超越诉讼主体情感偏向的一种科学意义上的"事情真相"建构。这说明，鉴定意见可靠，并不意味着它一定可信，而鉴定意见不可信，亦不说明它不可靠。可靠性固然重要，但绝非制约鉴定意见可信性的唯一变量，其他一些因素在一些案件中，则有时成为影响当事人鉴定争议的主导性甚或核心变量。尽管在中国的诉讼语境与法制文化中，当事人为了获得"话语力量"或占领"事实制高点"，总是将其最终归纳为或转化成鉴定意见的可靠性问题。由此看来，研究中国刑

事程序中的当事人鉴定争议，应从影响鉴定意见可信性的相关变量展开。

然而，影响鉴定意见是否可信的相关变量，却与当事人产生鉴定异议的动机不同。在司法实践中，当事人鉴定争议的动机复杂，或因理性判断，或为报复泄恨，或被他人怂恿，或为利益，或为赌气，或为脸面……不一而足。然而，不管当事人动机为何，他们均须为其不满鉴定意见找到一个或若干说得过去的"合法理由"，或提供看起来至少可以让人相信其说法或对官方鉴定意见产生质疑的"客观理由"，为其努力进行辩护，如此方能证明自己的争辩或异议行为合法与正当，否则难以服人。因此，我们应该结合刑事司法鉴定实践，找到影响鉴定意见可信性的相关重要变量，并分析刑事鉴定争议的发生与演变机制。

（一）影响鉴定意见可信性的主要变量

1. 鉴定意见的可靠性

既然"错误的鉴定必然会导致错误的裁判"，[1] 那么，可靠性当然首当其冲地成为影响鉴定争议的重要变量。鉴定意见的可靠性，主要涉及鉴定科学本身的可靠性及其客观识别能力、必然存在的错误率或误测率、鉴定意见的标准、鉴定操作程序、实验室仪器设备、鉴定样本、鉴定对象的复杂疑难程度，以及鉴定人能否正确运用鉴定技术解决专业问题等众多因素。[2] 据学者指出，目前鉴定争议中，60%~70%都是因鉴定对象复杂、疑难或自身鉴定条件差所致，而鉴定机构仪器设备和先进程度差别、鉴定人能力与经验差别、鉴定人对技术标准掌握的准确程度差别，是导致鉴定争议的第二位原因。[3] 然而，上述判断主要建立在专业人士的认知归纳与理性回溯的基础上，对当事人而言，关于鉴定科学自身的有效性、误差率，鉴定对象疑难、复杂等影响鉴定意见可靠性的诸多问题，在其鉴定异议中并非主流，除非他们基于相关人员的帮助。

---

① [法] 勒内·弗洛里奥：《错案》，赵淑美、张洪竹译，法律出版社 2013 年版，第 177 页。

② 美国学者指出，评价专家证据的可靠性，取决于三项因素：（1）鉴定理论的有效性；（2）科技手段的有效性；（3）该科技被正确地运用于案件中。转引自张南宁：《科学证据可采性标准的认识论反思与重构》，载《法学研究》2010 年第 1 期，第 24 页。

③ 邹明理：《合理控制重新鉴定和有效解决鉴定争议措施探讨》，载《中国司法》2008 年第 8 期，第 85 页。

事实上，恰恰只有在当事人聘请专家见证官方鉴定过程，或其私下咨询或委托鉴定人，或聘请专家辅助人出庭，或听取一些鉴定专家在网络或媒体上表达的专业意见①后，他们才可能从客观可靠性层面质疑鉴定意见的可信性（见案例1、案例2）。

【案例1】在著名的代义案中，解放军307医院出具的毒化检测报告表明，代义的送检血液中检出每毫升2100微克的氨基比林、每毫升160微克的咖啡因，胃液中的量则更大，分别为每毫升15000微克氨基比林和每毫升1300微克咖啡因。据此推断，代义至少吃了一瓶（每瓶100片）氨基比林咖啡因药片。然而，即使代义真的服用如此剂量的药片，是否能在半小时内死亡？这在法医学界引起争议。因为氨基比林咖啡因片只是一种常用药，而非烈性毒药，因服用该药过量而导致急性死亡的案例极为罕见。为此，代义之姐代力为启动重新鉴定以证伪侦查机关的尸检意见，不惜以身试药，吞下96粒氨基比林咖啡因片。然而，在专业法医看来，代力"以身试药"的做法意义并不大，因为法医用一个词就可以排除这种实验的科学性：个体差异。

【案例2】2007年7月27日，吉林大学法医鉴定中心对非正常死于看守所的张庆进行尸检。2007年9月3日，长春市检察院书面告知张庆家属鉴定结果："外伤不构成死因，可构成死亡的诱发因素。"由于张庆死前有肝硬化、重度脂肪肝和肺水肿，故鉴定机构最终认为"可由于肝硬化致肝性脑病死亡"。对于"肝性脑病"，张庆家属聘请的见证尸检过程的一位哈尔滨医科大学法医学副教授解释说，那是由于肝脏有病，病变到一定程度，导致肝功能下降，最终引起脑中毒而死亡。但他不认可这样的诊断结果，因为张庆的肝体积没有缩小，脾体积也没有变大，说明未到肝硬化晚期，"那也就不足以导致肝性脑病的出现"。

一般情况下，当事人既无足够信息，亦无相应能力从上述立场否定鉴定意见的可靠性。因为中国刑事鉴定程序（启动、实施）过于封闭，

---

①相关案例参见吉林长春的张庆案、辽宁的连丽丽案、安徽的谢佩银案、"黄山陷阱案"、黑龙江的代义案，专家对办案机关鉴定意见发表的意见及其对当事人的影响。

鉴定意见书简约，且当事人经常只被告知鉴定意见部分，① 加之鉴定人又较少出庭，这都影响到当事人获得足够的客观评价信息。何况，即便获得相应信息，当事人作为外行，对于超越常识的科技原理、艰深晦涩的鉴定术语、一头雾水的专业逻辑，若无专家相助，他们也无足够能力与经验去质疑鉴定理论的有效性、鉴定操作程序的缺陷、鉴定标准的客观化问题等深层性因素。为此，当事人常常采取下面所示的容易被观察、看起来客观、具有一定说服力，并极易取得社会共鸣的因素作为替代性测度机制，以此作为质疑鉴定意见是否可靠，并进而否定鉴定意见可信性的重要变量。

　　同时，正因为这些变量当事人操作起来得心应手，易被他人认同，且或多或少在不同案件中客观存在而较易识别，故在当事人并不单纯动机的驱使下，其负面性常被他们选择性放大、"错误性归因"，以至于当办案部门鉴定意见明显可靠时，也会成为当事人不信任鉴定意见而寻找的"重要借口"。② 当事人近年逐步倾向从影响鉴定意见可信性的实体性变量转而寻找相关程序性变量。甚至可以说，仅仅一些纯粹的鉴定程序问题，有时已足以被当事人用以颠覆鉴定意见的可靠性，而办案机关却难以通过对其补正或作出合理解释予以修复。

　　2. 常识、常情、常理

　　"三常"反映人们朴素的情理观、公平观、是非观，是当事人据以评断复杂而反常事件的重要智识资源，它无须过多案情，只需诉诸内心直觉与道德判断。③ 在死因鉴定、犯罪嫌疑人或被告人的精神病鉴定案件中，当事人凭"三常"反驳办案部门鉴定意见的情况俯拾即是，如本书的众多鉴定公案均提示，当某人非正常死亡时，侦查机关尸检认为是自杀，家属大多拒不认同。他们无法想通：一个好端端的人，为什么会

---

　　①根据研究者对基层检察机关司法实践的调查分析，在审查起诉阶段讯问犯罪嫌疑人时，基本上都仅告知犯罪嫌疑人鉴定意见标题中的司法鉴定机构名称和结果部分，而对于生成结果的检验过程，尤其是其中的检验方法、鉴定标准和规范等重要环节却从未告知过。参见刘晓农、彭志刚：《关于刑事鉴定的几个问题》，载《法学论坛》2003 年第 1 期，第 100 页。

　　②战喬：《10 刀"试探伤"探查自杀真相》，载《民主与法制时报》2011 年 11 月 7 日第 B05 版。

　　③心理学研究表明，当人们面临一个复杂的判断或决策问题时，他们通常会依据自己的直觉或一些常识来进行决策。参见 ［美］斯科特·普劳斯：《决策与判断》，施俊琦、王星译，人民邮电出版社 2004 年版，第 75 页。

自杀？他/她身上为什么有那么多并非坠楼或其他自杀方式造成的伤痕？一个心智正常的人能如此毫无征兆地血腥地屠戮自己？[1] 侦查机关的尸检意见怎么会有几个版本？若为自杀，当地党政一把手为什么会介入，还要与家属签订火化协议？还要抢尸、火化尸体？他们想掩盖什么？好好的天空，为什么突降暴雨？这是否是窦娥六月飞雪式的冤情隐喻？[2] ……同时，在一些案件中，若犯罪嫌疑人或被告人被鉴定为精神病，从而不负或只承担部分刑事责任时，仍然会引起当事人或其家属怀疑，如昆明林清旗交通肇事案，被害人家属不解："'精神病'能为领导开车吗？""林清旗在法庭上思维清晰，说话清楚，不像有精神病，完全是在装。"[3] "三常"作为当事人或其家属质疑鉴定意见是否可信的利器，在非正常死亡案件中的死因鉴定与残酷血腥凶杀案件中的犯罪嫌疑人或被告人的精神病鉴定中，出现频率高，且其诉诸常人直觉、常识与道德情感的形象化推理，最能激起社会同情、支持与对办案机关的愤怒指责。

3. 相互冲突的鉴定意见

重新鉴定在刑事错鉴无法避免的情况下，作为一种纠错机制，应是法律程序自我修复的救济性制度装置。然而，当重新鉴定并未达到申请方预期，或又招致对方不满时，则相互冲突的二次或多次鉴定意见，特别是公检法三机关鉴定意见的彼此矛盾，反而成为当事人强烈质疑办案部门鉴定意见是否可信的显著标志。互为抵牾的鉴定意见，虽说当事人根本难以辨别孰是孰非，但他们却牢牢抓住了这一无可争辩的事实：鉴定意见在不同鉴定机构与不同办案部门存在的争议，印证了他们的不满具有正当性。这在中国已是一个极端吊诡，但在司法实践中反复上演的现象。重复鉴定次数越多，鉴定意见越有分歧，鉴定争议就越大，由此形成恶性循环，造成办案机关就是否启动重新鉴定机制左右为难，如精神病鉴定，只要重新鉴定，多次鉴定意见基本都不相同。[4] 办案部门早已洞明这一悖论，故在司法实践中，若非鉴定错误证据确凿，或内外压

①李晓亮：《"11 刀自杀"的难度在哪里》，载《中国商报》2011 年 9 月 6 日第 2 版。
②陈磊：《如坠云雾的高莺莺死亡案》，载《南方人物周刊》2006 年第 21 期，第 27 页。
③尹鸿伟：《昆明交通肇事案：鉴定政府公信力》，载《南风窗》2006 年第 17 期，第 56 页。
④张军主编：《刑事证据规则理解与适用》，法律出版社 2010 年版，第 17 页。

力逼迫，它们几乎不会启动重新鉴定。①

4. 鉴定人品性与能力

语言哲学学者弗里克认为，所谓信任（S，P），在于说者 S 是真诚的，并有能力作出话语 P。这两个条件构成了说者陈述的可信性。② 既然当事人难以判断鉴定意见（P）的可靠性，有时他们则倾向于以鉴定人（S）的德性与能力作为鉴定意见是否可靠的重要指标与替代性方法。而这种评价，既建立在既往鉴定实践塑造的"社会共识"或民众的"深层意识结构"，同时也居于当事人对鉴定人鉴定过程的观察与鉴定人回答其疑问的态度与内容。可以看到，鉴定人的德行、态度、能力、敬业精神、专业水准等问题，在鉴定公案（如连丽丽案的尸检，代义案的尸检，李树芬案的第一、第二次尸检）中触目可即（见案例3）。

【案例3】在李树芬的第一次尸检过程中，由于其被打捞上来时，脸的右侧有一道明显的划痕。家属"不相信她是自己跳下去的"，因此怀疑是"抓扯留下的痕迹"。但法医胡仁强告诉死者家属，如果是手抓的，"宽度应在 3 毫米以上，并且能看见脱落的表皮"，"这很可能是水中漂浮物擦伤造成的"。但家属不愿认可这种推测，"为什么就一种可能，也可能是抓扯时用刀逼的……"由于这道划痕不是致命伤，双方都没有进行深究。接下来，在退去死者衣物后，法医对尸表进行了全面检查，"头部、颈部、胸腹部、腰背部、臀部、双上肢和双下肢均未发现损伤"。胡仁强说，所有的检查都是按照尸检程序进行的，而且当着亲属的面。但整个过程，没有检查死者的外阴，也没有进行尸体解剖。胡仁强的解释是，当时家属并没有质疑是奸杀，而且"当着直系家属的面，检查那里，可能会引起他们的反感"。大约 40 分钟后，尸检结束。第二次尸检，法医王代兴为了检查死者死亡前是否中毒，他打开了死者的胃，里面有大约 200 克未消化完的米饭、白菜和豆腐。"有敌敌

①陈卫东等：《刑事案件精神病鉴定实施情况调研报告》，载《证据科学》2011 年第 2 期，第 167 页。

②转引自丛杭青：《陈词证据研究》，人民出版社 2005 年版，第 127 页。

畏吗？"解剖胃时有家属问。"敌敌畏有臭味，谁会喝？"王代兴说。[1]

　　在鉴定意见存在争议的案件中，如疑似非正常死因鉴定事件，鉴定人有时不进行系统解剖、解剖后不做病理或毒化检验，造成死因和案件性质无法确定。[2] 而在精神病鉴定中，鉴定人意见分歧率达 50%，误鉴率高达 10%，其中鉴定人诊断失误、法定能力评定失误占相当大的比例。[3] 至于伤情鉴定，基于同样病例，不同法医作出的鉴定意见也存在较大差别。即便是同样的病例材料，不同法医得出不同鉴定意见的情况亦屡见不鲜。鉴定人的德行与能力通过典型个案（如连丽丽案的尸检，[4] 李树芬案的第一、二次尸检[5]）而影响到当事人对鉴定人的整体评价。特别是在部分案件中，鉴定人过度考虑一方当事人的诉求，或社会民意，或政治稳定，有时在庭审中还高调表态（刘爱兵案[6]），而作出与事实不符的鉴定意见，甚至一些鉴定人罔顾鉴定科学，故意错鉴，颠倒黑白、混淆是非，如 2009 年春夏之交，震惊全国政法界的内蒙古司法鉴定腐败窝案，[7] 其影响恶劣，使中国刑事鉴定人遭遇严重信誉危机。

　　更何况，刑事鉴定大多由侦查机关内部或其聘任的鉴定人秘密、封闭、单方实施（除部分尸检案件外），当事人根本无法观察到他们的鉴

----

　　①李树芬案法医尸检存在的严重程序与检验问题，参见蔡如鹏：《少女李树芬三次尸检内幕》，载《中国新闻周刊》2008 年第 25 期，第 32~34 页。

　　②据报道，家属不满尸检而上访的案件，31.7%未进行系统解剖，7.3%进行系统解剖后未做病理或毒化检验。参见兰樟彩：《41 例命案上访及原因分析》，载《刑事技术》2000 年第 3 期，第 42 页。

　　③赵天水：《精神鉴定何时出现"珍贵范本"》，载《南方周末》2010 年 4 月 29 日第 A03 版。

　　④在连丽丽案中，第一次尸体解剖时，竟然是犯罪嫌疑人的母亲所在医院的一名没有法医资格的医生进行鉴定的。参见霍什明：《不屈妈妈六年苦诉追出真凶》，载《法制日报》2006 年 8 月 10 日第 5 版。

　　⑤李树芬案法医尸检存在的严重程序与检验问题，参见蔡如鹏：《少女李树芬三次尸检内幕》，载《中国新闻周刊》2008 年第 25 期，第 32~34 页。

　　⑥如同前面提到的 2009 年湖南安化刘爱兵故意杀人、放火一案。在法庭审判中，出庭的湖南芙蓉司法鉴定中心鉴定人坦陈，对这类影响重大的案件鉴定，他们"会考虑中国特殊的国情"，"也会考虑案件本身的特殊情况"。

　　⑦土和岩：《操纵司法鉴定：内蒙古窝案》，载《新世纪》2010 年第 2 期。

定过程，更不可能对其德行与能力进行有效评估。而在鉴定人良莠不齐的能力与自律性极度可疑的背景下，当当事人通过鉴定人帮助来评估鉴定意见是否可靠的逻辑路径中，就可能危及鉴定意见的可信性。可以说，中国目前刑事鉴定意见的可靠性问题，在一定程度上已经简化成为当事人对鉴定人公信力的怀疑。

5. 鉴定程序问题

按照学者们的见解，鉴定争议本为当事人对鉴定意见真实性产生的重大怀疑或根本分歧，而鉴定程序不合法、鉴定文书内容格式不合规范，不是鉴定争议范畴。[1] 该观点基于当事人有充分能力评断鉴定意见真伪，认为鉴定程序与鉴定意见的可靠性并无关联。其实在司法实践中，鉴定人不回避、不中立、无资格、不出庭的现象屡见不鲜，鉴定人在相关案件中不适格以及鉴定人没有参与鉴定却署名，[2] 只告知鉴定意见结论部分，甚或不及时告知、拒绝告知，拒绝家属参与尸检等程序性缺陷，已逐渐成为当前鉴定争议焦点。一些学者指出，当事人不服鉴定意见而上访以及因鉴定程序不规范而引发的上访，已经占司法鉴定信访案件的1/2。[3] 更有学者说，鉴定程序的瑕疵、问题或漏洞，已变为当前当事人质疑办案部门鉴定意见是否可靠的最主要理由。[4]

6. 公检法机关回应当事人鉴定争议的方式

中国刑事法律程序实行职权性鉴定体制，当事人存在鉴定异议时，可以向公检法机关提出，要求后者给予合理解释，当符合重新鉴定条件时，他们亦可以申请重新鉴定。毕竟，在一些案件中，特别是在涉及法医鉴定的案件中，鉴定意见决定诉讼的进程、左右被告人的罪与罚。据此，当事人存在鉴定异议，除无理取闹外，大都可以获得同情的理解。

①邹明理：《合理控制重新鉴定和有效解决鉴定争议措施探讨》，载《中国司法》2008 年第 8 期，第 85 页。

②陈镇国等：《两起刑案鉴定背后的真相》，载《民主与法制》2010 年第 11 期，第 9~10 页。

③据学者对浙江 2009 年司法鉴定投诉事由的分析可以看出，当事人一般指出鉴定标准不当、鉴定主体不合法、鉴定程序不合法、鉴定时限不合规定、非法设立分支机构、社会黄牛影响公正、超标准收费等外在事由，很少有直接否定鉴定意见的。参见禹海航等：《司法精神医学鉴定结论分析的分歧》，载《临床精神医学杂志》2011 年第 2 期，第 80 页。

④刘瑛：《法医鉴定引发上访的原因及对策》，载《北京人民警察学院学报》2005 年第 5 期，第 25~27 页。

何况，他们一般还会提出或多或少的证据或线索，他们期冀办案部门认真对待。即便其异议被否决，办案部门也应该给他们一个说得过去的理由，他们需要讨一个"说法"，他们的"冤屈"希望被人倾听。然而，针对当事人的鉴定争议，公检法三机关未必能够恰当处理。除根据案情向当事人解释鉴定争议，消除其异议，并决定有无必要补充鉴定、重新鉴定外，其他几种应对方式，则可能激化当事人与办案机关的冲突。

（1）轻视沟通，特别是在鉴定公案中，拒绝公布鉴定过程与鉴定论证的详细细节，借口保密，只告知鉴定意见部分。

（2）否定当事人的鉴定异议，拒绝重新鉴定，但未能说服当事人，或根本不说明理由。

（3）置之不理，或扬言不惧当事人不满。

（4）拒绝家属察看尸体，或暴力抢尸，或强行火化尸体，或与当事人签订尸体火化协议。

（5）对同一鉴定意见（如尸检意见），给出几种彼此矛盾的成因解释。

（6）要求当事人预交鉴定费，特别是超额鉴定费，否则拒不鉴定，被当事人视为故意刁难。

（7）针对当事人不服鉴定意见而上访、投诉、闹事，采取不冷静、不克制的行为，甚至暴力截访……

公检法机关处理鉴定争议的不当方式，不仅强化了当事人的不满，更导致他们不满目标的转移：从当初鉴定争议转变成对办案部门处理方式的不满；当事人与办案部门的矛盾，超过或掩盖了当事人之间的矛盾；当事人对鉴定意见的不信任，扩散成对整个国家司法体系的不信任。可见，由鉴定争议衍生出的多重冲突，已不是鉴定意见是否可靠的问题，甚至还超越了其是否可信的层面，主要变成了当事人与办案机关的严重对立，尽管其最终平息方式，仍需要回归到如何让鉴定意见受到当事人接受的程序解决途径。

（二）鉴定争议的产生过程

理解刑事鉴定争议的发生机制，必须将其置于中国司法语境与案件背景中展开。当前，无论作为整体的刑事司法，还是具体的公检法机关抑或刑事司法鉴定，都处于信任危机之中，[①]且办案部门与当事人（或其家属）之间互不信任，彼此猜忌。[②]由此造成的后果是，普遍缺失信誉的法律制度与司法环境组成的社会结构，深刻地影响了卷入诉讼中的个体行为与社会预期，而个体行动与民众预期反过来又固化，甚至升级了不信任的社会结构。这就是吉登斯所谓的"结构二重性"理论[③]在鉴定争议中的典型反映。简言之，在中国当前的刑事司法中，当现有的法律结构信誉度明显偏低时，当事人的不信任情绪可能因任一影响鉴定意见可信性的变量而被唤醒或激化，形成难以化解的鉴定争议，甚或令其不满行为趋于暴力化、规模化，而个案的累积效应，通过现代媒体的传播，不仅积淀为消极的社会心理预期，其本身也转化或凝固成超稳定的法律结构，形成了"不信任—鉴定争议—不信任—再鉴定争议……"的恶性怪圈。我们需要对这一过程进行理论分析，以寻求解决之道。当然，由于影响鉴定争议的变量众多，且案件背景复杂、鉴定争议类型不同，故我们只能以本书论及的最为典型的鉴定争议（尤其是死因鉴定争议）作为样板，并删繁就简、高度抽象，构建一个鉴定争议发生机制的理想型的简化模型：

1. 鉴定争议的初始化阶段

在中国刑事司法公信力堪忧、当事人背景关系复杂的现实情景下，一旦当事人（或其家属）面临与其预期、直觉、常识严重不符的鉴定意见（特别是当鉴定意见突如其来）时，他们通常并不首先质疑自身判断的正误，而是直接怀疑鉴定意见的可信性。而为使其不满显得具有说服力，他们一般需要寻找各种可信的理由，即影响鉴定意见可信性的一个或若干变量，要求办案机关改变鉴定意见。这时会出现两种结果：

---

①参见四川省高级人民法院课题组：《人民法院司法公信力调查报告》，载《法律适用》2007 年第 4 期，第 38~41 页；北京市第一中级人民法院课题组：《关于加强人民法院司法公信力建设的调研报告》，载《人民司法》2011 年第 5 期，第 44~48 页；胡铭：《刑事司法的国民基础之实证研究》，载《现代法学》2008 年第 3 期，第 39~45 页；阿计：《"证据之王"，如何走出信用危机》，载《公民导刊》2005 年第 8 期，第 36~38 页；柴会群：《从"证据之王"到"是非之王"》，载《南方周末》2010 年 1 月 21 日第 B08 版。

②陈如超：《中国刑事案件中的涉鉴上访及其治理》，载《北方法学》2014 年第 1 期，第 91~100 页。

③[英] 安东尼·吉登斯：《社会的构成：结构化理论大纲》，李康、李猛译，生活·读书·新知三联书店 1998 年版，第 90 页。

（1）办案部门启动重新鉴定或者改变鉴定意见，满足了当事人预期，鉴定争议或许终结；或者鉴定意见依然与其期望相悖或引起对方当事人新的不满，产生新的鉴定争议，鉴定争议升级。

（2）办案部门拒绝启动重新鉴定机制。当事人对鉴定意见是否可信的判断，是基于"自我利益立场"的情感性认识，未必与办案部门判断一致。同时，考虑到重新鉴定可能产生的风险以及当事人复杂的动机，故办案机关未必会认同，甚至可能拒绝对鉴定意见作出合理解释，更不会启动重新鉴定机制。此时当事人的鉴定争议被办案机关激化，其反抗情绪开始弥漫。

2. 鉴定争议激化阶段

由于冲突的转向（当事人与办案机关）、升级（不满变得剧烈化）以及矛盾主体多元（当事人与当事人、当事人一方或双方与办案机关），当事人郁积的不满开始情绪化，并掩盖理性认知，出现"自我认知正确"的过度强调或错误强化，异议行为趋于反复、执著或固执、偏激，且由于当事人身处特定情境中的极端焦虑与愤怒，令其行为极易暴力化与不满行为常规化。此时此刻，鉴定意见改变与否并非当事人的唯一要务，"出气"、"泄恨"、"挣面子"可能主导着其行为与话语。因此，他们可能采取如暴力冲撞办案机关、威胁办案人员；或自伤自残；或游行示威，打出横幅，四处申冤；或重复上访、越级上访、赴京上访；或咨询"著名专家"，寻求专业意见帮助；或通过现代媒体与网络，发布案情，寻求社会支持，以便给办案部门施压……同时，这一复杂的互动过程，还可能因社会民众的参与存在严重后果或风险：

（1）社会舆论的强势介入。由于信息不对称，办案机关处理鉴定异议危机的能力匮乏，因此，在国家司法机关公信力严重不足的氛围中，社会舆论明显偏向某一异议方。而其评判并非基于理性，有时在同一案件中左右摇摆，甚至在部分案件中丧失基本的价值立场，于是戏谑性谴责、随意性谩骂、人身性攻击不绝于耳。缺乏与核心价值体系共识的社会舆论，既无法促进社会民众理性思考，又容易围剿与其不同的声音，更因其非理性而严重危及国家统治的合法性与正当性，[①] 这对地方办案机关形成无穷的外在压力。

（2）鉴定争议成为导火索或催化剂，使地方党政机关、政法部门与民众的既往深层矛盾——官民、贫富、社会分配不公等——得以爆发，诱发大规模的民众游行示威，并稍有不慎、处理不当，就会转化成群体性暴力事件，出现众人抢尸、堵路、围攻国家党政和司法机关的现象。于是，当事人之间的鉴定争议、当事人与具体办案部门之间的冲突，被一步步激化成当事人、社会民众与国家党政、司法机关的矛盾，而产生无法估量的政治、法律权威合法性的流失。

3. 鉴定争议的处理阶段

尽管已经转化或转向的当事人与国家—地方相应部门的矛盾冲突走向前台，但是鉴定争议的处理仍是国家解决纷争、重建合法性的唯一路径，而且刻不容缓。为此，具体的办案部门，或党政机关、相应政法部门牵头联合，进行重新鉴定，或高规格——鉴定人人数多、资质高、牵涉各著名鉴定机构——的专家会诊，以应对当事人缠诉、闹访或防控社会秩序严重失序的混乱局面。然而，压力逼迫下的重新鉴定可能带来以下后果：

（1）重新鉴定意见与先前鉴定意见一致，冲突可能继续被强化。因为当事人此时已经步入与办案部门持续斗争的不归路，如倾全力投入、家庭一贫如洗，若中途停顿，则前功尽弃，反而证明此前鉴定争议行为是错误的。同时，在当事人因不满而努力的过程中，特别是因上访而结识的各路"冤屈者"、职业"谋划者"，[②] 会相互鼓励、彼此交心，出谋划策，这极大地坚定了当事人一抗到底、拒不妥协的决心。

（2）即便重新鉴定改变了鉴定意见，无论是因情势而推翻先前的鉴定意见，还是基于政治考虑而妥协折中，其固然解决了本案中的鉴定争议，消弭了纷争，但它同时也印证了当事人此前的不满是正当的，社会舆论的支持是合理的，办案机关故意徇私枉法、鉴定腐败现象是客观

---

① 中国政体和政府（引者认为此处可以包括政法机关）合一，政府的合法性往往影响着政体的合法性。参见赵鼎新：《社会与政治运动讲义》，社会科学文献出版社2012年版，第283页。因此，社会民众对政法机关的不信任极易波及党与国家治理的合法性。

② 这是一类寄生于社会中，专门为上访者设计上访方案、闹事策略的一群人，他们不仅使鉴定争议激化，甚至还激化了鉴定争议的产生。

存在的。据此，刑事司法的公信力反被削弱，社会对刑事鉴定的信任度再次降低，且可能诱发因追逐利益的无理"闹鉴"现象。

由此看来，一旦鉴定争议被激化后，随着当事人采取手段的升级、社会舆论与民众参与的增多，国家无论后续采取何种应对策略、投入多少成本，即便能够化解本案冲突，但却难以加强国家刑事司法与鉴定的公信力，反而会进一步加剧其信任危机，并积淀为稳定的社会心理结构，影响到未来某一案件中当事人的行为与预期（此怪圈可以用图 1 表示）。

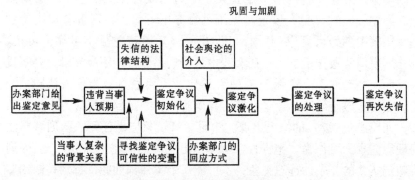

图 1 　鉴定争议的发生演变机制

而若要破解这一恶性循环，重建刑事鉴定公信力，一则必须在初始鉴定环节减少鉴定争议发生的可能；二则一旦发生鉴定争议后，应避免其激化。这是两个最重要的程序时点。同时，我们知道，鉴定争议源于当事人认为鉴定意见不可信。而影响鉴定意见可信的变量众多，不仅包括鉴定意见的可靠，其他一些变量同样支配着，甚至因其更可见且便于审查，而成为当事人是否接受鉴定意见最常援引的依据。但中国法律文化、诉讼目的、社会民众的期盼——过度强调真相调查，让当事人明白，为了获得支持、取得法律与道德的合法性，则需要将其他影响鉴定意见可信性的变量，最终归结成为鉴定意见的可靠性问题，以便使其异议更具说服力。这就形成一个悖论：鉴定意见可靠，并不一定可信；然而，影响鉴定意见可信的变量，又需要被转化为鉴定意见的可靠性问题。可见，深刻分析鉴定意见可靠与可信的关系，成为解决鉴定争议的实质性视角。理论上，鉴定意见可靠与可信存在如表 1 所示的四种模型。

表 1　当事人评价鉴定意见的四种理论模型

鉴定意见	鉴定意见可信	鉴定意见不可信
鉴定意见可靠	（1）可靠且可信	（2）可靠但不可信
鉴定意见不可靠	（3）不可靠但可信	（4）既不可靠亦不可信

应该说，从表 1 可以看到，司法实践中最糟糕的现象是（2），鉴定意见可靠但无法获得当事人认同，这已经成为当前中国刑事司法最棘手的问题，且在一些刑事鉴定公案中不时出现，在民事鉴定中愈演愈烈。问题较多的（4），鉴定意见不可靠亦不可信，在刑事鉴定中特别是在错案中随处可见，[①] 亟须纠正。而（3）鉴定意见不可靠但可信，亦非刑事司法最佳追求，且在实践中是小概率事件，不应鼓励，办案机关反而应主动纠正。实际上，（1）鉴定意见可靠且被当事人认同，无论是在初次鉴定阶段，还是在鉴定异议阶段，办案部门都应力求这一效果，而应避免（2）的情况出现。然而，（1）只应是任何一国刑事司法的理想图景，可作为"范导性"原则与办案时的"绝对命令"，但因刑事鉴定实践的复杂性远超想象，不可能每个案件都如此，特别是制约鉴定意见的可靠性问题并非人为努力所能克服。因此，当鉴定意见虽无法有效查明案件事实——而非明显不可靠时，若能通过解释获得当事人信任，则是解决鉴定争议的次要选择。上述分析说明：刑事司法应追求鉴定意见的可靠与可信，但可靠性受现有客观条件制约时，国家应着力塑造鉴定意见的可信性制度解决机制，利用程序化解实体问题。同时，应坚决避免（4）与（2）两种情况的出现。但具体如何操作呢？

四、刑事鉴定争议解决的司法操作模式

鉴定意见曾被视为"证据之王"，但在中国刑事鉴定特别是法医鉴定中，不仅未能得到如此美誉，[②] 反而一再制造混乱与争议，沦为"是

---

①房保国：《科学证据的失真与防范》，载《兰州大学学报》（社会科学版）2012 年第 5 期，第 52 页。

②如有人无奈感叹道："司法鉴定不作不行，作了又前后不一。如此，鉴定的意义又何在呢？"参见陈镇国等：《两起刑案鉴定背后的真相》，载《民主与法制》2010 年第 11 期，第 9~10 页。

非之王",引发信誉危机。然而,鉴定意见在现代司法中不可或缺,无论刑事案件中需要鉴定的总量还是每案的平均鉴定量,都呈逐步增多趋势。[1] 面临这一困境,论者提出剥离侦查机关鉴定机构、[2] 赋予当事人鉴定决定权或将决定权全部收归法院行使、[3] 专家共同鉴定、[4] 限制重新鉴定次数、[5] 设计分流与递进并行的鉴定争议解决机制。[6] 虽然各种建议都具有一定意义,敏锐洞察到问题的某一方面,深有启发,但都存在一些问题。如剥离侦查机关的鉴定机构看似釜底抽薪,但鉴定公案显示,即便社会鉴定机构参与鉴定(如精神病鉴定),鉴定争议同样存在。又如赋予当事人鉴定决定权,除引发当事人实质的不平等之外,[7] 鉴定人中立性危机可能制造更多的鉴定争议。而只容许法院具有鉴定决定权,当事人双方、侦控机关只能平等申请鉴定,则显得过于理想化与书卷气。至于"分流与递进并行的鉴定争议解决机制",思路虽好,但引入司法鉴定主管机构、鉴定协会之类的非诉讼主体,徒增案件复杂性;而"鉴定人—专家辅助人—专家陪审员"三位一体的庭审质证模式,则根本无法有效解决初查与侦查阶段面临的最为迫切的鉴定

---

①汪建成:《中国刑事司法鉴定制度实证调研报告》,载《中外法学》2010 年第 2 期,第 298 页。

②樊崇义、陈永生:《我国刑事鉴定制度改革与完善》,载《中国刑事法杂志》2000 年第 4 期,第 3~12 页;熊秋红:《我国司法鉴定体制之重构》,载《法商研究》2004 年第 3 期,第 32~42 页。

③谭世贵、陈晓彤:《优化鉴定启动权的构想——以刑事诉讼为视角》,载《中国司法鉴定》2009 年第 5 期,第 6~10 页。

④邹明理:《合理控制重新鉴定和有效解决鉴定争议措施探讨》,载《中国司法》2008 年第 8 期,第 85~89 页。

⑤章礼明:《评"专家辅助人"制度的诉讼功能》,载《河北法学》2014 年第 3 期,第 102~109 页。

⑥郭华:《论鉴定意见争议的解决机制》,载《法学杂志》2009 年第 10 期,第 63~66 页。

⑦如在美国,"在绝大多数刑事审判中,公诉方和辩护方最根本的区别就在于资源……最高质量的科学分析是极为昂贵的,只有最富有的人才能够支付得起。这意味着在公诉方庞大的得到政府资助的专家证人队伍面前,大多数被告人不得不低头屈服。这种不平等的结果就是,在大多数情况下,在法庭上没有人对科学证言和对结论提出反对意见"。〔美〕科林·埃文斯:《证据:历史上最具争议的法医学案例》,毕小青译,生活·读书·新知三联书店 2007 年版,第 309 页。

争议。①

同时，在立法层面，针对鉴定争议，现行刑事诉讼法规定了鉴定人出庭与专家辅助人制度，这是目前法律解决鉴定争议的最有力措施。然而存在下列问题：

（1）鉴定人与专家辅助人能否出庭，由法官决定，这可能导致法官与当事人就他们是否应该出庭产生争议。

（2）鉴定争议的存在，目前主要集中在侦查或初查阶段，此阶段的鉴定争议（特别是一些死因鉴定争议）根本不会或难以进入庭审，庭审时的鉴定争议解决机制，不可能解决当事人不满、手段最多、抗议程度最高、社会影响最大的庭前鉴定争议。

（3）当鉴定人出庭解释鉴定意见却无法说服当事人，或在庭审中专家辅助人同鉴定人产生所谓"专家之争"时，则这两项制度装置的功能就无济于事。

实践中的案例已暴露出这一问题：如鉴定人虽然出庭，但却无法说服当事人，鉴定争议依然存在，甚至可能被激化。专家辅助人出庭，其作用有时受到鉴定人强烈质疑，如在死因鉴定争议中，有鉴定人提出，"专家并未亲自接触尸体或参与鉴定过程，如何能对法医鉴定结果进行鉴定"。② 因此，有学者提醒，专家辅助人出庭不仅不能减少重复鉴定，反而可能诱发更多重复鉴定，降低司法效率，进而导致负面影响，③ 这是我们应该警惕的。

与学者建议和立法相反，针对鉴定争议反复发生的部分鉴定领域，一些办案机关迫于现实压力，采取了更务实可行的制度尝试，如检察系统的"阳光鉴定程序"与"临场见证制度"，法院的"重新鉴定听证制度"与"司法鉴定的阳光操作程序"，在既有法律制度的约束下，有效预防或解决了鉴定争议，如西安检察院的"临场见证制度"规定：法医在尸体解剖前必须告知死者家属及有关单位和个人，死者家属可以自行聘请专家或其他有行为能力的人临场见证，旁观解剖全过程，现场提

---

①赵珊珊：《司法鉴定主体格局的中国模式——以刑事诉讼法为范本的分析》，载《证据科学》2013年第1期，第61~69页。

②张倩：《死因争议求解之路》，载《民主与法制时报》2013年9月2日第007版。

③章礼明：《评"专家辅助人"制度的诉讼功能》，载《河北法学》2014年第3期，第102~109页。

出问题及建议，申请鉴定人回避等。"临场见证"制度不仅彰显了法医鉴定工作的科学性、公正性，更在消除当事人疑虑、避免上访、缠讼等方面发挥了重要作用。2000年1月至2006年7月，该院共受理案件2081起，全部实行公开鉴定，没有一起上诉、缠诉。16年来，该院鉴定中心没有作出一起错误鉴定。①

山东、福建漳州、河南灵宝、四川西充等省、市的检察系统也开展了与此类似的"阳光鉴定程序"改革。其中，以山东省检察系统的模式最具代表性，其特点为：检察院主要针对发生在监管场所等地方的非正常死亡案件，做到以下四点：

（1）做到鉴定人员资质、鉴定程序、检验过程、鉴定意见的"四公开"。

（2）聘请有关医学专家参与鉴定和会诊讨论。由法医技术人员和医学专家组成的鉴定小组，严格按照尸体检验程序进行规范操作、细致检验。对个别疑难、复杂案件由法医和聘请的医学专家会诊讨论，使出具的司法鉴定意见更具客观性、科学性和权威性。

（3）邀请当事人近亲属、律师和当地具有相关医疗知识的人全程见证。

（4）鉴定意见作出后，法医技术人员在办案检察官的主持下，对当事各方进行鉴定意见告知，对其不理解或存在疑惑的问题，从医学、法医学角度进行详细解答，听取死者家属的质疑，并就鉴定意见的形成过程、检验鉴定方法、参照标准、执行标准进行详细解释。"阳光鉴定程序"改革取得了较好效果。截至2010年8月底，山东检察机关采用"阳光鉴定"工作模式处理涉及人身伤亡突发事件11起，包括监管场所在押人员非正常死亡案和公安机关办案过程中犯罪嫌疑人突然死亡案，出具检验鉴定689份，准确率达100%。② 同样，漳州检察院检验鉴定13起非正常死亡敏感案件，取得了死者亲属、责任单位、办案部门满意率100%的良好效果。③

①张继英：《西安市检察院法医鉴定高度透明赢得群众信赖》，载《检察日报》2002年3月11日。

②卢金增等：《阳光鉴定：用群众看得见的方式化解矛盾》，载《检察日报》2010年9月3日第2版。

③郑欣、刘龙清：《"阳光鉴定"化解纠纷》，载《检察日报》2008年11月20日第2版。

当然，面对当事人的鉴定争议问题，一些法院也建立了"重新鉴定听证制度"或"司法鉴定的阳光操作"，① 如丰县的"重新鉴定听证程序"，是指申请人对司法鉴定意见提出重新鉴定申请时，由法院司法鉴定部门负责召集承办法官、当事人、检察机关及鉴定机构人员进行听证。听证时，鉴定机构要对鉴定程序、依据等接受承办法官及案件当事人质询，并可就其中的疑问进行辩论。为增强透明度，该制度还要求听证公开进行。该院通过试行这项制度，规范了申请重新鉴定的启动程序，降低了诉讼成本，提高了司法效率，取得了良好效果。

最后，受死因鉴定争议冲击最大的公安机关，在一些个案中也进行了改革尝试。最典型的案例是 2008 年 10 月 11 日发生在哈尔滨的六警察殴打林松龄案。该案可谓一波三折：

【案例 4】2008 年 10 月 12 日到 13 日，一篇"六警察将哈尔滨体育学院学生当街殴打致死"的网帖引起热议，对涉案警察的谴责充斥着公众的言论空间。但是，在警方提供的现场监控录像公布后，特别是关于死者的亲属是巨贾或高官的各种来路不明却言之凿凿的传闻在网络流布后，舆情突然出现了逆转。于是乎，在 10 月 15 日到 16 日这两天时间里，反过来同情警察、侮辱死者及其亲属的字符如潮水般不断涌现，几乎淹没了对现场录像是否被剪辑的质疑。等到死者显赫的家庭背景之类传闻的真实性，被政府新闻发布会断然否定后，10 月 19 日以后的社会心理再次向死者倾斜，要求严惩涉案警察的呼声又渐次高涨起来。② 面对汹涌而变幻莫测的舆情，哈尔滨公安局通过黑龙江公安厅邀请来了国内 4 名权威法医专家，同时尊重死者家属意见，根据其提出的专家名单，邀请 3 名专家参与鉴定，1 名专家见证尸体解剖过程。后来，专家组的意见被死者家属认可，社会舆论也就此沉寂，公安机关成功化解了一次影响国内外的重大信任危机。③

---

① 曹杰、刘秋苏：《丰县法院申请重新鉴定须听证》，载《人民法院报》2004 年 6 月 14 日；陈群：《杭州中院司法鉴定阳光操作》，载《人民法院报》2003 年 12 月 24 日。
② 季卫东：《舆情的裂变与操纵》，载《财经》2008 年第 22 期。
③ 高增双：《哈尔滨公布六名警察涉嫌打死大学生案尸检结果　两名涉案警察被提请检察机关批捕》，载《检察日报》2008 年 11 月 7 日第 1 版。

中国刑事司法实践中的一些开创性举措，具有以下特点：

（1）在侦查或初查阶段的初次鉴定中，针对极有可能产生争议的案件，办案机关注重鉴定过程的公开性、鉴定程序的协商性与当事人（包括其聘请的专家）的充分参与性，从而有效地解决鉴定争议。

（2）当事人申请重新鉴定时，法院开启特别程序，在法官、当事人、检察机关、鉴定人的参与下，经过充分论证，确定有无重新鉴定的必要，赢得了当事人认同。①

（3）这种制度改革，既保障了鉴定意见的可靠性——当事人及专家参与、见证鉴定过程，又使鉴定人有效地回应了异议方的问题，更获得了鉴定意见的可信性——当事人充分参与鉴定程序，如选择鉴定人，受到办案机关的理性对待，而成功避免或解决了鉴定争议。这种改革尝试，我们称之为通过"过程导向信任"的鉴定争议解决机制，它雄辩有力地指出了目前中国刑事鉴定制度的改革方向。

然而我们应认识到，实践部门"自生自发"的变革存在诸多缺陷：它缺乏法律制度的统一规范，各地各行其是；它仅仅运用在部分地区，而不是全部地区；它主要由检察机关运用于疑似非正常死亡案件，至于伤情鉴定、精神病鉴定，则并未顾及；它大多运用于初次鉴定或鉴定争议的听证程序而非重新鉴定争议的解决中。因此，虽然实践部门的改革具有启发性，但"过程导向信任"的鉴定争议解决机制，还尚需进一步的理论论证，并在此基础上，进行相应的制度性重构。

五、"过程导向信任"的理论基础及其制度建构

（一）"过程导向信任"的理论基础

根据信任产生存续的基础，信任可以分为结果导向的信任与过程导

---

① 据日本京都同志社大学的山内俊夫教授介绍，在日本刑事庭审中，当事人对鉴定有异议的，可以在法庭上提出主张，也可以向法庭申请重新鉴定，但是否进行重新鉴定由法庭决定。重新鉴定在程序上有严格的规定，由法院主持，在检察机关、当事人（律师）和鉴定人共同在场时，由主张重新鉴定的一方提出重新鉴定的主张和理由，经各方陈述自己的意见后，由法庭决定是否重新鉴定。同时法庭在对鉴定结论进行质证后也可自行决定进行重新鉴定，此类重新鉴定的费用由法院负担。参见吴何坚、李禹：《赴日考察报告》，载《中国司法鉴定》2002年第4期，第60页。

向的信任。[1] 结果导向的信任，是指在职权鉴定机制下，当事人认同公检法机关出具的鉴定意见。它强调实质正义，体现当事人在忽略评价鉴定过程是非功过的情况下，仍然倾向选择认可结果意义上的成品——鉴定意见，哪怕鉴定意见本身与其预期相去甚远。中国刑事程序这种结果导向的鉴定信任，是居于理想主义的法律构建，它可以减少鉴定实施过程的烦琐与运作成本，简约诉讼时限。可以说，在当今社会刑事案件发生率居高不下、鉴定意见运用率持续攀升、办案部门案多人少、经费捉襟见肘的刚性约束下，这种公检法机关垄断鉴定权，并单方、高效地产生鉴定意见的法律机制，最能满足国家应对刑事犯罪的需要。但现实是残酷的，鉴定争议不绝如缕，特别是典型个案通过媒体形成的巨大影响力与破坏性，一步步颠覆了刑事鉴定的公信力与鉴定意见的可信性，击碎了法律理想主义者的迷梦，改革刻不容缓。

陷于水深火热的实践部门掀起了改革浪潮，它们权衡利弊，选择了"过程导向的信任"的破解之法。过程导向信任，即强调在当前职权鉴定体制下，公检法机关让当事人有效参与公正、透明的鉴定程序并影响鉴定意见的形成，在鉴定过程中充分尊重他们的权利，合理化解其异议。是故，哪怕是鉴定意见与当事人的最初期望不符，他们亦愿意接受鉴定意见。过程公正导向鉴定信任既重视程序的公平性，也关注结果的正当性，它是利用当事人在鉴定程序中的充分参与，实质性影响鉴定意见的形成，从而获得当事人对公检法机关的信任，因此，它在追求鉴定意见可靠性时，更希望获得鉴定意见的当事人可信性。过程导向的信任可以分解为两个层面：形式上当事人充分参与，实质上当事人有效影响。只有形式上的参与，当事人仍然不会认同鉴定意见，过程导向同样注重当事人对形成鉴定结果的实质性影响。

同时，"过程导向信任"的程序机制运用在两个时点：初始鉴定的未雨绸缪；鉴定争议产生时的定分止争。前者往往是实践中公检法机关在鉴定前，根据案件情况或其他途径知悉当事人极有可能不服鉴定意见或已准备闹事，而主动或根据当事人申请采取的"过程导向信任"的鉴定模式。应该说，此种模式是解决疑似非正常死亡案件中死者之死因

---

①徐昕、卢荣荣：《暴力与不信任——转型中国的医疗暴力研究：2000—2006》，载《法制与社会发展》2008 年第 1 期，第 99 页。

争议的有效办法。而后者主要针对的是当事人的鉴定争议已不可避免，公检法机关采取的有效化解方法。它分为两个步骤：首先，办案部门举行重新鉴定的听证程序，以解决有无重新鉴定的必要。其次，若需要重新鉴定，则通过"过程导向信任"的机制解决当事人的鉴定争议，避免争议激化。

"过程导向信任"的鉴定程序机制，具有以下功能：

第一，办案机构与当事人合理协商，通过对各种主张和选择进行权衡，找出目前最恰当的判断方式和最佳的解决方案。如选择何种鉴定机构、什么资质的鉴定人、是否需要当事人的专家参与鉴定见证，他们可以达成共识。

第二，公检法机关通过给予当事人充分的、平等的发言机会，可以疏导他们的不满和矛盾，使其初始动机得以变形和中立化，既阻止了当事人采取激烈的手段，如上访、闹事，又避免了办案机构压抑他们的对抗倾向，而将鉴定争议"异化"为当事人与公检法机关的冲突。

第三，既排除了公检法机关单方、秘密鉴定的恣意，又保留了它们合理的裁量余地，如举行听证，以决定重新鉴定有无必要。

第四，鉴定意见（尤其法医领域）不可能实现皆大欢喜的效果，因而鉴定程序必须吸收部分甚至全体当事人的不满。满足程序要件的鉴定过程，可以使鉴定意见变得容易为失望者所接受，使当事人不能出尔反尔。

第五，过程导向信任的鉴定程序机制，可以减轻公检法机关的责任风险。同时，公检法机关也减轻了请示汇报（如是否需要启动精神病鉴定）的成本负担，屏蔽了社会舆论的负面影响，实现了现代程序的独立化功能。

当然，"过程导向信任"的鉴定机制，还可以带来一系列重要的间接效果。首先，提高鉴定人与鉴定机构的技术水平，增强其责任意识。鉴定过程公开、鉴定人受到同行监督以及鉴定人必须回答当事人质疑，这对鉴定人而言定当是一种风险与挑战。没有娴熟的技术与敬业精神，鉴定人根本无力担当重任。这是一种合理的对鉴定人优胜劣汰的科学机制。其次，增强鉴定意见的可靠性。前面说过，鉴定意见的可靠性判断对当事人来说甚为困难，倘若当事人参与观察鉴定过程，并聘请专家辅助人予以见证，最能合理化鉴定意见的可接受性。最后，通过过程导向信任的鉴定机制，逐步提升个案鉴定意见的公信力，实现常规案件结果导向的信任，进而合理化职权鉴定机制的高效、简约功能，避免给目前的鉴定体制带来剧烈震动。

尽管如此，"过程导向信任"的鉴定程序机制面临以下两个问题：

（1）成本高昂。它费时、耗财，若目前所有刑事鉴定意见都按照这一逻辑生产，国家财力、人力势必无力承担，故须限定其适用范围，划定适用条件。虽然部分重大、疑难案件增加了公检法机关解决鉴定争议的负担，但是相较当事人不服鉴定意见而闹事、上访，以及当事人上访后，国家为解决当事人的问题而花费的成本，则可以看到，这种鉴定争议解决机制取得了事半功倍的效果。① 个案鉴定导致信任蔚然成风，必将会使司法鉴定公信力普遍提高，这是目前国家提高司法公信力，乃至重构国家治理合法性的唯一途径。寄希望于整体的刑事鉴定制度改革，毕其功于一役的做法，即便立法层面可能，但若缺乏当事人在个案中的切实参与和真实体验，当事人与社会民众积淀多年的超稳定心理结构与预期亦难以有效改变。

（2）如何避免当事人对鉴定过程与结果的不当干预与影响，即如何保障鉴定的科学性。此处仅以最易出现争议的法医鉴定为例。毫无疑问，当事人特别是抱有怀疑、对抗或敌对情绪的当事人参与鉴定过程，鉴定人别说正常开展工作，连个人安危都可能是问题。在这时候，鉴定人只能耐心、专业且浅显易懂地回答当事人及其家属的疑问，做到有理有据，既不能迎合当事人及其家属，亦不能曲解科学。

---

①与国家应对当事人不服鉴定意见的上访、闹事相比，过程导向信任机制的成本相对还是较少的。如 2006 年 1 月发生在通州的陈某与邻居谢某的伤害案，陈某被谢某用拳头击中鼻部，经当地卫生院检查陈某鼻骨未见异常，后由当地派出所进行调解。时隔 4 个月后，陈某感觉不适，经通州区人民医院诊断为颈椎病。并经法医鉴定，颈椎与外伤无直接因果关系，陈某的外伤性鼻出血构成轻微伤。陈某对鉴定有异议，提出重新鉴定。2009 年，南通市公安局法医鉴定维持原鉴定意见。为此，陈某 5 年来多次上访，要求谢某对其颈椎病赔偿。尽管公安机关与当地政府做了大量停访息诉工作，但由于分歧较大，一直未能解决。开展"大走访"活动以来，通州区公安局督察大队将该信访案作为重点，领导亲自登门，相关部门"会诊"，先后登门开展工作 20 余次。后在督察部门和当地政府的协调下，陈某终于同意调解，谢某也同意给予适当赔偿，双方签订了赔偿协议书。

【案例5】顾晓生法医讲了一个亲身经历的案件：一个犯罪团伙的犯罪嫌疑人猝死在看守所，其余十几名在押犯罪嫌疑人的亲属一哄而起，甚至冲击县政府。尸体在殡仪馆里，几百人围观，几十人吵吵嚷嚷，他们对前去劝阻的工作人员推推搡搡。死者的母亲横躺在殡仪馆门前不让法医解剖尸体，她的七八个儿女向来人高声叫喊。当顾晓生到现场时，乱哄哄的人群里不时传出阵阵喊叫声。尸检从当天下午6点多开始，一直忙到晚上10点多，顾晓生耐心解答身边所有人的提问：为什么是尸斑不是出血，什么是冠心病，冠心病发作时有什么特点等。鉴定意见是"心脏病发作，饭后在睡眠中猝死"，该鉴定意见最终得到群众认可。①

由此看来，当事人参与鉴定过程时，法医若真诚对待尸体检验，认真回答异议，工作仔细、作风专业，不敷衍塞责，大多数时候还是能避免干预、保障鉴定科学的。这意味着，哪怕是鉴定细节，鉴定人亦不能马虎。顾晓生法医告诫说："你要真诚地对待死者，解剖时不要东一刀、西一刀的，不要一寸一针地撩，尽量像外科医生对病人那样一针针缝好。解剖后一定将死者身体清理干净，再为干干净净的死者穿好衣裳。就算死者被砍得不成样子，也要尽量做好""死人的事是天大的事，你讲清楚、讲明白人是怎么死的，他们在验尸现场一直看着你仔细小心地操作，即使鉴定意见与其希望的不一样，他们也会相信你的真诚。"如此细致入微的执业精神，当然可以获得当事人信任。同时，当事人还可以聘请自己信得过的专家见证监督（检察机关的操作模式），或者邀请鉴定人参与官方鉴定（林松岭案），这样形成的鉴定意见，就能通过己方专家或鉴定人传递给当事人（如同前面所述，由对S的信任，转变成对P的信任），从而保障尸检意见的可靠与可信。

（二）建构"过程导向信任"的鉴定争议解决机制

任何改革者都应敏锐地意识到：短期内，中国侦查机关的鉴定机构不可能被撤销；当事人不会亦不应被赋予自主的鉴定权；刑事程序的各阶段，公检法机关的职权鉴定是独立而排他的（除非退案补充侦查）。"过程导向信任"的鉴定争议解决机制，必须在这一根本前提下进行，

---

①杨青瞳：《把消失的真相带回人间》，载《工人日报》2012年11月27日第5版。

其主要构成要素为：

（1）鉴定人资质、鉴定过程、鉴定程序与鉴定意见的公开。

（2）赋予当事人对鉴定机构与鉴定人的选择权。

（3）当事人、律师及其聘请的专家辅助人，甚至鉴定人有权参与监督，见证鉴定过程。

（4）鉴定过程中，鉴定人有义务详细回答当事人的疑问。

（5）公安机关、检察院应告知当事人鉴定意见，当事人不服时，应该举行专门的听证程序，答疑解惑。

（6）法庭审判中，当事人对鉴定意见有异议，鉴定人应该出庭，当事人可以聘请专家辅助人参与对鉴定意见的质证。

目前，除法律对第6个要件有所规定外，其余都付之阙如。结合上述要件，以及前述破解鉴定争议的两个重要时点，"过程导向信任"的鉴定争议解决机制的法律体系可以设计为以下几个方面：

1. 重大疑难案件初次鉴定的争议预防机制

目前，当事人对疑似非正常死亡案件、伤情鉴定案件、犯罪嫌疑人或被告人的精神病鉴定案件，最易出现鉴定争议，甚至对是否需要进行精神病鉴定也争执不休。因此，当公检法机关面临特殊案件背景，可能造成重大社会舆论，当事人或其家属不服鉴定意见极可能上访、闹事的案件，在初次鉴定时，就应进行以下制度操作：

（1）告知当事人鉴定人选、鉴定人资质等情况，听取其意见。在案情特别复杂、社会舆论关注度非常高的案件中，可以允许当事人提名鉴定候选人（特殊情况下，可以允许其聘请的鉴定人与办案部门鉴定人共同鉴定）。

（2）告知当事人鉴定的时间、地点，允许当事人及其律师监督鉴定过程。

（3）赋予当事人聘请的专家辅助人见证鉴定过程，毕竟当事人及其律师都是外行，对鉴定过程的监督未必能够发现问题。

（4）鉴定人必须对当事人、律师及其聘请的专家提出的疑问进行合理解答。

（5）办案部门应告知鉴定人鉴定意见及形成依据，并对当事人的异议进行合理解释。

（6）在条件允许的情况下，鉴定过程可以全程录音、录像，以示公开透明，达到科学、客观、公正、权威的目的。而且出现鉴定争议时，特别是当部分案件鉴定材料被毁损或污染了之后无法重新鉴定时，全程的录音、录像资料可以作为解决鉴定争议的重要依据。

2. 规范鉴定争议听证程序

一方面，上述重大复杂案件鉴定后，当事人尤其是对方当事人可能存在异议；另一方面，许多常规案件初次鉴定后，当事人可能对公检法机关出具的鉴定意见有争议，并会申请重新鉴定。此时，办案部门应主持特定的法律程序，在双方当事人（包括律师、专家辅助人）、鉴定人在场的情况下，由主张重新鉴定的一方提出重新鉴定的主张和理由，经各方陈述自己的意见后，由公检法机关根据情况决定。

（1）如果存在非实质性鉴定争议，特别是当当事人仅是因为泄恨、报复等情绪而引发的鉴定争议，办案部门与鉴定人应该对其进行合理解释，消除其疑虑，然后断然拒绝重新鉴定。

（2）如果存在实质性的鉴定争议，则可以进行补充鉴定与重新鉴定。重新鉴定应该按照前述初次鉴定程序进行。

当然，上述改革措施的完成，必须同时有相应的配套制度。最典型的是：专家辅助人不仅可以参与法庭审判，对鉴定意见提出问题，还可以介入庭前程序，尤其是参与侦查阶段的鉴定程序与鉴定过程，帮助当事人选择鉴定人，并监督鉴定过程。同时，鉴于部分疑难重大案件中的当事人比较贫困，国家可以为其提供免费的专家辅助人。因为虽然目前国内大多数地方提供司法鉴定援助，但由于在刑事案件中当事人根本没有鉴定决定权，鉴定援助意义不大，[1] 如果国家转而为当事人提供专家辅助人的法律援助，效果肯定会更好。[2]

---

①陈如超：《中国司法鉴定援助制度的实证研究》，载《中国司法鉴定》2012年第2期，第30~36页。

②这些制度体现在意大利刑事程序中。其刑事诉讼法规定技术顾问有权"参加聘任鉴定人的活动并向法官提出要求、评论和保留性意见"，有权"参加鉴定工作，向鉴定人提议进行具体的调查工作，发表评论和保留性意见"，有权"对鉴定报告加以研究，并要求法官允许他询问接受鉴定的人和考查被鉴定的物品和地点"。并且国家还为特定的当事人提供免费的技术顾问。

六、结论

卡尔·马克思告诫我们："理论在一个国家实现的程度，总是决定于理论满足这个国家需要的程度。"[①] 因此，"过程导向信任"的鉴定争议解决机制，应该说是与当前中国刑事司法实践相适应的，它通过利用鉴定程序的开放性、鉴定过程的多方参与性（可信性保障）与当事人对鉴定意见的实质影响性（可靠性保障）重塑了刑事鉴定的公信力，实现了当事人对鉴定意见的可接受性。避免当事人因鉴定意见可靠而断然否定其可信性，或者因刑事鉴定科学的特点、鉴定对象复杂疑难等客观局限性导致其无法查明案件事实时而闹事、上访。同时，该争议解决机制还有助于提高鉴定人的素质与能力，反思鉴定理论的科学化、鉴定技术的标准化，提高中国整个刑事鉴定技术的水平。当然应看到，任何法律制度的改良，绝不可能一蹴而就，必须进行永无终止、缺乏诗意的奋进与努力。"过程导向信任"的鉴定机制，亦非灵丹妙药，它只是在当前现实条件制约下，国家的最合理选择。

[①]《马克思恩格斯选集》，人民出版社 1995 年版，第 11 页。

第七章 刑事法官审查鉴定意见面临的困境与挑战

一、问题的提出

在现代生活中，个人亲身感知有限，而学科专业化使大多数人在其他领域都是外行，从而注定陷入专家意见杂陈的世界中。依赖别人的证词成为人的一种理性选择，否则事事躬身而为，人何以能堪？认识活动（尤其是诉讼认知）是一项集体的事业，因此，认知主体不可能是完全不依赖他人的孤独认知者。英国当代哲人斯特劳森（Strawson）断定："人们已经形成共识，我们的大部分，也许是绝大部分知识，来自于倾听别人所说的或阅读别人所写下来的。对这样听到或阅读到的大部分东西，虽然不是全部，我们毫无疑问地将它们作为真实而接受。简而言之，我们的信念体系基本上是以陈词为基础的。"[①] 现代诉讼理念要求任何利益相关者不能做自己案件的法官，加之在单一诉讼中诉讼参与者角色的非重叠性，同一人不可能身兼法官与证人的职能。因此，法官形成案件事实的知识不可能是对当时正在发生的案件本身的感知，而是对承载犯罪信息载体（如物证）的感知，是对证人知觉或鉴定人发掘的案件信息所形成的书面或口头证据的感知，并利用人生经验、所受教育所积累并沉淀在内心的认知结构对其进行逻辑推演。因而，对于已然的案件本身，知识来源于四个方面（感知、记忆、推理、证据），法官非常依赖证人、被害人、被告人、鉴定人的证词。

不过，伴随着过去 50 年科学技术惊人的进步，在司法领域，新的事实确认方式已经开始挑战传统的事实认定方法。越来越多的对于诉讼程序非常重要的事实现在只能通过高科技手段查明。随着人类感观察觉

---

①丛杭青：《陈词证据研究》，人民出版社 2005 年版，第 86 页。

的事实与用来发掘感观所不能及的世界的辅助工具所揭示的真相之间鸿沟的扩大，人类感观在事实认定中的重要性已经开始下降。[①] 故而感知认知能力的式微必然要求以理智为核心的科技知识成为一种替代性认知方法，因而鉴定人地位理所当然应被凸显。这是一种认知方式的变革，也是法官对证据源依赖的更替。

运用于刑事审判中的科技知识名目繁多，既包括自然科学（如物理学、化学、生物学、生理学、数学……），也包含社会科学（如心理学、社会学、经济学、伦理学……），刑事司法是一个开放的领域，凡能有助于法官事实认知的知识，理论上都应兼容并收。在美国，"使用专家证词的事例大量增多，而且所请的专家不止仅限于早已名声显赫的、头脑冷静的心理学家和口若悬河的心理分析学家，还包括那些被认为通晓印第安人墓地、贝叶斯概率、色情小说的文学质量、科德角的殖民地历史、菲律宾人的言语方式或家禽贸易的概念秘密（如什么是鸡？鸭、火鸡、鹅以外的即是鸡）的人"。[②] 所以，法治国家的刑事诉讼都会或早或迟地面临事实认知方式的进化，科技裹挟着巨大的魅力征服了法官、当事人……然而"现代科学要求人们把知识形式化，也就是说构造一系列只是'专家'们所能了解的专用话语和概念。这样，便只有专家，也就是已经接受其理论前提的人们，才对其拥有发言权。普通人们不可问津，更毋庸置疑"。[③] 因而刑事程序运行途中抛出若干专业问题，让鉴定人解决，然而程序本身缺乏有效消化、吸收鉴定意见的能力。这势必暗示着法官可能对事实认定权的让渡，鉴定人堂而皇之成为科学事实的法官，就此而言，法官的独立性似乎荡然无存。毕竟"科学采证虽由专家或专业人士为之，但最终认定判断者仍系法律人，因此，在从事此项判断时，若无此方面之知识，必难为此方面之判断"。[④] 因而，现代社会刑事程序中的法官作为新手面临着深深地陷入专家包围的困境中，进而尖锐地提出了法官面临专家意见的决策依据问题。

①[美]米尔建·R.达马斯卡：《漂移的证据法》，李学军等译，中国政法大学出版社2003年版，第200页。

②[美]克利福德·吉尔兹：《地方性知识：事实与法律的比较透视》，邓正来译，载梁治平主编《法律的文化解释》，生活·读书·新知三联书店1998年版，第78页。

③黄宗智：《悖论社会与现代传统》，载《读书》2005年第2期，第3页。

④朱富美：《科学鉴定与刑事侦查》，中国民主法制出版社2006年版，第1页。

二、鉴定人对法官案件事实认定的挑战

早在古希腊，柏拉图在其对话录《卡尔弥德篇》中借苏格拉底之口问一个人能否"分清假冒的医生和真正的医生，或者在其他方面分清内行和外行"。① 其实他启示了这样的问题：作为刑事案件事实的最终认定者，法官面对专家证据时能否对其证明力进行自由、权威的评价。著名学者达马斯卡在评价大陆法系法官审查鉴定意见时也指出："正在蔓延的担心是，法庭正暗地里将作出裁决的权力托付给没有政治合法性的外人。难道法庭名义上的助手成了它背后的主宰吗？尽管法学家们为修辞上的一致付出了崇高的努力，但是由于裁决者拥有根据一般认知方法分析证据的自由权，因此，对难以理解的科学信息的必要信赖令人更为不安。自由心证原则是现代大陆法系证据法的基石之一，在不远的未来将需要对它作出重新的思考和定义。"② 因而体现科技含量的鉴定意见对法官内心确信的事实认知的冲击力可窥一斑。

（一）法官拥有案件事实认定的终局权

法官对事实拥有终局裁判权乃不言而喻之事，鉴定人固然也为事实认定，但只能充当辅助者或专家证人的角色，为法庭提供利用科技提取的犯罪信息。鉴定人都是利用其所掌握的专业知识把潜藏在涉嫌的人或物中的案件信息披露出来，因而对于具有主动查明事情真相的法官来说，鉴定人就是法官的助手，如德国的鉴定人被认为是法庭的特别助手，职责是在法官缺乏发现事情真相的必要的专门知识时提供有关信息。鉴定人的作用主要在于确定只有使用科学方法才能决定的事实（如精神疾病）和告知法庭超越常识的某些事实（如某种行业的商业惯例，或者某种化学成分的性质）。③ 国家委任事实审判权于法官，故法官理应对鉴定意见作权威判断。但是在实务上，"却常见二者互有竞争，甚至演变成：一方面，鉴定专家不过是法官一辅助机关；另一方

---

① [古希腊]柏拉图：《柏拉图对话集》，王太庆译，商务印书馆2004年版，第4页。
② [美]米尔建·R.达马斯卡：《漂移的证据法》，李学军等译，中国政法大学出版社2003年版，第210页。
③ [德]托马斯·魏根特：《德国刑事诉讼程序》，岳礼玲、温小洁译，中国政法大学出版社2004年版，第179页。

面，法官不过是鉴定专家的一个执行机关"。① 审判中的法官除了鉴定意见报告出现明显矛盾或谬误外，甚少过问鉴定所依据的科学技术或专门知识，亦甚少了解其实验或判断所用的原则及方法是否在该领域内被普遍采用，有不重视鉴定过程只重视鉴定结果的倾向。

（二）法官能否成为一位负责任的听者

法官（听者）对鉴定人（说者）的陈述（口头或书面鉴定意见）必须进行严格审查，否则他就不是合格的听者。毕竟审判与日常生活的琐碎小事迥然有别，诉讼中专门知识的说者潜在地支配着被告人的各种权益，因而审判中的听者承担的听的责任尤为重要。这归根结底在于鉴定人对法庭判决仅仅起辅助作用，因此，法庭不受其意见的约束。相反，上诉法院曾多次推翻下级法院的判决，理由是下级法院不是根据相关事实形成自己的意见，而是不加批判地接受鉴定意见。因此，法庭可以自由地驳回鉴定人的结论，但必须在书面判决中详细地记录驳回的理由。②

一个理性的个体不应只相信他看到的，或者他被人告知的，除非他人持有证据。美国语言哲学学者弗里克（Fricker）认为所谓的信任（S，P），在于说者S是真诚的，并有能力作出话语P。因而她说："对于陈词（证据、证词——引者注）而言，说者的话语是诚实，比如，他相信他所断言的，以及他所断言的主观事物是有能力的。这两个条件构成了陈词的可信性。"③ 根据这种观点，法官评价鉴定意见P的可靠性在很大程度上依赖于评价鉴定人S的诚实与能力品质。与法官相比，鉴定人因为专业知识而对所说之事处于一个较为可靠的地位，这种地位的不平等使得说者具有如实说的能力，这种能力包括"正常的感觉能力或特殊的技术能力"。法官运用常识以及背景知识对说者不诚实的标志或迹象进行监控，以及对说者是否具有某种话语能力进行监控。即便这种监控，法官也需要鉴定人的相关鉴定信息以及对他的专业、背景知识和环境有特殊的认知。当然，法官利用鉴定人可靠性与所断言命题的

①朱富美：《科学鉴定与刑事侦查》，中国民主法制出版社2006年版，第34页。
②［德］托马斯·魏根特：《德国刑事诉讼程序》，岳礼玲、温小洁译，中国政法大学出版社2004年版，第34页。
③丛杭青：《陈词证据研究》，人民出版社2005年版，第127页。

相关信念对进行的主动监控至少可以作为鉴定意见可靠的一种信念机制，它过滤了不够诚实的陈词。然而作为一个负责任的听者，法官审查的也仅仅是鉴定人 S 而非其结论 P，而 S 并非 P，并且这仍面临着休谟的归纳问题，鉴定人以前的诚实品质与作出鉴定的能力并不意味着这次也同样如此，甚至对于鉴定人，法官能否具有监控说者的能力还悬而未决，法官必须要有鉴定人相关的信念和知识，所以监控职责是必需的。

（三）法官能否审查鉴定意见本身

自古以来，知识和权力的关系纠缠人心，培根说"知识就是力量"（power），而 power 同时也有权力的意思。后来尼采"权力意志学说"进一步指出，知识是权力的工具，知识与权力的增长成正比。法国后现代大师福柯对知识与权力的关系进行了鞭辟入里的分析。在福柯看来，权力不是某个集团、某个主体的所有物。相反，权力存在于各处，存在于任何的差异性关系中，权力无处不在。这并不因为它有特权将一切笼罩在它战无不胜的整体中，而是因为它每时每刻、无处不在地被生产出来，甚至在所有关系中被生产出来。权力无处不在，并非因为它涵盖一切，而是因为它来自四面八方……哪里有不均等的关系，哪里就会出现权力，权力具有这种自发性和天生的敏感性，它瞬间生成而且无处不在。因此，社会本身不仅充斥着权力，而且它几乎就是由权力和权力关系构成的。①

福柯的权力学说是生产性的，它产生真理和知识，知识与权力具有内在的、水乳交融的关系。既然权力存在于任何差异性关系中，那么法官与鉴定人专业知识的不对称就决定了这种微观意义上权力的存在。鉴定人掌握科学知识的话语权，对事实认定者的法官进行权力的驯服，法官面临着以知识作为工具的鉴定人的权力，几乎就是鉴定人的喉舌，对鉴定意见真实性的审查只有徒唤奈何。专业法官在担当事实认定者时，虽然在科学方面也是生手，但相对而言稍稍更适合于应对新奇的、有技术难度的证据材料，他们可以逐步积累所需的技术理解力，甚至可以接受有关法庭科学方面的基础培训。② 而实际上，随着社会的发展，科技

①汪民安：《福柯的界线》，中国社会科学出版社 2002 年版，第 217 页。
②[美] 米尔建·R. 达马斯卡：《漂移的证据法》，李学军等译，中国政法大学出版社 2003 年版，第 202 页。

在诉讼领域运用的增多,除了法律之外,法官与普通人的事实认知能力差别并不大,只有鉴定人才有对专门知识的发言权,法官与普通人对其很难具有质疑的能力。相反,法官在这种科技权力的干预、生产和造就下,成了被动的、他律的、笨拙而呆滞的客体。最终,由于鉴定人与法官、专业知识与常识之间差异关系的存在,产生了几乎是俯首帖耳的法官,权力依靠科技知识支配了事实认定,这是一种生产和被生产的关系。而人类"最典型的欲望是攫取权力即影响他人行为的能力",[1] 鉴定人是科学的拥有者,"科学也行使权力。这种权力强制人们如何说话。否则,你不仅被视为错误,甚至被视为骗子"。[2] 作为具有经济利益驱使的鉴定人,绝不希望自己作出的鉴定意见屡次被否定而损害了自己的信誉。任何权力的行使,都离不开对知识的汲取、占有、分配和保留。因而通过科技的权威性对法官进行干预、支配在所难免。

三、法官应对鉴定人事实认定的挑战的策略

在为法院判决提供事实认定结论方面,常识和传统的证明方法就遭遇了科学数据的竞争。这些数据往往概念复杂,数量非常丰富,而且有时甚至是违反直觉的。故法院频频遭遇复杂的科学技术证据,只有那些拥有高度专业化知识或杰出技艺的人才能毫无困难地领会。[3] 尽管如此,科技在诉讼中还是无法被割舍,"警察、法官、陪审团的要价越低,由指纹术、窃听术、计算机控制和测谎仪等技术决定的当前工艺水平越先进,那么,达到某一特定活动水平的支出就越少"。[4] 尽管以上分析似乎令人悲观,而现实中出现的疑难鉴定意见毕竟是少数,这也许是因为理论研究与实践的背离。面对法官对鉴定意见可靠性审查的困境,法官势必应寻找应对的策略。

(一)法官对鉴定人的审查

对鉴定意见的选择,当然不能放过对鉴定人的监控与考察。科学原

---

①[美]加里·S.贝克尔:《人类行为的经济分析》,王业宇、陈琪译,上海三联书店2002年版,第49页。

②刘北成:《福柯思想肖像》,上海人民出版社2001年版,第264页。

③[美]米尔建·R.达马斯卡:《漂移的证据法》,李学军等译,中国政法大学出版社2003年版,第201页。

④[美]加里·S.贝克尔:《人类行为的经济分析》,王业宇、陈琪译,上海三联书店2002年版,第61页。

理、技术手段与方法、受检材料的状况也在审查之列，但本书不拟对后面这些问题进行探讨，因为科技客观性问题引入诉讼领域只会加剧问题的困惑，笔者认为应该留给科学家团体自身解决。而受检材料条件是具体分析的问题，是技术性问题。法官也可以把鉴定意见与其他证据进行参照审查它的真与伪，但我们重点关注鉴定人与鉴定意见的关系。

1. 法官审查鉴定人的依据

从诉讼角色分工与效率追求来看，鉴定人对鉴定意见可靠性所拥有的辩护理由与法官所持理由基本不同。鉴定意见（P）作用的发挥，恰恰是法官（B）与鉴定人（A）分享了不同的辩护理由，"如果 B 在 A 如此说的基础上接受 P，那么使得 B 的信念得到辩护的那些理由（A 的理由）是 B 所不具有的理由。如果 B 能够独立地拥有 P 的理由，那么他也就没有必要依赖 A 了"。[①] 面临这一境况，法官相信鉴定意见，或者是因为他有很好的理由相信鉴定人有好的理由作出鉴定意见，或者是因为他有很好的理由相信另外的鉴定人有好的理由相信鉴定人有好的理由作出鉴定意见，依此类推。但不管怎样，法官并没有充分好的理由相信鉴定意见的可靠性。在交往实践中，相信某人的陈述而不是相信陈述本身，成为语言交往中的一种假设，听者和说者总是以这种假设为前提进行交往的。因此，诉讼中法官抉择的不是纯粹的鉴定意见，而是鉴定人的鉴定意见。鉴定意见的可靠性，最终在很大程度上依赖陈词源——鉴定人的可靠性，以及那些确保鉴定人可靠性的相关条件。

法官抉择鉴定意见的依据：

（1）鉴定人的气质与风度。亚里士多德在《修辞学》中谈到三种说服的手段：诉诸情感、诉诸理性、诉诸说者的气质，而且他认为诉诸说者的气质是最有效的手段，比诉诸理性或诉诸情感更有效。鉴定人的气质与风度在一定程度上的确可以作为判别其诚实与否的标志。在实践中，法官面对鉴定人在法庭上的侃侃而谈所表现出的坚定的语气、从容的举止常常是接受鉴定意见的必要条件之一。

（2）鉴定人的资质。资质包含鉴定人的能力、学科权威（并非贬义）、专业训练与学位、从业经历、本专业领域的认可度、技术职务与获取的荣誉。鉴定人资质，尤其在本领域获得同行的认可不可能一蹴而

[①] 丛杭青：《陈词证据研究》，人民出版社 2005 年版，第 225 页。

就，需要反复的实践磨砺与经验交流，诉诸资质和诉诸气质与风度应该结合起来考察。

（3）不良利益和偏见的证据。不良利益和偏见能对专家鉴定人的观点施加潜移默化的影响，尽管他们的观点是真诚的，但也不太可能是准确的。偏见的表现是撒谎、作出夸张的鉴定意见（为了当事人一方的利益或迎合法官的意愿）、抑制鉴定相关的信息（这种信息是法官应该知道的并且是鉴定人省略的，目的就是欺骗）。并且，法官收集鉴定人不良偏见的信息相对容易，毕竟利益相关人会在法庭上适时揭露这种信息。

（4）鉴定人以往的鉴定记录。鉴定是一项实践的事业，如笔迹鉴定，倘若一个鉴定人没有上千个鉴定案例，很难有得心应手的感觉，就更别说作出准确的鉴定意见了。因而，法官要考察鉴定人过去的鉴定记录，即实际操作的案件数量与成功的比例。实际上，中国目前根本就没有建立这种系统的鉴定人鉴定记录制度，因而法官无法确切获知这些信息。

（5）同行评价与接受程度。法官遇到鉴定意见的争议时，最可能的反应是提交其他鉴定人再鉴定或者咨询专家辅助人。对于实用主义者来说，"客观"并不意味着符合事物的本来面目，因为没有人知道事物真的是怎么回事。客观只意味着有能力让信奉某些共同原则之群体的所有成员一致同意。① 但是共享某一科技信念的不同鉴定人应该独立开展研究与完成鉴定，最好是运用的方法、手段和途径各不相同。当然，同行之间由于知识结构、思维模式的一致性，可能导致社会建构论者所谓的科学家的信念完全是通过与其他科学家协商而成的，与事物本身面目无关。如果这样，鉴定意见就可能仅仅反映鉴定人共同体的利益和偏见，与科学可靠性无关。尽管这有点夸大其词，但提醒我们同行评价与鉴定的过往记录结合起来的重要性。

2. 对鉴定人审查是保证鉴定意见可靠的有力保障

尽管鉴定人与鉴定意见可靠性之间存在鸿沟，不过我们之所以探讨鉴定人的可靠来保障鉴定意见的可靠，是因为法官与鉴定人处于认知上

---

① ［美］理查德·A. 波斯纳：《法理学问题》，苏力译，中国政法大学出版社 2002 年版，第 321 页。

的不平等地位。认知上的地位越不平等，就存在越大的服从空间。同时，在一些案件中，法官面对不同的鉴定意见往往不知所措，由于不可能同鉴定人分享共同的认知图谱，他们对不懂的问题进行审查，除了对书面文字进行细枝末节的挑剔外，一般是寻找替代性测度机制，如鉴定人的资历、他在全国该领域的名气、是否有专业文章或论文、鉴定人所在的鉴定机构的名声等。①

对鉴定人审查而确保鉴定意见的可靠是理性的。承担重大决策比次要决策需要更多的信息投资。获取信息需要成本，因此，信息通常是严重残缺的，这一假定可以解释在其他分析中用非理性行动、随意行为、传统行为或"不明智"行为解释的那些行为。② 法官要真正如同行那样审查鉴定意见的可靠性，不仅信息成本高昂，而且也暴露了诉讼本身的无效率。诉讼的过程应该是一个充分吸收资源并合理利用的过程。与其他审查鉴定意见可靠性的方法相比，对鉴定人的可靠性审查未必不是一种有效的方式。鉴定的过程涉及鉴定人、鉴定的科学原理与技术手段方法、受检材料，并在此基础上进行的推理。除鉴定人之外的要素，法官若要进行审查，依然是依赖鉴定人团体共同接受的技术标准与实验室质量控制标准，一般有章可循。而对前提与结论的推理过程，法官根本不可能问津，所以审查鉴定人的品质与认知及其操作能力是更有效的选择。

从理论上探讨法官对鉴定意见的审查，必定走入认识论的死胡同。或许有鉴于此，德国法学家魏根特评论说："虽然在法律上法庭不受鉴定结论的束缚，但是有些领域，尤其是自然科学领域，是如此复杂和专业，法庭甚至不能完全地理解鉴定人的理由，更不用说评价其可信度了。当几个鉴定人提供了矛盾的鉴定意见时，这一困难更加突出了。目前还尚未找到有效解决这一难题的办法。"③ 因而我们选择鉴定人的角

①鉴定机构的名气在中国现在的鉴定中，是笔者认为最重要的因素。一种品牌的获得，是经过鉴定人长年累月的建设而取得的。它的无形价值来得慢，去得也慢。加之社会中好的鉴定机构几乎在高校，而高校培养的学生遍布四海。所以，实践中，经常是以前的校友所在的单位委托鉴定。

②[美] 加里·S. 贝克尔：《人类行为的经济分析》，王业宇、陈琪译，上海三联书店2002年版，第9~10页。

③[德] 托马斯·魏根特：《德国刑事诉讼程序》，岳礼玲译，中国政法大学出版社2004年版，第181~182页。

度可能是一条有效的路径，然而仍无法经受住怀疑论者的质疑，但是重要的是这一方法有效。

（二）如何强制鉴定人主动提出可靠的鉴定意见

前面提到鉴定意见的可靠性不仅依赖陈词源——鉴定人的可靠性，还有赖于如何保障这些可靠性实现的可靠性。希望法官主动审查鉴定意见的可靠性毕竟不尽如人意，于是问题就转到如何确保鉴定人主动地作出可靠的鉴定意见。

1. 鉴定人与鉴定机构竞争机制的建立

在当代社会，"法律和信誉是维持市场有序运行的两个机制。事实上，与法律相比，信誉机制是一种成本更低的维持交易秩序的机制，特别是在许多情况下，法律是无能为力的，只有信誉能起作用"。[1] 为了使科学鉴定成为社会的公共善品，就必须使鉴定机构与鉴定人参与良性的市场竞争，打破部门利益壁垒与地方垄断主义。因而加快机构、鉴定人之间的良性竞争，促使信誉机制的建立，铭刻鉴定人与鉴定机构错误鉴定的记录，经常进行信誉评价，并使之成为人人可以共享的可查阅的资源，是当前鉴定制度改革的重要一环。因而鉴定人与鉴定机构信誉机制的建立迫在眉睫。

2. 鉴定人责任机制

法官与鉴定人之间存在严重的信息不对称，法官不仅难以理解科技原理、程序、仪器，更在于鉴定人的鉴定行为过程难以观察，他们几乎都是在封闭的空间中秘密作业的。而"社会制度要解决的核心问题是激励问题，即如何使得个人对自己的行为负责。如果每个人都对自己的行为承担完全的责任，社会就可以实现帕累托最优状态……法律实际上是一种激励机制，它通过责任的配置和赔偿（惩罚）规则的实施，将个人行为的外部成本内部化，诱导个人选择社会最优的行为……法律只能诱导，而不能强制人们选择社会所希望的行动"。[2] 法律责任作为一种有效的激励机制还困扰着中国鉴定实践，到现在鉴定人的责任机制都尚未完全建立，一旦出错，鉴定人就可以轻松地以科技条件或受检材料缺陷搪塞过去。根据枉行的低发现率与惩罚的严厉性配套，对可以确定

---

①张维迎：《信息、信任与法律》，生活·读书·新知三联书店2003年版，第10~11页。
②张维迎：《信息、信任与法律》，生活·读书·新知三联书店2003年版，第27页。

是鉴定人故意错鉴行为应该进行必要的惩罚，包括民事、行政、刑事责任链。为了加强鉴定机构对自己行为的约束，鉴定人与鉴定机构之间是否必须承担连带责任，从而把监督鉴定人的责任转嫁于鉴定机构？笔者认为这是可行的。在现在中国鉴定机构林立、质量品质堪忧的情况下，地方保护主义盛行，鉴定机构为了创收鼓励鉴定人寻找鉴定案源等一系列现象，都有必要要求鉴定机构承担连带责任，从而约束鉴定人的恣意行为。美国学者奎因说："将行为划分为人们应当负责的和人们不应负责的，这是社会奖惩机制的一部分：在那些奖惩一般会具有激励和威慑作用的地方会对责任作出分配。"[①] 对于把监督责任分配给法官或当事人来说，这是一种有效的资源配置方式。

3. 侦查机构的鉴定人问题

中国侦查部门的鉴定机构、鉴定人的中立性问题已成为众矢之的，剥离与否的利弊问题也聚讼纷纭。侦查部门的鉴定机构实力最强、设备最好，如果不接受社会委托，确实浪费资源。加之鉴定人的身份关系、利益趋同，他们确实易受到案情影响而先入为主。然而，倘若把鉴定机构剥离出来，也许在发达地区这套机制可以运转，关键是在广大西部、县级城市的侦查技术需求可能根本无法运行。侦查机关办案经费不足，还要经常向以利益为主的社会鉴定机构求助，更是雪上加霜。同时，侦查机构技术人员严重不足，一旦分离出去，侦查人员获取案件信息的程序还能运行吗？刑讯逼供能够减少吗？问题非常复杂，解决方案的推进，还需脚踏实地地进行实证调研与社会学分析，法治的推进不是法律条文的修改，而是对条文掩盖下各种利益冲突的揭露与平衡。

四、刑事程序解决鉴定实体问题

当人们没有足够的智慧，不能在实体上最终解决专门性问题并达到预期的目的时，最明智的办法就是对解决问题的过程进行价值选择，换句话说，就是如何通过程序化解实体问题。诉讼冲突的解决毕竟是在法律所塑造的空间中按部就班地进行的，控辩双方必须在法庭上据理力争，任何不满与怀疑必须通过诉讼主体的积极参与而消解。至少在鉴定

---

①[美] 理查德·A. 波斯纳：《法理学问题》，苏力译，中国政法大学出版社 2002 年版，第 220 页。

人的选择上我们可以给予他们一定参与权与争辩权，如德国，"鉴于在一些审判中鉴定人实际上起了主导作用，因此，选择鉴定人的程序变得更加重要，法庭在这一过程中应当注意控辩双方的共同参与"。① 至于目前赋予辩方鉴定人自行委托权似乎走得过远。犯罪嫌疑人、被告人目前的律师帮助权尚不如意，若要鉴定人真正发挥作用，最起码的受检材料都无法获得，侦查机关会提供现场收集的检材吗？辩方鉴定人能够向被害人取证吗？同时，从事辩方委托的刑事鉴定风险大，加之风险小、收益大的民事鉴定接踵而至，鉴定人会选择刑事鉴定吗？与其大力呼吁辩方的鉴定启动权，还不如落实专家辅助人制度，让其为辩方提供科技知识的服务更妥当。另外，在涉及鉴定专家的案件中，专家陪审员与法官一起参加最后的事实判断，应该是目前比较可行的解决办法。

总之，在法官与鉴定人事实认知的问题上，任何改革方案的分析都进退维谷。明智的办法似乎就是采用一种实用理性的态度，逐步推进，寻求在鉴定实践中达到一种最好的效果。理论的高调尽管令人心潮澎湃，但实践的运行总是冷酷无情。因而制度的改革需要的是零敲碎打、精心算计与坚忍不拔的努力，而非摧城拔寨的高蹈，正是在这一意义上，相对合理主义显现出其在实践中顽强的生命力，尽管它不令人心醉。

---

① [德] 托马斯·魏根特：《德国刑事诉讼程序》，岳礼玲、温小洁译，中国政法大学出版社 2004 年版，第 182 页。

第八章　刑事法官与鉴定人事实认定的比较与整合

一、问题的提出

在现代诉讼中，刑事审判程序可以理解为法官在控辩双方及其他诉讼参与人共同参与之下对案件真相的探知活动，因此，毫无疑问，法官是案件事实最终与最权威的判断主体。然而，随着科学技术广泛深入到案件事实认定的活动中，法官及其控制的程序本身难以驾驭繁复的专门知识，因而引进专业人员以帮助法官认定案件事实成为必然，并且这一趋势愈演愈烈。这就如乔治城大学教授保罗·罗斯坦曾就美国审判历史的归纳一样：20世纪初期之法庭是滔滔雄辩的时代，中期转以证据论证为主，到了20世纪末叶，精密之科学与技术之鉴定则成为法庭辩论之重心。① 这就说明，为法官提供科技帮助的鉴定人在诉讼中具有不可替代的重要作用，甚至可以说，鉴定人因为拥有专业知识且法官无法有效审查鉴定意见，鉴定人就分享了法官的部分事实认定权。据此，鉴定人的科学认识活动同法官的事实探知活动同等重要，均需要非常高的程序与证据标准进行规范。

或许如此，在世界各国的刑事程序中，在事实认定的诸多方面对鉴定人与法官的要求最高，甚至把查明案件真相作为鉴定人与法官的共同使命。而侦查人员、检察官、律师虽然也承担真相发现之责，但不仅其发现案件真实的要求无法与鉴定人、法官等量齐观，而且控辩双方对整个案件的诉求具有对抗性，无法保持超然的客观中立立场。况且与其他证据相比，法官对鉴定意见审查尤为困难，因而要求鉴定人对科学事实判断的意见必须达到无可挑剔的程度。因此，本章的目的是对法官与鉴

---

① 转引自朱富美：《科学鉴定与刑事侦查》，中国民主法制出版社2006年版，第1页。

定人事实认定的程序规范、实体要求进行比较考察，发现二者在事实认定方面的同异及限度，并最终对法官与鉴定人的事实认定进行合理的整合，以保障法官有效审查鉴定意见。

二、法官与鉴定人共同的诉讼使命——客观认定事实

尽管事实认定并非审判内容的全部，然而现代法治理念赋予法官[①]最终认定案件事实的权利与责任，因为"发现真实，几乎是古今中外各国刑事诉讼共同追求的目的，并非大陆法系的专利。不过，对于采取何种诉讼制度较能达到此目的，各国法制有不同的认知……而在英美的概念中，当事人主义又被视为达到此目的之比较好的方式……"[②] 加之诉讼目的的激励，德国和法国与我国刑事法官的使命更倾向于发现案件事实，为此，在程序的建构中，甚至不惜为法官配置主动查明案件真相的相关手段。

鉴定人的产生，是基于科学技术必然介入到案件过程中，而且法官专业事实认定能力有限，鉴定人的职责就在于弥补事实裁判者在专门问题上的认知缺陷，故同法官一样承担着查明案件真相的责任。以大陆法系国家为例，鉴定人的基本角色是"科学的法官"或"法官的辅助人"，"德国的诉讼制度把鉴定人的性质理解为法官的助手，因此要求鉴定人必须中立于双方当事者"。[③] 在英美法系国家专家证人充当"当事人证人"的角色，其对抗制的运行环境使专家中立性容易丧失，故著名学者 Langbein 把"专家证人比喻为'萨克斯风'，律师演奏主旋律，指挥专家证人这种乐器奏出令律师倍感和谐的曲调"。[④]

不过，英美法系法官认为，当事人双方聘请的专家证人相互质询是发现科学真相的有力手段。即便如此，英美尤其是英国专家证人制度在近段时间的改革已经逐步意识到其弊端，并提出专家的首要义务是发现客观事实，对法庭负责。同样，美国的审判法官为了避免"鉴定大

---

①事实认定在英美法系还包括陪审团，大陆法系与我国都涉及陪审员，但为了论述的简化，我们仅仅限定为作为事实认知者的法官。

②林钰雄：《刑事诉讼法（上）》，中国人民大学出版社 2005 年版，第 27 页。

③［日］谷口安平：《程序的正义与诉讼》，王亚新、刘荣军译，中国政法大学出版社 1996 年版，第 258 页。

④徐昕：《专家证据的扩张与限制》，载《法律科学》2001 年第 6 期，第 87 页。

战"，可以在专门建立的公正专家组中召唤专家证人。"统一法案"规定，无论专家由法官任命还是当事人选择，法官都可以召集专家会议，限制分歧，甚至要求控辩双方的专家证人可以在同一报告中出具共同的鉴定意见。加之其他各种制裁措施的存在（如信誉机制），引导专家证人必须以发现案件真实为目的。所以，著名华人鉴识大师李昌钰说："作为一名真正的科学家，我不关心谁是犯罪嫌疑人或谁是受害人。我把事实呈交给法庭，让法官和陪审团去作出决定。"[1] 因而就总体来说，探索案件真相仍然被视为英美专家参与诉讼的职责。

我国刑事程序中的鉴定人既是法官查明案件事实的辅助人，也是控辩双方履行举证责任、向法院提供证据的一种手段。法律规定，鉴定人应当是独立的诉讼参与人，具有独立性和中立性，鉴定人进行鉴定的活动不应受到任何人意志的左右。所以在我国"以事实为根据，以法律为准绳"的刑事程序语境中，鉴定人发现客观真实的使命更是不言而喻。

在刑事诉讼中，法官与鉴定人的共同使命是查明案件真实情况，尽管受到程序性条款的限制，但那只是在其他利益面前的妥协与让步。追求案件真相永远是诉讼的目的，不能因强调程序正义本身而放弃制度的原生意义。在科技遍布于诉讼各个角落的时代，法官与鉴定人的分工与合作所共同指向的目标，就是在给定的程序中如何回溯案件的真相。下面对二者事实认定的使命从程序与实体层面进行比较分析，突出其异同，并最终为法官认定鉴定意见的准确性进行合理的分工与合作。

三、法官与鉴定人事实认定程序的比较研究

（一）法官与鉴定人事实认定的中立性

1. 法官与鉴定人事实认定中立性现状

程序法律均规定鉴定人与法官应中立，这源于事实评判理应价值中立，与感情无涉。在职权主义刑事诉讼中，法官本能地具有主动调查案件事实的冲动，甚至不排除审前预断。如德国法对公诉的审查是通过"中间程序"进行的，由对案件具有管辖权的审判法院的职业法官独立或组成合议庭负责审查，法庭不禁止负责庭前审查的法官参与法庭审

---

①何家弘：《犯罪鉴识大师李昌钰》，法律出版社1998年版，第23页。

判，因此没有贯彻预断排除原则。① 当然我国法官这种积极主动查明案件真相的行为是与法官的澄清义务相一致的，注重案件实体真相与程序实质公平（避免控辩双方实力的失衡）且产生了积极的效果。

大陆法系国家与我国的鉴定人一样拥有广泛的调查权利，如《德国刑事诉讼法典》第 80 条规定：（一）根据鉴定人的请求，为准备鉴定，可以通过询问证人或被指控人获得进一步细节。（二）基于同一目的，可以许可鉴定人阅览卷宗、在询问证人或被指控人时在场并直接向他们提问。根据《俄罗斯刑事诉讼法典》第 82 条的规定：鉴定人有权了解有关鉴定对象的案件材料，请求提供鉴定意见所必需的补充材料；取得调查人员、侦查员、检察长或法院的许可，在进行讯问和其他侦查行为与审判行为时出席，并向受讯问人提出有关鉴定对象的问题。我国《人民法院司法鉴定工作暂行规定》也明确规定了鉴定人可以了解案情、要求委托人提供鉴定所需要的材料、参与勘验现场、进行有关的检验、询问与案件有关的当事人。

由此可见，在职权主义国家刑事诉讼中，鉴定人与法官在事实判断方面均未排除主动性，甚至分别赋予二者广泛的权力，以致造成其中立性备受批评。然而，鉴定人与法官在事实判断方面的主动性所指向的目的是不同的。鉴定人的主动性是基于鉴定科学认知的需要，只介入与科学认识对象相关的事实部分，而不涉及与科学认识活动无关的其他事实部分，所以鉴定人的主动性并不实质性地损害其中立性，甚至可以认为，鉴定人有限的主动参与活动是科学鉴定的必然要求。当然，如果鉴定人背离了科学认识的法则，而依靠案件其他证据和依据来作出判断，则不可避免地会陷入主观错误。法官具有职权调查证据的理由，一是有助于平衡控辩双方的力量，二是有助于法官形成心证，因此，法官调查事实的范围与鉴定人是不同的。

2. 回避制度及其中立的实现方式

法官与鉴定人须中立、独立于双方当事人的利益之外，法律对他们均规定了回避义务，尤其在知道案情可能形成预断的时候。大陆法系及我国普遍规定了鉴定人与法官的回避条款，当其与案件存在某种关系

①孙长永：《探索正当程序——比较刑事诉讼法专论》，中国法制出版社 2005 年版，第 275 页。

时，鉴定人与法官应自行回避。同时，当事人也有权要求鉴定人与法官回避，而且二者的回避条件几乎一致。而英美法系国家没有与此对应的专家证人回避制度，这主要是因为专家证人一般被视为当事人的证人，尽管他们也承担发现客观事实的责任，然而其主要义务是为其雇主提供专门知识。由于专家证人在法庭中要受到对方律师或专家证人的询问，如果其过度背离科学的事实探知要求，其提供的证言的可靠性会受到质疑甚至被排除，其偏私性无须回避制度来解决。这种无须回避，既符合科学本身的验证法则，又符合证据审查的应有之义。同时，把专家意见置于法庭进行严格的专家考问或对抗，不仅有利于发现案件事实，而且有利于推动法庭科学的发展。然而，其科学技术的争议可能在无休止的论战中损害程序效率，甚至越辩事实越是模糊。

3. 机构没有隶属性

为了保持事实认定的中立性，通观法院体系，不仅法官之间，上下级法院亦并无领导与被领导关系，而仅是监督关系，目的是保持法官事实认定的独立，避免不正当干预，因为在认知事实面前每个法官都是平等的。鉴定人是基于自己的专业知识和经验解决专门问题并发现案件事实的，因而在科学面前鉴定人是平等的、独立的，所以从立法的理念和程序规定的正当性来说，不同的鉴定人与鉴定机构也应是平等的、独立的。

但是我国侦查机关的鉴定部门表现出行政隶属性，且由于形成的等级观念导致鉴定人与鉴定机构之间事实上的不平等，而且其影响波及社会鉴定机构。事实上，鉴定意见所具有的揭示案件真相的实质证明作用，取决于其内容本身具有的科学性和符合客观真实情况的属性，而不受权力、地位等因素的影响。一个高级别的鉴定机构作出的鉴定意见不一定比低级别的鉴定机构作出的鉴定意见正确。鉴定意见是否科学，不能根据级别高低加以判断，必须根据检材是否真实可靠、鉴定方法是否科学、推论的意见是否合理加以判断。级别再高，检材不可靠、鉴定方法不科学、推论不合理也会形成错误的鉴定意见；反之亦然。

（二）鉴定人与法官事实认知的程序比较

1. 程序的启动

就审判与鉴定的启动而言，它们均具有一个共同的特点——被动性。审判的进行需要控方提起诉讼请求，否则法官在审判中的利益无涉性会受到怀疑。鉴定程序的启动也应如此，鉴定也需要由当事人双方申请或者法官的决定而启动，不能对未委托的事项进行鉴定。当然二者的前提有别，审判程序的启动是因为检察官代表国家起诉被告人，使已经遭受破坏的国家权力与社会秩序得到恢复，而鉴定的启动是弥补法官认知能力的不足，判断的标准理应交给法官。就像提交法官审判的案件是法律提前规定的一样，为了避免恣意性，对于一般应交鉴定的事实范围也应给予规定。当然，当事人可以对法官的决定提出异议，在是否鉴定的问题上给予当事人一定的程序参与权与影响权。

2. 程序的实施

事实认定的实施程序同样可以看出法官与鉴定人的异同，因为它们认定的主体数量、次数、救济措施、最终的决定都惊人地相似。

第一，事实的认定主体。认知偏见的存在往往需要几个事实认定者通力合作，由于合作彼此牵制与制衡，所以能减少恣意性与错误。因此审判与鉴定一般有 2 个或 2 个以上的主体共同认定事实，而且往往需要 1 个事实认定者负主要责任，如审判的审判长、鉴定的复核人。

第二，事实认定主体进行合作，干扰事实认定的非正当因素更可能被屏蔽在外。

第三，事实认定者本身知识的局限性，也需要其他事实辅助者予以支撑。当然，辅助的事实认定者并不具有决定权，仅仅是知识的有偿提供者，不能喧宾夺主。例如，审判的事实认定者需要具有专门知识的鉴定人，而对专门问题进行鉴定的鉴定人同样可以起用鉴定辅助人。

第四，即便同为事实的认定，审判案件的事实认定者与鉴定人也存在些微差异。因为审判的事实认定毕竟涉及的专业知识不是太多，所以可以充分吸收和接纳普通公民加入事实认定，这样，不仅呈现司法的民主、防止法官专业导致的偏执武断，更多的是对大众潜移默化的规训过程，如美国"一般人到陪审团去判案几乎等于是一个受教育的过程。陪审员在听取法庭呈证的过程中，就像上课一样，虽然不能提问，却在学习……"[1] 而鉴定的事实认定却不同，若不具有专业知识，或者当该知识与要解决的问题相去甚远时（尤其是在美国），该鉴定意见根本不具有可采性。

---

①林达：《司法要有一种独立人格》，载《书城》2006 年第 5 期，第 33 页。

第五，鉴定与审判的事实认定都可以重新启动。如果控辩双方或法官对鉴定意见有异议，可以提出或申请重新鉴定或补充鉴定，当遇到多次鉴定而无法达成一致时，甚至可以启动鉴定委员会进行专家组复核来获取最真实的意见。法官的事实认定未生效时可以被提交上诉法院，已经生效的可以提起审判监督程序，在事实认定中遇到重大、疑难问题可以提交审判委员会。

3. 监督

为了客观公正进行事实认定，需要对该过程进行监督。事实探知若在完全封闭的领域展开，即便认定者本着公平之心，也不会让争辩者心悦诚服。但过度监督又将导致事实认定不能自由判断或裁量，因而审判程序与鉴定程序中的事实认定者面临以下困境：保证完全独立地进行事实探究与不能干预其内心自由的矛盾。但程序本身要对事实认定者有约束力，若像有些刑事审判法官一样，庭审认证并非当庭形成，而以庭审结束后控方提交的卷宗为据，实难令人服膺。更何况，法官判决书的证据采证理由、推理语焉不详，对其监督制约殊为不易。加之只要不是太离谱以致出入人罪，法官事实认定的自由裁量权更大。

对鉴定的监督问题更令人头痛，世界上对鉴定的监督方式有：第一，鉴定人资格的事前监督。大陆国家多为此，鉴定人需具备特定的要件方可，而且任何进入鉴定人目录的鉴定人倘若有不良的行径，皆以记录并进行公示。第二，在鉴定过程中引入他方予以监督并牵制。① 第三，鉴定人必须出庭接受控辩双方询问，对鉴定进行事后监督。第四，鉴定书出具理由。而如今，我国刑事诉讼中的鉴定既无事前鉴定人资质严格把关，鉴定过程更无其他人参与，尤其是侦查机关的鉴定更是如此。同时鉴定人特别是侦查机关的鉴定人出庭数量较少，这在无形中减

---

① 意大利法律规定，当事人双方可聘请技术顾问，可以参加聘任鉴定人的活动并向法官提出要求、评论和保留性意见。在法国的刑事诉讼中，具体的鉴定活动虽由鉴定人来完成，但鉴定的决定权以及是否起用某鉴定人则由预审法官决定。预审法官同时还有权力规定完成鉴定的期限，并对鉴定人的鉴定活动进行监督。在法国民事诉讼中，"法官得委派其挑选的任何人，通过验证、咨询或鉴定，以查明应有技术人员协助才能查明的某个事实问题"，"鉴定人应当告知法官其鉴定活动的进展情况"。并且"在技术人员进行工作的时候，负责鉴定事务的法官可以在场"。如果进行鉴定时法官在场，笔录应记述法官的见证并经该法官签字；如进行鉴定活动时，检察院派员到场，应其要求，检察院的意见以及鉴定人可能给予的答复，则均应在鉴定意见中予以记述。

少了对鉴定过程的监督。

（三）法官与鉴定人事实认定程序的限度

从上面分析可见，鉴定人与法官在中立性与事实认定的运作程序中的规定几乎一致，这并非巧合，而是证明了他们在刑事诉讼中使命的艰巨与神圣。然而，我国审判、鉴定程序的运作在保证法官、鉴定人中立而公正进行鉴定的问题上仍然存在很多缺陷，案件真相的追求还无法完全依靠制度力量来保障。法官仍然受到各种非正当因素的干扰，而对鉴定人鉴定过程的监督机制仍欠缺，在面临法官认知逻辑悖论的情况下（即不懂科技知识的法官遇到专门问题而提请鉴定人鉴定——鉴定人利用科技作出鉴定意见——作为门外汉的法官最后必须审查鉴定意见的可靠性），鉴定人依赖自身保持客观与中立仍然较为困难，故如何寻求法官与鉴定人事实认定更加中立的制度保障，以及如何对二者进行合理分工与制度上的衔接，仍是我们面临的重要问题。同时，我们必须突破过去对鉴定人事实认定程序的片面研究，必须在法官发现案件真相的语境中进行分析。

四、法官与鉴定人事实认知实体层面的比较

在刑事诉讼中同为事实认定者，尽管他们事实认知的目标一致——获取案件的客观真相，但其差异同样明显。

（一）法官与鉴定人事实认知的实质性差异

第一，他们经受专业教育与职业经验所型塑的内在认知结构的差异。这种差异将导致其认知兴趣与角度不同。而"我们看待事物的观点是依赖于人类的实际兴趣与目的的，我们如何分析事物取决于事物与我们的联系"。[1] 认知结构渗透于法官与鉴定人的具体认知中，并显示出认识的主动性，因而作为认识起点的感觉或知觉也是历史构成物。"即便是最简单的知觉，也包含认识的主动性，它常常是一种构成物，而不是纯被动的反映。现代心理学的许多材料，也说明了这个方面的种种特点。例如，人的感觉具有巨大的选择性，又如感知经常在概念的支配下进行，再如所谓的人只看到他所知道的东西……"[2] 鉴定人与法官

---

[1]徐向东：《怀疑论、知识与辩护》，北京大学出版社 2006 年版，第 429 页。

[2]李泽厚：《批判哲学的批判：康德述评》，天津社会科学出版社 2003 年版，第 144 页。

的事实认知结构主要是常识与专业知识的区别，并由此引发了认知兴趣与期望的不同。所以"科学家和法官常因彼此的做法而感到沮丧，科学家寻求的是综合的理解，审判寻求的是在有限的时间解决集中讨论的法律争端。科学家与法律人所受的训练也不同，法律人希望科学家能坚定且言简意赅地提出科学概念，但科学家常为了达到法院或律师的简易翻译而不耐烦"。①

第二，法官与鉴定人在事实认定范围方面存在差异。法官对具体刑事案件中符合证据资格的证据均照单全收，是对整个案件的事实认定。而鉴定人所鉴定的专门问题，只是法官事实认定的某一部分或局部，故法官与鉴定人认知经常迥然相悖，部分是因为二者信息量占有的差别。即使法官庭前未能接触证据，根据直接、言词原则在庭审过程中仍然能够在判决前获知大量信息。而鉴定人则不同，鉴定所需的仅是认识必需的材料，即使有查阅案件、对有关当事人询问、现场进行勘验等权利，也应局限于获得必要信息，以更有利于鉴定。鉴定人不应该逾越认知界限，行使法官事实认定的权力，在查阅卷宗的情况下以其他证据的综合证明力的趋势，来推断应当作出何种鉴定意见。另外，鉴定人认定的事实几乎是案件的间接事实，"科学总不讲述完整的故事……在刑事诉讼中科学证据很少解决非常实质的问题，从不证明潜在的、争论中的所用事实"。② 鉴定人无法直接认定犯罪嫌疑人（通过各种检材与样本）与作案人是同一人，如现场留下的可疑指纹与犯罪嫌疑人的指纹相匹配，最多证明犯罪嫌疑人到过现场而已。当然如果存在多个鉴定意见，形成间接证据链，也可以通过推论得出作案人的同一认定。

第三，法官与鉴定人认定的问题是否是专门知识方面的差异。法治的理念决定鉴定人与法官事实认定的使命不同：前者认定专门技术方能解决的问题，而后者解决普通经验层面的事实问题。在英美法系国家，尤其是美国，无论何种诉讼程序均实行对抗制的模式，即当事人双方积极推动程序的运转，法官或陪审团只是消极之裁判者。因而普通证人也好，专家证人也罢，都是由当事人双方提供的。所以，英美国家的专家

---

① 朱富美：《科学鉴定与刑事侦查》，中国民主法制出版社 2006 年版，第 14 页。
② ［英］麦高伟、杰弗里·威尔逊主编：《英国刑事司法程序》，姚永吉等译，法律出版社 2003 年版，第 237 页。

范围较广，他们并不仅限于少数具有大学或研究生学历的专业队伍，对于诸如砖瓦工、薄板金属工、测量工、木工和电工等也被归入专家行列的现象并不存在异议。① 在大陆法系国家，鉴定决定权与当事人举证权分离的现状决定了必须在"专门知识技能"与普通知识之间作出一个非此即彼的明确区分，以划定鉴定权与举证权的界限。绝大多数大陆法系国家都把鉴定的决定权交给法院，这意味着在是否属于"专门知识和技能"的问题上由法院行使判断权。案件事实的复杂多样和科学知识的不断发展，加之"专门知识和技能"没有固定范围，其与普通知识的界限也难以划分，所以，立法者若想把专门知识进行圈定并不容易，因而法官拥有较大的自由裁量权。

第四，鉴定人与法官在事实认定终局权方面的差异。法官对事实拥有终局裁判权乃不言而喻之事，鉴定人的目标固然也为事实的认定，但只能充当辅助者或专家证人的角色，为法庭提供专业知识获得的信息。因此，国家委任事实审判权于法官，理应对鉴定人的鉴定意见作出权威判断，不受其效力的拘束。但是在实务上，"……却常见二者互有竞争，甚至演变成：一方面，鉴定专家不过是法官的辅助人；另一方面，法官不过是鉴定专家的一个无助的执行人"。② 审判中的法官除了鉴定意见报告出现明显矛盾或谬误外，甚少过问鉴定基础的科学技术或专门知识，亦甚少了解其实验或判断所援用之原则及方法是否在该领域内被普遍采用，有不重视鉴定过程只重视鉴定结果之倾向。

第五，法官与鉴定人事实认定标准的差异。回溯案件事实的过程需要一定的判断标准，以资作为评判法官与鉴定人事实认定正确与否的尺度。尽管同为事实认定者，法官与鉴定人在刑事程序中所应达到的认知标准却不一样。

美国著名法官波斯纳界定的几种法律客观性对我们比较有启发：一是本体意义的客观性，即认为司法决定是必须符合实实在在"就在那里"的什么东西（换言之，客观被理解为与外部实体相符）。二是较弱意义上的科学客观性，强调可复现性。第三种客观性是说某一发现是客

<hr>

① ［美］乔恩·R. 华尔兹：《刑事证据大全》，何家弘等译，中国人民公安大学出版社1993年版，第343~344页。

② ［美］理查德·A. 波斯纳：《法理学问题》，苏力译，中国政法大学出版社2002年版，第15页。

观的，虽然调查者没有共同的意识形态或其他偏见，但是他们还是肯定会对某个问题有一致的意见。这种客观性运用的领域虽超出了科学范畴，但在法律中的疑难问题中，意识形态相左之人很难达成共识，因而波斯纳认为这是所谓的"交谈"意义上的客观性。这种客观性仅仅将其界定为合乎情理，就是不任性、不个人化和不（狭义的）政治化，就是既非完全的不确定，也不要求本体论意义上的或科学意义上的确定，而是只要有说服力的、尽管不必然是令人信服的解释，并总是伴随有这种解释，就可以修改答案。① 法官与鉴定人事实认定的理想追求是第一种意义的客观性，然而由于各种条件的限制，法官追求的客观性是第二种，更多的是（尤其在疑难案件中）第三种意义上的客观性，即"它指的是用不精确的（不可重复的）研究方法对无法证实的命题获得的一致"。因为在法律领域，为了避免社会混乱，需要意见一致，并且为了获得必要的一致，法律也并不顾忌通过各种政治的和修辞的方法运用强制力，强制力总是作为法律的一种背景存在。鉴定人作出鉴定意见的客观性是科学意义的客观性，即要求一种科学的可重复性，不同的鉴定人均可作出同样的鉴定意见，并且鉴定人进行事实认定并不存在法律强制力的背景，因而对鉴定人事实认定的要求比法官更高。然而可重复性本身并不意味着真实性，重复结果只能是一个真实的必要条件而非充分条件。故而鉴定人与法官事实认定均可是错的，不过刑事程序中绝大多数的事实认定满足第一种意义的客观性，否则整个程序运作将会崩溃。

（二）法官与鉴定人事实认定实体层面的比较

从以上分析可知，为了获取事情真相，鉴定人客观认定事实的使命比法官更高，毕竟后者面临更多利益冲突，有时不惜牺牲部分事情真相，如对非法而可靠的证据的排除。然而法官事实认定的责任比鉴定人更重要，他事关案件真相的全局与终结。此外，毕竟鉴定人带给法官的事实仍是一种尚未依法确定的事实状态，是否被认定为案件事实需要法官的认证，由此而赋予法官进行科学审查和法律审查的职权，但科学审查对于法官来说是困难的、难以决断的。所以与法官相比，鉴定人才是

---

① [美] 理查德·A. 波斯纳：《法理学问题》，苏力译，中国政法大学出版社2002年版，第9页。

唯一以案件真相为使命的探知者，而且更加纯粹。

然而法官虽为最终的事实认定者，却不易对鉴定人的科学探求进行有力审查。所以如何保障鉴定人作出可靠的鉴定意见就是我们研究的重点，突破口除了通过责任追究、信誉制裁、鉴定人出庭并被质询外，更重要的是赋予犯罪嫌疑人、被告人鉴定的申请启动权（而仅非补充鉴定、重复鉴定的申请权），为法官配备专家辅助人（如英国民事诉讼），为控辩双方配备专家辅助人（意大利刑事诉讼）。至于辩方直接启动鉴定程序我们认为难免与现实不符，不仅是欧陆、日本对鉴定的启动权依然赋予法官（控辩双方可以申请），以及英国诉讼程序（尤其是民事诉讼）也在进一步凸显法官鉴定启动权的主动性，而且更在于被告方聘请的鉴定人难以获取控方获取的检材与样本，同时在鉴定过程中存在较多困难，因而其权利容易被虚置。

五、法官与鉴定人事实认定权力的重组

刑事案件是在特定时空、人群的参与下形成的。案件中可能只有演员的独白（发生犯罪时只有犯罪人与被害人），而观众（证人）是缺席的，故而案件的真相往往隐而不彰。人们唯一能做的只不过是根据现场遗留的痕迹进行考古式的发掘。可以说在这一意义上，刑事程序中的事实认定者就是历史学家，唯一差别是，毕竟刑事案件尚时隔不久，亲历案件的作案者仍然健在（当然并不排除在诉讼过程中发现其死亡，此时程序应该终结），同时，还可能存在另两类案件事实的感知者——被害人与证人。

尽管如此，发现案件事实仍然是艰难的，人类的诉讼历史见证了法官或审判者认知能力的不足或事实认知的错误。当法官无法认知案件事实时，古代有时求助于神明，近代也盛行对被告人进行刑讯逼供，然而在现代诉讼文明的要求下，法官必须通过客观科学而又程序正义的庭审查明案件事实。当然，与古代的神明裁判与近代的刑讯逼供相比，当今法官可以而且必然依赖于鉴定人利用科学技术发掘案件信息。就像波斯纳所说："由于现代诉讼所产生的诸多问题在技术上相当复杂，为了迈向专门性法律体系（这一体系也会有自身的问题）的目标，而并非以（或主要为）全能性法院体系为模式，大量地依赖专家证据看来似乎是

唯一可选择的方式。"① 就此而言，法官与鉴定人员在诉讼程序中就事情真相的追求来说，并非处于对立，而是互有优势：法官依法享有权威，鉴定专家则因具备专门知识而有权威；法官需要鉴定人帮助判断案件真相，而鉴定人也因为法官的需要而具有不可或缺的价值。

然而，问题的关键在于，不仅要确保鉴定人事实认知的绝对准确，还要保障法官对鉴定意见进行正确判断。尽管鉴定人利用现代科学技术对专业问题进行判断，但诚如爱因斯坦指出的，科学"只不过是我们的日常思维的精制化"，不存在任何"科学的方法"。② 因此，为了更好地使鉴定人为审判服务，实现鉴定人与法官事实认知的相互整合，除了在前面比较中提到的相应改革外，还应包括以下几点：

第一，我国刑事审判中鉴定人的定位。毋庸置疑，德国、法国以鉴定人为"法官的助手"、"事实的法官"，不难推出鉴定人为法官而设，弥补法官认知能力之不足。我国台湾地区学者亦认为"鉴定人，指本于其专门之知识，辅助法院判断特定证据问题之人"。在我国刑事审判中，鉴定人乃中立的诉讼参与人，以追求客观真实为己任，既然如此，鉴定人在庭审阶段必为法庭的辅助人，而不能依赖于控辩双方或当事人双方。同时，法官主动认知事实，因而专门问题是否需要鉴定，主要应以法官的视角提出，当然，当事人可以提出争辩，法官应该消除当事人的异议。

第二，专门问题应该明示。对此进行明示的主要意义在于避免控辩双方对无关问题提议进行鉴定，而且可以限制法官过度使用自由裁量权，因而普遍的专门性问题应该由法律明确规定，这便是强制性鉴定问题。然而特定的专门问题应随时代、空间而异，法律也应赋予法官一定的自由裁量权，灵活掌握。不过专门问题应该满足三个条件：关联性，专门问题唯有与案件事实相关，才有提请鉴定的必要。必要性，特定案件中的专门问题进行鉴定有必要方可。如众所周知的事实、法官职务知悉的事实、推论的事实便不需要鉴定，同时根据其他证据能够准确查明事实，也毋庸多此一举，此乃诉讼经济与迅速原则。能知性，即案件所

① ［美］理查德·A. 波斯纳：《证据法的经济分析》，徐昕、徐昀译，中国法制出版社 2000 年版，第 152 页。
② ［英］苏珊·哈克：《证据与探究》，陈波等译，中国人民大学出版社 2004 年版，第 242 页。

牵涉的专门问题能为当今科学技术所能解决者，人类认知无能为力或代价过巨的问题不应鉴定。当然，三个条件需要一一满足。

第三，鉴定人提供证言的方式。人们常常引用美国的专家证人制度，认为鉴定人就是提供专家意见作证。实际上，专家可以且应当以不同的方式辅助法官。例如，鉴定人依照科学专门知识，向法院报告某个一般的经验法则，或者鉴定人鉴定某个唯有依照专门知识才能察觉、判断的事实，或者依照得出结论的科学论证规则，鉴定人得出某个唯有依照专门知识才能判定的结果。① 既然如此，鉴定人与法官事实认定权的分化与组合就应形式多变。若法官判断事实仅需经验法则与科学规律的支持，鉴定人不应越权提出事实与意见。同样，鉴定人提供科学事实法官就能进行推论，也无须鉴定人越俎代庖。鉴定人就事实进行推论或者对事实进行法律评价后，法官对这种事实判断型的鉴定意见进行裁量一般较为困难。目前可以采取的方法如下：

（1）法官与具有专门知识的人组成合议庭进行审判，即具有专门知识的人通过参与审判帮助法官判断鉴定意见。

（2）法官可以咨询具有某一专业能力的专家，或专家为法官提供专业咨询，即法官可以聘请专家辅助人。

（3）改进鉴定意见的质证程序，如鉴定人出庭以及当事人双方、控方均可以聘请专家辅助人出庭参与对鉴定人的质证，通过专家之间的辩论发现案件事实。

当然，在鉴定人与法官事实认定权的分配、整合这一永恒难题上，只能说"所谓理性的态度，其实就是在既定的情形下努力达成可能的最好结果"，"制度之意义不在完美，而在其合理的可接受的层面运作"。② 法官对鉴定意见的审查困难仍然一如既往，只不过，我们通过比较鉴定人与法官事实认知的异同，希望对其进行重构，以便有所改进，但这一改革的过程可能任重而道远。

---

① 林钰雄：《刑事诉讼法（上）》，中国人民大学出版社 2005 年版，第 394 页。
② ［美］米尔吉安·R.达马斯卡：《比较法视野中的证据制度》，吴宏耀、魏晓娜译，中国人民公安大学出版社 2006 年版，第 196 页。

第九章　刑事专家辅助人制度的反思与重构

一、问题的提出

2012 年刑诉法修正案在法庭审判中增设了专家辅助人制度，从而被誉为此次修法的一个制度创新，[1] 是刑事诉讼活动走向科学、客观、公正、文明的一个标志，[2] 反映了中国司法鉴定立法的重大进步。[3] 该制度强化了控辩双方对鉴定意见的质证能力，保障法庭审判走向实质化，有利于错误鉴定意见被置于定案之外。[4] 它还激发出鉴定人的责任意识，有助于增强鉴定意见的科学性。[5] 乐观者还说，专家辅助人作为经验丰富的内行专家，"一下就能发现鉴定意见不科学、站不住脚的问题所在，挤出鉴定意见中不科学或者伪科学的水分"。[6]

应当承认，在当前职权主义鉴定启动机制、抗辩式庭审构造的格局下，刑诉法若能够对意大利技术顾问制度以及中国行政诉讼与民事诉讼的专家辅助人制度进行合理借鉴，并且国家能够保障其在刑事庭审中得到有效实施的话，那么，该制度对当前刑事鉴定争议的解决就意义重

---

[1] 孙长永：《论刑事证据法规范体系及其合理构建——评刑事诉讼法修正案关于证据制度的修改》，载《政法论坛》2012 年第 5 期，第 31 页。

[2] 邹明理：《新〈刑事诉讼法〉有关鉴定规定几个重点问题的理解》，载《中国司法鉴定》2012 年第 4 期，第 3 页。

[3] 陈光中、吕泽华：《我国刑事司法鉴定制度改革的新发展与新展望》，载《中国司法鉴定》2012 年第 2 期，第 16 页。

[4] 郭华：《〈刑事诉讼法〉有关鉴定问题的修改与评价》，载《中国司法鉴定》2012 年第 2 期，第 16 页。

[5] 陈光中：《刑事证据制度若干理论与实践问题之探讨——以两院三部〈两个证据规定〉之公布为视角》，载《中国法学》2010 年第 6 期，第 13 页。

[6] 黄太云：《刑事诉讼法修改释义》，载《人民检察》2012 年第 8 期，第 17 页。

大。然而，它一方面因法律规定过于简约以及配套措施缺乏，而使其功能在实践中难以彰显；另一方面，专家辅助人参与权限过窄，且仅限于庭审阶段，这会让其"大大减少重复鉴定、多头鉴定，及时定分止争"[①] 的预期疑窦丛生。虽然面对前一问题，论者们各抒己见、提出多种对策，[②] 以致简单的重复研究已无多大智识贡献；但对后者当前研究却极度匮乏，未能有效地回应刑事司法实践。[③] 事实上，尽管专家辅助人制度在法律层面号称首创，但其在刑事案件中却早已存在。如为解决反复鉴定、久鉴不结，以及当事人或其家属不满鉴定意见而持续上访、闹事等顽疾，部分地区检察机关自创的"阳光鉴定"程序，[④] 就可见专家身影，而曾经闹得沸沸扬扬的哈尔滨六名警察殴打大学生案，亦能看到其成功运作的范例。[⑤] 不过，与庭审阶段对鉴定意见的质证相比，更多情况下，专家辅助人是被当事人邀请，参与监督、见证侦查机关在特定案件中开展的鉴定过程。据闻，这种方式取得了较好的法律效果。[⑥]

可见，司法实践对当前理论研究与立法设计提出了挑战。而按照法社会学的洞见，法律需要对外界压力做出反应，[⑦] 以回应特定社会的具

---

① 卞建林、郭志媛：《解读新〈刑事诉讼法〉推进司法鉴定制度建设》，载《中国司法鉴定》2012 年第 3 期，第 13 页。

② 范思力：《刑事审判中专家辅助人出庭若干问题研究》，载《西南政法大学学报》2012年第 5 期，第 24~28 页；左宁：《我国刑事专家辅助人制度基本问题论略》，载《法学杂志》2012 年第 12 期，第 148~153 页。

③ 当然，也有学者过度泛化当前聘请专家辅助人的主体，如侦控机关、法院在各自的诉讼阶段均可以聘请专家辅助人；同时认为被告方聘请专家的时间应与聘请辩护律师同步。参见卢建军：《刑事诉讼专家辅助人制度的建构》，载《中国司法鉴定》2011 年第 6 期，第 14页。

④ 郑欣、刘龙清：《"阳光鉴定"化解纠纷》，载《检察日报》2008 年 11 月 20 日第 2 版；关仕新：《"阳光鉴定"：确保办案质量提升司法公信力》，载《检察日报》2011 年 3 月 3 日第3 版；张继英：《西安市检察院法医鉴定高度透明赢得群众信赖》，载《检察日报》2002 年 3月 11 日。

⑤ 高增双：《哈尔滨公布六名警察涉嫌打死大学生案尸检结果 两名涉案警察被提请检察机关批捕》，载《检察日报》2008 年 11 月 7 日第 1 版。

⑥ 孔繁平、卢金增：《"阳光鉴定"让当事人口服心服》，载《检察日报》2009 年 10 月 15日第 1 版；张继英、王莹：《西安：刑事技术鉴定 16 年无误》，载《检察日报》2006 年 11 月20 日第 2 版。

⑦ [美] 劳伦斯·M. 弗里德曼：《法律制度：从社会科学角度观察》，李琼英、林欣译，中国政法大学出版社 2004 年版，第 15 页。

体问题①及审视针对该问题而衍生出的制度改良。因此，我们不应沉迷于一味地赞誉庭审阶段专家辅助人的制度优势与满足于对该制度的细节完善，而更应直面实践部门在侦查阶段"自生自发"的制度创新。因此，本书不希望去细化庭审阶段专家辅助人的权限、意见属性等问题，而是论证：专家辅助人制度不能仅局限于庭审，而应延伸至庭前，同时，应拓展专家权限。首先，阐释刑事鉴定争议的类型特征，盖因它们是引入专家辅助人的重要前提；其次，据此分析在庭审阶段专家辅助人制度的功能与局限；最后，描述侦查阶段引入专家辅助人的现实意义，并针对该制度在侦查阶段的运作实践，予以理论分析与制度重建。

二、刑事程序中鉴定争议的类型分布

显而易见，专家辅助人之产生，根源于鉴定争议的出现，换言之，除非当事人或公诉方对鉴定意见存有异议，否则，他们没有动力申请专家辅助人出庭。当然有人会反驳，既然法律没有规定专家出庭条件，在没有鉴定纷争的情况下，他们为强化鉴定意见的证明力，或为（尤其是当事人双方）追逐不正当利益以混淆是非，而会故意申请专家辅助人出庭。然而，这些理论假设会受到以下挑战：若公诉方提交的鉴定意见根本未受到当事人质疑，或当事人申请法庭鉴定或重新鉴定后的鉴定意见没有被控方或对方争辩，他们没有必要申请专家辅助人出庭。更何况专家辅助人被邀请参与庭审，相关主体将负担必要的成本。② 并且尽管法律尚未规定专家辅助人条件，但实际上，他们大多为"权威的资深鉴定人"，③ 是一种稀缺资源，许多鉴定人根本不具备资质，此时，当事人又何必费力寻找如此紧缺的专家。当事人拟聘专家辅助人出庭，以对鉴定意见颠倒是非的想法同样难以操作。道理很简单，专家辅助人出庭与否的决定权在于法庭，这表示当事人需承担必要的提交证据或线

①苏力：《经验地理解法官的思维和行为——代译序》，载［美］理查德·A. 波斯纳《法官如何思考》，苏力译，北京大学出版社 2009 年版，第 14 页。

②虽然新《刑事诉讼法》第 192 条并未规定专家辅助人出庭的费用承担问题，但很明显，该专家出庭的主要目的是为申请方服务的，类似其聘请律师，故一般都会由申请方承担费用。

③邹明理：《新〈刑事诉讼法〉有关鉴定规定几个重点问题的理解》，载《中国司法鉴定》2012 年第 4 期，第 3 页。

索的说明责任，以说服法官同意其申请。① 同理，控方的法律监督者角色以及承担的客观照料义务，亦不大可能召唤专家辅助人出庭去随意反驳并无瑕疵地由法庭（或依职权或依当事人申请）提供的鉴定意见。

即使存在上述例外，我们也必须承认，专家辅助人参与庭审，主要还是起因于一方或多方的鉴定争议。故而，鉴定争议的类型、出现频率、发生阶段等特征，则是分析新刑诉法专家辅助人制度的庭审功能及其缺陷的关键所在，也是改良该制度的理论契机，故需一一澄清。目前，大量学术研究、② 各地首例鉴定人出庭的报道③以及媒体报道、网络披露的案例④均证明：

庭前初查与侦查阶段是爆发刑事鉴定争议的重灾区，且其影响深远，被社会关注最多，并极易卷入全民争论旋涡，而法庭审判阶段的鉴定争议相对要少，但数量同样可观。个中缘由，当然在于侦查机关实施了刑事案件中90%⑤甚或更高比例的鉴定，⑥ 而当前，刑事重复鉴定的

---

① 最高人民法院在 2012 年 12 月出台的《最高人民法院关于适用〈中华人民共和国刑事诉讼法〉的解释》第 217 条第 1 款规定：公诉人、当事人及其辩护人、诉讼代理人申请法庭通知有专门知识的人出庭，就鉴定意见提出意见的，应当说明理由。这是一种条件设置。

② 目前，笔者通过中国知网进行搜索，发现在刑事重复鉴定的研究中，无论是法学界，还是鉴定学界，但凡涉及实践案例的，几乎都是关于精神病鉴定、损伤鉴定、死因鉴定的。如陈永生：《中国司法鉴定体制的进一步改革——以侦查机关鉴定机构的设置为中心》，载《清华法学》2009 年第 4 期，第 84~104 页；陈卫东等：《刑事案件精神病鉴定实施情况调研报告》，载《证据科学》2011 年第 2 期，第 193~215 页；刘锋：《刑事诉讼中的重复鉴定问题研究》，广东商学院 2010 年硕士学位论文。

③ 目前法律规定鉴定人出庭的前提，恰恰是存在鉴定争议，因此鉴定人出庭的案件可以说明鉴定争议的类型。相关案例参见洪奕宜：《海珠法院试水鉴定人出庭作证》，载《南方日报》2012 年 10 月 25 日第 A16 版；卢志坚：《江苏东海：试行鉴定人出庭》，载《检察日报》2012 年 5 月 23 日第 1 版；徐德高：《江苏启东：首例鉴定人出庭》，载《检察日报》2012 年 6 月 25 日第 1 版；余建华：《温州：鉴定人出庭作证》，载《人民法院报》2013 年 1 月 29 日第 3 版等。

④ 杜骏飞主编：《沸腾的冰点——2009 中国网络舆情报告》，浙江大学出版社 2009 年版，第 235 页；柴会群：《从"证据之王"到"是非之王"》，载《南方周末》2010 年 1 月 21 日第 B08 版。

⑤ 邹明理：《论侦查阶段鉴定的必要性与实施主体》，载《中国刑事法杂志》2007 年第 1 期，第 67 页。

⑥ 有学者的实证调研发现，侦查机关从事的刑事鉴定达到 98.03%，部分地区甚至达到100%。参见汪建成：《中国刑事司法鉴定制度实证调研报告》，载《中外法学》2010 年第 2 期，第 290 页。

比例高达 60%，[1] 按概率分布，鉴定争议在此阶段发生的概率肯定会最高。同时，侦查机关汇集了刑事鉴定存在的以及可能引发争议的几乎所有问题。[2] 何况，侦查机关的部分鉴定意见又决定着有无必要立案、是否需要追究犯罪嫌疑人罪责等核心问题，这关系着当事人或其家属的切身利益，他们不可能，亦无法（如死因鉴定）将鉴定争议留待于起诉阶段或审判阶段再解决。而在庭审阶段，审判的相对透明、辩护律师相对充分的参与、法官趋于中立，以及鉴定意见与被告人定罪量刑紧密相关等原因，当事人、公诉人之间更易形成对抗关系，鉴定争议同样会出现。不过，其中的大部分均是侦查程序鉴定争议之延续，或起因于侦查机关的鉴定。但由于审前阶段对部分鉴定异议的过滤与化解，如重新鉴定后达成了共识，侦查机关未立案或侦查终结，而导致庭审阶段的鉴定争议看起来似乎要少些，也显得更温和，以致难以引起如侦查阶段的轰动效应或戏剧化效果。至于公诉方的审查起诉程序，则因前接侦查后衔审判，鉴定争议几无踪迹，即使当事人不满，他们亦愿意在更显公正、中立的审判阶段寻求权利救济。

在刑事案件的诸多鉴定门类中，争端频发者，非法医鉴定莫属。而其中又以死因鉴定、损伤程度鉴定、犯罪嫌疑人或被告人的精神病鉴定为最，至于其他涉鉴类型（如痕迹类鉴定）则相对较少。其中，以侦查机关在初查或侦查阶段的死因鉴定争议最为显眼，也最棘手（一些经典案例，[3] 人们已耳熟能详）。毕竟，尸检意见支配着侦查机关是否立案，被害人家属能否将"凶手"绳之以法。故在"被害人"突发性死亡，而又被疑似非正常死亡的"案件"中，家属一般很难接受不利于己方的官方鉴定意见。特别是当"被害人"死于看守所、审讯室等涉警的敏感地带，或其死前毫无征兆、死后伤痕斑斑，且伤痕与现场环境矛盾重重，或死者与"犯罪嫌疑人"存在家庭纠纷、长期不睦……此时，家属若质疑官方鉴定意见，最易产生鉴定冲突，且动辄上访、闹

---

①邹明理：《合理控制重新鉴定和有效解决鉴定争议措施探讨》，载《中国司法》2008 年第 8 期，第 85~86 页。

②陈永生：《我国死刑误判问题透视》，载《中国法学》2007 年第 3 期，第 45~61 页；汪建成：《中国刑事司法鉴定制度实证调研报告》，载《中外法学》2010 年第 2 期，第 290 页。

③典型的如连丽丽案、黄静案、高莺莺案、李树芬案、黎朝阳案、李胜利案、谢佩银案、佘显兰案、戴海静案、徐梗荣案、湖北石首案。

事，甚至以之为导火索，引发群体性暴力事件。① 而伤情鉴定意见，同样关系到是否立案（轻伤、轻微伤的争议）、被告人罪行之轻重与刑罚之急缓（轻伤、重伤的争议）。倘若此类鉴定还存在特殊的案件背景，如当事人过去积怨颇深、存在利益冲突，则今日之伤害，乃新仇旧恨总爆发，故办案部门的任何鉴定意见，都可能受到当事人一方的强烈抵制。② 对犯罪嫌疑人或被告人进行精神病鉴定，以确定其有无精神疾病、是否需要承担罪责看似简单，实则因其作案手段恶劣、犯案后果严重，以及该事件引发的被害人及其家属、社会民众、学者之间的对立情绪，司法机关断案时被迫进行的社会及政治效果因素的考量，而导致鉴定意见争议不断、鉴定科学的威信声誉扫地。

当然，在中国刑事案件中，公诉方，尤其当事人存在的鉴定争议，可以说早已指向刑事鉴定的方方面面，论者研究③与当前案例均反映出以下几点：

（1）鉴定程序违法。例如，鉴定人不回避、鉴定主体不适格、鉴定书错误。

（2）鉴定的科学性不足，或存在严重缺陷。例如，对精神病鉴定的科学性当前争议最多，甚至被学者讥为垃圾科学。④ 同样，伤情鉴定亦存在科学标准的混乱。⑤

（3）鉴定材料未被提取，或被污染、销毁，或因保存不当而变化腐烂。

（4）鉴定事项疑难复杂，超出当前科学能力的解决范围，或鉴定材料无法满足鉴定条件。

（5）鉴定粗糙、草率，罔顾程序规定与科学规范。

---

①丁补之：《一个女生的死引爆一座城——瓮安事件真相调查》，载《新闻天地》2008 年第 8 期，第 20~23 页。

②孙兆麟、惠晓莉等：《人身伤害案件重复鉴定的困境与对策》，载《甘肃法制报》2010 年 3 月 31 日第 A06 版。

③邹明理：《重新鉴定增多与对策研究》，载《证据科学》2012 年第 1 期，第 6~7 页。

④陈卫东、程雷：《司法精神病鉴定基本问题研究》，载《法学研究》2012 年第 1 期，第 165~166 页；柴会群：《精神病鉴定"清理门户"的时候到了》，载《南方周末》2011 年 7 月 14 日第 A02 版。

⑤按照法律规定，伤情鉴定有轻微伤、轻伤与重伤，但实践中还出现了重伤轻型、轻伤重型的鉴定意见，这导致法官无法认定。

诸种问题中，部分可以被客观反映、记录，并通过专家质证得以呈现、识别。而许多缺陷，却因刑事鉴定（尤其是侦查阶段）单方、封闭的展开，而根本无法再现，也难以被发现，即使在庭审时发现，也失去了弥补的条件。还有部分问题，则因专家们抱持的观念差异，或学术观点不同，而在当前鉴定界聚讼纷纭，没有定论。

三、专家辅助人制度在庭审阶段的功能与局限性

根据新《刑事诉讼法》第 192 条第 2 款的字面解释，专家辅助人在庭审阶段对鉴定意见提出意见时存在两种情况：鉴定人出庭或不出庭。应该说，鉴定人出庭更有助于专家有效质证。原因在于：承载鉴定意见的鉴定报告，"无论是从形式到内容都有不同程度的简化或省略，简化内容的现象特别突出，严重影响对鉴定报告内容的审查评价"。[①]同时，鉴定人不出庭，相关鉴定过程、鉴定的科学性、鉴定的技术标准都无法得到专家辅助人的有效审核。而鉴定人出庭，对相关质疑进行解释，可以打消当事人、公诉方或法官的疑虑，以避免重新鉴定。故鉴定人出庭，是专家辅助人制度有效运作的根本，然而颇为遗憾的是，新刑诉法却未对此作明文规定。[②] 尽管如此，但便鉴定人不出庭，也不影响此处的分析。因为在庭审阶段，鉴定人出庭时，专家辅助人制度若仍存在缺陷，那么，在其不出庭的情况下，该问题更不可避免。

目前，人们普遍认为专家辅助人参与庭审具有以下三重功能：

（1）使庭审质证、认证实质化。在专家帮助下，当事人、公诉人能对鉴定意见有效质证，而法官亦在控辩双方充分质证的基础上，能对相关事实作出准确认定。因此，专家辅助人制度被赞誉为"正确采纳鉴定意见的必由之路"。[③] 这种共识至少已经在法官、检察官，尤其律

[①]黄维智：《论我国司法实践中鉴定制度的四大突出问题（上）》，载《中国司法鉴定》2004 年第 2 期，第 9 页。

[②]不过，专家辅助人参与庭审的前提——公诉人或当事人对鉴定意见有异议，也是鉴定人应该出庭的条件。其根据在于《刑事诉讼法》第 187 条第 3 款：公诉人、当事人或者辩护人、诉讼代理人对鉴定意见有异议，人民法院认为鉴定人有必要出庭的，鉴定人应当出庭作证。

[③]陈勋：《论检察机关设置专家辅助人制度》，载《中国司法鉴定》2009 年第 4 期，第 11 页。

师群体达成。[1]

（2）可以强化鉴定人责任意识、增强鉴定意见科学性。刑事鉴定争议，部分肇因于鉴定人鉴定粗糙、马虎、敷衍了事。但若专家辅助人出庭对鉴定意见质证，必然督促鉴定人在鉴定过程中更加仔细、认真、反复权衡。毕竟，法庭上面对同一水平，甚或更高权威的同行专家，这对鉴定人是一种内在压力。

（3）减少重复鉴定，节约诉讼资源。法庭审判中专家辅助人出庭，与鉴定人专业互动，在一定程度上可取得以下效果：消除当事人、公诉方的疑问或误解，使鉴定意见具有可接受性；明确鉴定争议之所在，为法官决定有无必要重新鉴定，或要求鉴定人进一步作出合理解释，或让其补充鉴定提供决策依据。且对当事人而言，委托专家辅助人实质性地参与庭审，哪怕最终结果对其不利，但其因主体性地位、权利受到尊重，而愿意服判息诉。

固然如此，但有学者马上指出，专家辅助人庭审功能的兑现，依赖于该制度得到有效实施。[2] 而问题或许恰恰在此。姑且不论法律实施普遍存在的折扣性——法律表达（"书本的法"）与法律实践（"行动中的法"）间的差异，[3] 即便我们认同，专家辅助人能够有效参与庭审，那么，上述功能就能立竿见影吗？对此，我们需要结合前述讨论过的刑事鉴定争议，对专家辅助人的庭审功能可否实现、实现程度进行细致考评。

庭审阶段的鉴定纷争，仍以相关的法医鉴定居多，其中部分（甚或大部分）鉴定争议，还是侦查程序相关异议的延续，这是我们讨论的前提背景。而专家辅助人参与庭审的任务，按照立法者的解释："是专门就对方的鉴定意见挑毛病、提问题，用以指出对方鉴定意见在科学

---

①汪建成：《中国刑事司法鉴定制度实证调研报告》，载《中外法学》2010年第2期，第317页。事实上，即便法律没有规定专家辅助人制度，在当前，法官、检察官与律师也会在部分案件中，私下向专家进行咨询。

②孙长永：《论刑事证据法规范体系及其合理构建——评刑事诉讼法修正案关于证据制度的修改》，载《政法论坛》2012年第5期，第31页。

③参见黄宗智：《清代的法律、社会与文化：民法的表达与实践》，上海书店出版社2001年版。

性方面的破绽和问题，或者就对方提出的专门性问题进行回答……"①而这些任务的完成，需要达成以下共识：某一具体的鉴定科学和技术在原理、操作程序、技术标准方面无争议，即在该学科内具有普遍的可接受性。② 审前的鉴定过程可以客观再现（如视频），或以想象性重构近似的复现。当专家辅助人与鉴定人激烈争辩时，法官具有正确的甄辨能力，或在前一种情况下，法官虽无以辨别真伪，但至少还具有启动再次鉴定的可能与条件。鉴定人需要把持客观中立的立场，而专家辅助人至少应坚持"可以不说实话（因不利于委托方），但绝不能说谎（故意歪曲事实）"的原则。③

然而，刑事司法证明，上述共识的获取在一些鉴定领域极不容易。至少，伤情鉴定与被告人精神病鉴定的科学性争议颇多。如论者指出，目前伤情鉴定标准的规定不够科学、具体（如轻伤害鉴定标准的不确定性④），实践中往往因适用角度不同而得出不同的结论，加之鉴定标准在效力与适用范围上具有局限性，造成异地鉴定意见之间亦存在差异。当然，损伤程度鉴定之所以常常发生争议，还在于对被害人的损伤鉴定都是在其治愈后作出，被害人的医治情况，对后续鉴定影响颇大。本来，被害人经过前期治疗后应为重伤，但经过后期的医治后，重复鉴定就可能变成轻伤，甚至连轻伤标准都不够。⑤ 而当前的精神病鉴定，在评估精神病对被鉴定人刑事责任能力（辨认能力和控制能力）的影响程度时，没有一个统一的标准可以参考，都是鉴定人根据自己的经验

---

①黄太云：《刑事诉讼法修改释义》，载《人民检察》2012 年第 8 期，第 17 页。

②美国联邦最高法院 1993 年建立了专门判断专家意见是否可靠的 Daubert 标准，其中一个重要要求便是：该理论或技术在相关科学团体中是否得到普遍接受。参见易延友：《英美证据法上的专家证言制度及其面临的挑战》，载《环球法律评论》2007 年第 4 期，第 67~80 页。

③当前，法律没有规定专家辅助人出庭费用的给费方，但根据一般法理与立法原意，除特殊情况，应该由聘请方付费。因此，专家就类似于科学律师的角色，他参与庭审的目的，应该是为了维护委托方的合法利益，而不仅是帮助法官查明案件事实。但这并不等于他可以利用专业知识作出歪曲事实的意见。相关讨论可以参见左宁：《我国刑事专家辅助人制度基本问题论略》，载《法学杂志》2012 年第 12 期，第 148~153 页。

④贾富彬等：《轻伤害案件鉴定标准待明确》，载《检察日报》2013 年 2 月 24 日第 3 版。

⑤曾永光、徐绍玲：《司法机关启动重新鉴定，被害人不该拒绝》，载《人民检察》2005 年第 2 期，第 60 页。

作出判断，在这个过程中鉴定人的主观性过大。① 故精神病鉴定科学的客观性、可靠性问题，特别是被告人刑事责任能力评定无章可循的缺陷，历来备受指责。一些精神病鉴定专家通过从业经验也发现，在办案单位委托他们进行的复核鉴定中，结论分歧的案例占 51.4% （71/138）。② 部分鉴定科学及其标准存在的缺陷，导致这些鉴定标准并未得到学界的普遍认同，因此，可以合理预期，庭审时专家辅助人与鉴定人之间很容易产生纷争，彼此难以说服，故立法者期冀"通过庭审质证使法官或者合议庭对鉴定意见的采信根植于坚实的科学基础之上"，③未免过于理想化。

同时，庭审中的专家辅助人并未参与、见证鉴定过程（哪怕是庭审阶段的鉴定），他对鉴定人的质疑，大多只能根据鉴定报告与其口头陈述进行，但这些均无法全面、客观地记录、反映鉴定过程，除非鉴定报告与鉴定过程明显有误，否则，鉴定人很容易凭借客观条件不足、鉴定条件有限的借口予以反驳。更何况，鉴定人与专家辅助人的对质，因各自立场、对鉴定科学的理解差异、对案情掌握的多寡、对一些问题的选择性回避等，造成类似英美法庭的专家大战。而针对相互矛盾的专业意见，法官未必有充分的能力判断孰是孰非。一些案例披露，在观点对立的鉴定人出庭相互辩论的庭审中，法官反而抱怨不知何为，如在杭州铁路运输法院 2009 年审判的易树生案中，就易树生是否患有精神病，两位观点迥异的著名专家出庭作证，使主审法官感到采纳何种鉴定意见变成了棘手难题。④ 而此种鉴定争议，怎么可能不在专家辅助人与鉴定人之间重演呢？面对这一难题，法官同样束手无策。即便法官搞不清楚，可以委托重新鉴定，但问题是：若新的鉴定意见同前面若干次鉴定意见仍然冲突，此时，法官又该如何抉择？何况，一些案件在庭审时，

---

①陈卫东等：《刑事案件精神病鉴定实施情况调研报告》，载《证据科学》2011 年第 2 期，第 206 页。

②虽然，这并不意味着复核鉴定就是正确的，但这却说明鉴定争议是客观存在的。参见禹海航等：《司法精神医学鉴定结论分析的分歧》，载《临床精神医学杂志》2001 年第 2 期，第 80 页。

③黄太云：《刑事诉讼法修改释义》，载《人民检察》2012 年第 8 期，第 17 页。

④李亮：《三次司法鉴定结论各异 疑犯是否有精神病该听谁的》，载《法治周末》2010 年 1 月 14 日。

早已没有再次鉴定的可能与条件，最典型的是死因鉴定，尸体已经被火化或因保存不当而变质，器官类检材已被污染或销毁；或者虽然可以再次鉴定，但已经失去了最佳时机，如作案时患病、庭审时正常的间歇性精神病人的鉴定，因为积极治疗损伤而部分或全部恢复的伤情鉴定。

可见，当前法律规定专家辅助人制度，尽管弥补了庭审质证、认证的部分缺憾，但我们还是必须正视上述局限性。而侦查程序的调查取证，很大程度上决定了法庭审判的走势，换言之，侦查机关的证据卷宗在庭审中具有中心地位。[①] 这说明，庭审中的鉴定争议，很大一部分来自侦查阶段。因此，法律仅对该制度在庭审阶段进行细节完善，肯定效果不佳。是故，我们有必要结合刑事鉴定争议的现状与专家辅助人制度的刑事司法实践，而将视线投向审前程序——侦查或初查阶段的专家参与，对解决刑事鉴定争议具有价值与意义。

四、审前专家辅助人制度实践运作的评析

刑事案件中的鉴定争议，主要（特别是具有影响性的经典案例）发生在或起源于初查或侦查阶段。究其原因，在于单方、秘密的鉴定（除部分尸检外）过程，且以侦查机构的鉴定人为主，[②] 导致鉴定的中立性、公正性往往存在争议，难以得到当事人或其家属认可。何况，侦查机关主导的鉴定程序，可以说，聚合了中国刑事鉴定目前被指责的几乎所有问题，尤其是其中的错鉴、误鉴，在经过一些典型案例广泛的传播后，引起了严重的鉴定信誉危机。如前所述，部分鉴定涉及特殊的案件背景，而其鉴定意见又最终关系到是否追究犯罪嫌疑人的罪责及其轻重等问题，以致鉴定中的任何缺陷都可能被成倍放大，进而影响到鉴定意见的科学性与当事人的可接受性。因此，若能在初查或侦查阶段合理化解鉴定争议，不仅能使案件纠纷平息于审前，而且官方无须立案或及

---

①左卫民：《中国刑事案卷制度研究——以证据案卷为重心》，载《法学研究》2007 年第 6 期，第 101 页。

②姑且不论社会鉴定机构鉴定人水平超过侦查机构鉴定人，仅以侦查机关鉴定机构的人数为例，那么在将来至少很长一段时间内，他们都是刑事鉴定的绝对主角。在 2007 年，就有学者指出，侦查机关的鉴定人有 4 万人之多，而社会鉴定机构仅有 1 万人左右。参见邹明理：《论侦查阶段鉴定的必要性与实施主体》，载《中国刑事法杂志》2007 年第 1 期，第 67～68 页。

时终止侦查，避免后续的起诉、审判。何况，即便案件进入庭审，也能尽量减少或消除该鉴定争议在审判阶段的进一步发展，降低法庭引入专家辅助人的频率，从而节约诉讼资源，实现刑事裁判的可接受性，这是事半而功倍的方法。

或许出于如此考虑，一些地方的检察机关在部分案件的侦查程序中，建立了"阳光鉴定"程序或"临场见证"制度，通知当事人可以聘请专家监督、见证刑事鉴定过程，以解决既成的或极可能发生的鉴定争议，如下面案例所示：

【案例6】记者近日在西安市检察院了解到，一名来自宁夏的青年因涉嫌伤害罪被陕西西安警方刑事拘留，大年初二该青年突然死亡。远在宁夏的死者亲属得知消息后，准备组织数百名亲属赴西安讨说法，此事引起西安市有关部门的高度重视。正月初三，西安市检察院技术处的法医对死者进行解剖，专程从宁夏赶来的死者的家属和他们聘请的鉴定专家作为"临场见证"者旁观了尸体解剖的全过程。经解剖，法医指出死亡原因属于死者自身的病变，现场解答了死者家属及专家提出的问题，消除了死者家属的疑虑，死者家属说："你们做尸检没问题，我们不上访了。"一场可能发生的上访事件被化解于无形。①

【案例7】2009年8月13日9点6分，因交通肇事被羁押在看守所的丁某出现呕吐。9点31分，其被送往医院抢救。14日4点30分，经抢救无效死亡。丁某发病后，临沂市检察机关及时介入调查。经调查和丁某同监室的在押人员、看守所值班民警和查看监室的监控录像，证实监室在押人员和看守所值班人员对丁某无任何打骂、体罚和虐待行为。医院医生为丁某做了全身检查，没有发现外伤。丁某家属怀疑丁某是非正常死亡。丁某的父亲组织20余人到有关部门上访。为了进一步查明原因，由相关人员组成的鉴定小组对丁某尸体进行解剖检验，死者亲属及其选定的医务人员在场监督旁证。整个解剖鉴定过程，他们告知权利义务，实行了鉴定人员资质、鉴定程序、检验过程、鉴定结论"四公开"，听取死者家属和选定的医务人员的质疑，并就鉴定结论的形成过

---

① 张继英、王莹：《西安：刑事技术鉴定16年无误》，载《检察日报》2006年11月20日第2版。

程、检验鉴定方法、参照标准、执行标准进行详细解释。一场极有可能引发的越级上访事件就此"烟消云散"。[1]

检察机关告知并允许当事人家属聘请或委派（医务）专家监视鉴定过程，可以保障鉴定程序的公开、公正，鉴定意见的可信、可靠，从而化解鉴定争议，避免涉鉴上访。目前，根据各地司法实践，专家参与侦查机关主导的鉴定程序的模式存在以下一些共同特征：

（1）几乎都仅仅适用于检察机关从事的自侦案件中的初查或侦查阶段。据目前的公开报道显示，山东临沂、陕西西安、福建漳州、河南灵宝等部分地区的检察机关，在其从事的部分自侦案件中，通过建立"阳光鉴定"制度或"临场见证"程序，允许当事人聘请的医学（鉴定专家）参与监督，见证鉴定过程。

（2）涉鉴的案件类型。专家参与的案件，主要是针对事发突然而非正常死亡的敏感案件，尤其是被监管人在看守所非正常死亡、涉嫌滥用职权导致当事人伤亡等社会影响恶劣的案件。

（3）专家的职责是旁观尸体解剖过程，对鉴定人现场提出问题及建议，对委托人答疑解难。

（4）检察机关将鉴定人资质、鉴定程序、检验过程、鉴定意见进行公开，鉴定人回答专家的提问与质疑。

（5）该制度既可以适用于初次鉴定（可能发生鉴定争议的案件），也可以运用于重新鉴定（已经发生鉴定争议的案件）。

（6）有些地方的检察院还对鉴定、检验过程进行录音、录像，以固定证据。

各地经验表明，专家参与鉴定程序的效果甚佳，如山东省临沂市检察院运用"阳光鉴定"处理人身伤亡突发案件 30 余件，所办案件无一引发越级上访现象。[2] 而西安市检察院采取当事人聘请专家的临场见证制度后，自 2000 年 1 月至 2006 年 7 月，该院鉴定中心共受理案件 2081

---

①卢金增等：《阳光鉴定：用群众看得见的方式化解矛盾》，载《检察日报》2010 年 9 月 3 日第 2 版。

②卢金增等：《阳光鉴定：用群众看得见的方式化解矛盾》，载《检察日报》2010 年 9 月 3 日第 2 版。

起，全部实行公开鉴定，没有一起上诉、缠诉。① 同样，福建省漳州市检察院共检验鉴定 13 起非正常死亡的敏感案件，满意率达 100%。② 由此看来，在侦查阶段建立专家辅助人制度，非常具有现实意义。

当然，当事人家属聘请专家参与检察机关在自侦案件中主导的鉴定程序，同样存在修正必要，因为结合前面分析的刑事鉴定争议类型可以看出，其缺陷在于以下几点：

（1）它仅仅在检察机关的自侦案件中运作。而我们知道，刑事案件的侦查，绝大部分是由公安机关的侦查机关进行的，而该侦查机关同样面临大量的刑事鉴定争议，到目前为止，其鉴定程序却很少引入当事人的专家。③

（2）专家参与的案件，大多仅涉及非正常死亡，主要是看守所死亡或侦讯期间死亡的案件，至于伤情鉴定案件、犯罪嫌疑人的精神病鉴定案件，则基本上很少见到使用专家辅助人制度的案例。而据前面分析，后两者引起的鉴定争议同样数量不少。

（3）专家参与鉴定程序并未制度化，而是根据检察机关的告知并允许才能进行。

（4）专家的权限有限，至少目前还没有规定专家辅助当事人进行鉴定机构与鉴定人的选择，至多告诉他们可以申请鉴定人回避。因此，检察机关在侦查程序中创新的专家辅助人制度，还需结合本土经验进一步总结、提炼，并推广于整个刑事侦查、初查阶段，甚至在庭审阶段，也应赋予当事人邀请专家，参与法院启动的鉴定或重新鉴定程序的权

---

① 张继英、王莹：《西安：刑事技术鉴定 16 年无误》，载《检察日报》2006 年 11 月 20 日第 2 版。

② 郑欣、刘龙清：《"阳光鉴定"化解纠纷》，载《检察日报》2008 年 11 月 20 日第 2 版。

③ 在前面提及的哈尔滨六名警察殴打大学生案件中，当家属得知负责本案侦查的哈尔滨市公安局委托四位鉴定人准备对死者林松岭进行尸体解剖时，他们强烈反对，提出了自己委托专家进行鉴定的要求。后哈尔滨市公安局与死者家属妥协：公安机关与死者家属各委托四名专家。公安机关委托的四位专家全部参与鉴定，死者家属委托的四位专家中，其中三位参与鉴定，一位负责监证。由于负责鉴定的专家组构成比较合理，兼顾了公安机关与死者家属双方的意见，因而专家组最终作出了争议双方以及社会公众都认为公正的鉴定结论——"林松岭因面部受钝性外力作用致蛛网膜下腔出血死亡"。参见高增双：《哈尔滨公布六名警察涉嫌打死大学生案尸检结果　两名涉案警察被提请检察机关批捕》，载《检察日报》2008 年 11 月 7 日第 1 版。

利，方能最大限度地减少鉴定争议与涉鉴上访。

五、当前侦查或初查阶段专家辅助人制度的法律建构

尽管当前实践中，各地并没有将当事人或其家属聘请的专家，明确界定为专家辅助人，但该制度却具有与之功能的等同性。现分述如下：

（1）保证了鉴定过程的公正与透明，因此，哪怕鉴定意见与其期望不符，当事人也更容易接受。历来，初查或侦查的鉴定程序，除部分尸检外（即使尸检，一些侦查机关也不通知死者家属），都是由侦查机关单方主导进行的，而仅告诉当事人或其家属鉴定意见。在遇到案情特殊的死因鉴定、伤情鉴定案件时，当事人或其家属一般难以接受，如著名的连丽丽案件、黎朝阳案件。有时，当事人或其家属参与官方的鉴定、检验，但无法"看懂"鉴定过程，当鉴定意见与其愿望相左时，他们很容易以鉴定过程的琐碎、瑕疵，甚至根本不给任何理由，而对其断然否定。而他们聘请专家辅助人参与鉴定过程，则会趋于认同该专家的意见。因为专家参与侦查机关主导的鉴定程序，能够使"当事人的人格尊严受到尊重，消除了当事人的怀疑，增强了他们对鉴定人的信任，这是一种当事人看得到的公正"。①

（2）在鉴定过程中产生争议时，专家能够在专业问题上同鉴定人协商与沟通，必要时可以通过适当的措施予以补救，如重新鉴定。专家辅助人可以要求保存检验材料，对鉴定过程录像。即使检材无法保存，或保存之后发生了变化，因为鉴定过程是客观、公正的，鉴定人也可以免责，且鉴定分歧也可以得到客观记录。

（3）即便当事人不满控方鉴定意见，也因为专家在前期参与了监督、见证鉴定过程，故其法庭上的质证能有的放矢，其意见更具说服力，可以说服法官对其不采纳。

（4）在侦查阶段，专家参与鉴定过程，才可能真正提高鉴定人的责任意识，保障鉴定的客观性与公正性，而且鉴定人与专家辅助人的协调沟通，更能促使当事人接受鉴定意见，也客观上保障了鉴定意见的真实性。除具备这些功能外，侦查阶段设置专家辅助人还能过滤审判中的

---

① 张继英、王莹：《西安：刑事技术鉴定 16 年无误》，载《检察日报》2006 年 11 月 20 日第 2 版。

部分，甚至大部分鉴定争议，避免诉讼拖延、过度耗费资源。

而且，在侦查或初查阶段允许当事人或其家属聘请专家辅助人参与鉴定过程，以解决鉴定争议，还是一种适应当前诉讼实践的改革模式：它承认当前侦查机关的鉴定机构无法剥离，知道鉴定人的整体素养需要进一步锤炼，也理解当前鉴定技术的科学性局限，这样，在当事人很容易有不满情绪或情绪波动，甚至在当事人对办案机构不信任的情况下，国家采取的一种务实而可行的局部变革，来完善当前并不完美的制度。

所以，我们需要根据诉讼实践以及刑事鉴定争议的类型分布，来对侦查或初查阶段当事人或其家属聘请专家辅助人参与鉴定程序的制度进行合理设计：

（1）该制度的适用条件。目前可以暂时限定于死因鉴定、伤情鉴定与精神病鉴定等产生或可能产生重大鉴定争议的案件。尤其是当事人死前毫无征兆、死因可疑，或其死亡涉警、涉官、涉及家庭矛盾的案件或当事人之间事前存在恩怨，以致矛盾激发的伤情鉴定案件，以及犯罪嫌疑人犯罪手段极端恶劣、后果严重（如杀人案件中，连续杀死多人），需要对犯罪嫌疑人的精神疾病进行鉴定的案件。

（2）适用主体。适用于公安机关、检察机关在侦查或初查阶段办理的案件，尤其应强调专家辅助人制度在公安部门侦查机关所从事的鉴定程序的运用，因其刑事鉴定争议频发，且冲突最为激烈、后果最为严重（如李树芬案件、涂远高案件）。

（3）适用阶段。专家辅助人在初次鉴定或重新鉴定程序中，均可以适用。尤其是在重新鉴定案件中，当事人争议较大，更应该允许其聘请专家参与鉴定过程。

（4）专家辅助人的权利。辅助当事人选择鉴定机构与鉴定人；参与监督，见证鉴定过程；对鉴定人提出专业问题；获得侦查机关详细的鉴定报告，并对其进行研究；侦查机关的鉴定人应回答专家提问，并在鉴定书中进行说明；鉴定人必须对鉴定意见的形成过程、检验鉴定方法、参照标准、执行标准对专家进行合理解释。

（5）专家责任。不得延误鉴定；不应干扰鉴定活动的开展；应坚持科学伦理，不能歪曲事实等。

（6）专家资格。参与侦查程序的鉴定专家，应较有实践经验，最好是副高或工程师级别及以上的鉴定人。至于非鉴定人的专家，或不具有如此职称的鉴定人或专家，最好能得到委托人与侦查机关的共同认可，以免产生争议。当然，这一问题还需要根据实践经验进一步总结。一般来说，一个案件中，专家不超过两人，最好是一人。

（7）在符合条件的案件中，侦查机关应告知当事人或其家属可以聘请专家辅助人，后者也有权向侦查机关提出申请，无适当理由，侦查机关不得拒绝。

（8）专家辅助人的费用应由申请方承担，在特殊情况下，当事人可以申请司法鉴定援助，由法律援助部门指定免费的专家，为当事人提供技术帮助。①

六、余论

拓展专家辅助人权限，扩充其参与阶段，应该说是当前解决鉴定争议、避免重复鉴定的有效路径。虽然，本部分对刑事鉴定争议的研究，可能以偏概全，即实践中还可能存在其他鉴定争议，如现在越来越多的电子证据，其科学性的争议同样可能面临许多问题，但前述分析对此处的结论是适宜的，至少到目前为止，我们没法否认这些鉴定争议的真实存在。

当然我们应该知道，庭审阶段的专家辅助人制度也不可替代，原因在于：侦查阶段律师参与较少，当事人可能还不知道如何维护自身合法权益，而到审判阶段，律师根据辩护需要，可能会建议当事人聘请专家辅助人。同时，控辩双方为有效对鉴定意见质证，也需要专家的帮助。何况，专家辅助人能否实质性地参与侦查机关的鉴定过程也可能存在疑问，这需要庭审阶段的有效救济。法庭审判的相对中立性，以及程序正义的要求，导致法官正确地采纳鉴定意见，也必须建立在当事人双方充分质证的基础上，因此，庭审阶段专家辅助人参与仍然存在重大意义。不过，专家的法庭参与程序确实需要进一步细化，这需要留待实践经验的积累，到时可以通过司法解释的方式予以完善。

---

①中国目前众多地区都在实行司法鉴定援助，但由于刑事案件中，除自诉案件外，当事人一般都不能自行委托鉴定，因此司法鉴定援助较少。如果我们能够将专家辅助人援助纳入其中，这应该是一种非常好的措施。参见陈如超：《中国司法鉴定援助制度的实证研究》，载《中国司法鉴定》2012 年第 2 期，第 30~36 页。而且专家辅助人的法律援助，在意大利刑事诉讼法第 225 条也有规定。

第十章　刑事庭审中的专家陪审员制度

一、问题的提出

人民陪审员制度是中国司法实践中，人民法院吸收普通民众参与审判案件的一项重要举措。专家陪审员则是人民陪审员中较为特殊的部分，他们一般拥有专业知识，参与审理专业性较强的特殊案件。中国专家陪审员的使用最初源于知识产权案件的审理。最高人民法院于1991年6月6日在《关于审理第一审专利案件聘请专家担任陪审员的复函》中指出：人民法院在审理第一审专利案件时，可以根据案件所涉及的技术领域，聘请有关技术专家担任陪审员。专家陪审员在庭审中运用专业知识的方式繁多，如参与涉及专门知识的现场勘验、证据保全、介绍专业或行业知识背景、对科学证据进行分析判断。当然，其中最为重要的，则为专家陪审员对被誉为新的"证据之王"的鉴定意见或科学证据的审查。

在刑事庭审中，由于鉴定意见的专业性，法官对其审查甚为艰难，这是目前鉴定争议与重复鉴定产生的重要原因。[1] 虽然目前现行刑诉法规定了鉴定人出庭与专家辅助人制度，但专家之战，同样令法官无所适从。[2] 因此，为减少鉴定争议，实现法官对刑事鉴定意见的有效认证，有必要建立刑事庭审中的专家陪审员制度。

二、法官审查鉴定意见时的认知困境

刑事鉴定是由具有特别知识经验者，根据有关事实法则或将该法则

---

[1] 陈如超、涂舜：《中国刑事重复鉴定现象的改革——基于司法实践中50例案件的实证研究》，载《中国司法鉴定》2013年第2期，第15~21页。

[2] 章礼明：《评"专家辅助人"制度的诉讼功能》，载《河北法学》2014年第3期，第102~109页。

运用在具体事实中，所获得的判断报告。① 刑事鉴定的结果常常形成鉴定意见或报告，成为法定证据的一种。而根据中国相关刑事诉讼法，任何证据都应经法官查证属实后，才能作为定案的根据。这意味着，刑事鉴定意见尽管是由专门经验者所为之"客观判断"，但并非无须法官审核与认定，鉴定人不能篡夺刑事法官对案件事实的最终裁判权。

然而现实的困难是，刑事法官作为科技知识的外行，他怎能有效地审查、质疑鉴定意见的可靠性呢？因为"在为法院判决提供事实认定的结论方面，常识和传统的证明方法就遭遇了科学数据的竞争。这些数据往往概念复杂，数量非常大，而且有时甚至是违反直觉的。进而法院频频遭遇复杂的科学技术证据，只有那些拥有高度专业化知识或杰出技艺的人才能毫无困难地领会"。② 因而，法官判断鉴定意见时不可避免地存在认知悖论：本来，刑事诉讼程序（尤其是法庭审判）因为遭遇科技的"殖民化"而求助于专业人士——鉴定人，但鉴定人提交的鉴定意见或报告却用专业语言论证，构成专业知识的"迷宫"，作为外行的法官几乎无法有效审核，尤其是一些专业性较强的精神病鉴定、法医学鉴定以及毒物化学鉴定。但是任何类型的刑事案件审判，对事实负最终责任者却是专业法官，而非鉴定人。因此，法官必须对鉴定意见的可靠性、真实性进行自由心证。即便鉴定人具有如同德国和法国的"法官助手"、"科技法官"之崇高地位，但他毕竟不是法官，其鉴定结果仅为一种意见或心证资料，对法官应毫无强制力与约束力。于是乎，不懂专业知识的法官（当然包括其他启动鉴定的主体）求助于鉴定人，鉴定人给出鉴定意见后，又抛给外行的法官进行审查核实。这就产生了法官审查鉴定意见的认知悖论，其后果是法官无法审查鉴定意见，而让渡出对专业知识的事实裁判权，导致法官不过是鉴定专家的一个无助的执行机关。③

面临这一认知困境，专家陪审员制度作为一种问题解决装置应运而生。一些国家已经在尝试或运用专家陪审员或陪审团制度。例如，美国

---

① 张丽卿：《验证刑诉改革脉动》，台北五南图书出版有限公司 2004 年版，第 141 页。

② ［美］米尔建·R. 达马斯卡：《漂移的证据法》，李学军等译，中国政法大学出版社 2003 年版，第 201 页。

③ 朱富美：《科学鉴定与刑事侦查》，中国民主法制出版社 2006 年版，第 28 页。

司法中就引入了专业人员组成的陪审团裁定专家证据以及其他案件事实。① 同样，《英国民事诉讼规则》第35章第15条规定：技术陪审员协助法院处理其掌握技术和经验之事项。② 我国台湾地区学者张丽卿也认为，要改进刑事法院与鉴定人评价鉴定意见的相互抵触，或甚至外行领导内行的缺失，专家参审制度是个非常可行的办法。她进而建议对台湾地区专家咨询制度进行改革，设立专家参审的制度机制。③ 就中国刑事诉讼实践而言，引入专家陪审员参与审查鉴定意见亦已经成为一种趋势，有学者在刑诉法再修正的建议稿中，明确提出应建立专家陪审员。④ 可见，中国刑事司法实践中运作专家陪审员制度一定程度上是可行的，且有实践的支持。

三、专家陪审员参与审查刑事鉴定意见的优越性

（一）弥补刑事鉴定制度的缺失

专家陪审员不是如同鉴定人那样向刑事法庭提供鉴定意见，亦非像专家辅助人那样向刑事法官提供专业咨询，而是实质性地介入到对刑事案件的审判中。由于专家参审对案件的事实认定有决定权，法官因此不至于情绪性地排除专家的意见，法官适用法律亦因而受到拘束，判决结果更能让当事人折服。⑤ 且专家陪审员作为事实裁判者必须是中立的，从而能够避免鉴定人对法官的曲意迎合或专家证人的党派性。因为尽管在德法等国家，诉讼制度把鉴定人的性质理解为法官的助手，因此要求鉴定人必须中立于双方当事者，⑥ 但不容否认的是，法官选定鉴定人相对固定化，以及鉴定人只对法官负责，且其存在的市场经济效益，难免会导致他会有附和法官的倾向。而在英美法系国家，专家证人充当

---

① See willian luneburg and Mark Nordenbeng, specially qualified jurese and Expert nonjury tribunas, 67 Va. L. Rev. 887(1981), p.887.

② 徐昕译：《英国民事诉讼规则》，中国法制出版社2001年版，第123页。

③ 张丽卿：《刑事诉讼制度与刑事证据》，台湾元照出版公司2003年版，第425页。

④ 徐静村：《中国刑事诉讼法（第二修正案）学者拟制稿及立法理由》，法律出版社2005年版，第232页。

⑤ 张丽卿：《刑事诉讼制度与刑事证据》，台湾元照出版公司2003年版，第426页。

⑥ [日]谷口安平：《程序的正义与诉讼》，王亚新、刘荣军译，中国政法大学出版社1996年版，第258页。

"当事人证人"的角色，对抗制的运行环境容易使专家的中立性丧失。[①]而专家陪审员作为中立的裁判者，拥有如同法官的裁判权，故既无须迎合法官，也无须具有党派性，而是根据专业知识客观的判断鉴定证据。因此，无论中国刑事司法实践中将来是实行如同英美的专家证人制度，还是保留目前的鉴定人体制，专家陪审员参审进而裁判鉴定意见都是一种较好的弥补刑事鉴定人或专家证人缺陷的方式。

（二）修复刑事法官的裁判权

因为"科学采证虽由专家或专业人士为之，但最终认定判断者仍系法律人，因此，在从事此项判断时，倘无此方面之知识，必难为此方面之判断"。尽管不排除部分法官具有某些专业知识，能够有效地审查鉴定意见。然而，现代社会存在专业分工，"实际上就无人愿意获取复杂运作所需要的全部知识。人们更愿意通过自己与他人的交往，设法利用他人的知识"。[②] 同样，法官没有必要亦不可能获得所有司法裁判需要的专业知识，引入专家陪审员是一种经济且理性的选择。专家陪审员加入法官进行审判，作为判决的最终出具者之一，不仅可以提供专业知识供法官参考，且实质性地参与审判，使其受到科技知识挑战的自由心证恢复完满状态，从而避免裁判者的认知悖论。当然，有人可能认为，对刑事鉴定意见的裁定仍然是专家陪审员作出的，而非法官，故其认知悖论并非获得解决，而仅仅是被规避了。但我们认为，既然专家陪审员就如同法官的裁判者，实现了知识之间的整合，就没有必要斤斤计较于裁判是否为专业法官作出的，因为专家陪审员与刑事法官是作为一个裁判整体给出判决结论的。

（三）专家陪审员参审能够提升刑事裁判的品质

中国刑事诉讼制度要求对案件事实作出最终裁判时必须事实清楚、证据充分。尽管一些论者提出民事诉讼、行政诉讼与刑事诉讼中应该实行不同的证明标准，但不可否认，即使在解决私人冲突的民事诉讼中，仍有必要查明案件事实。完全实行当事人双方对抗、法官消极裁判，不仅与中国法律观念不相兼容，且在双方当事人没有同等经济实力运用专家意见、律师服务这些有利资源时，必然导致弱肉强食的丛林法则竞争

---

①徐昕：《专家证据的扩张与限制》，载《法律科学》2001年第6期，第43页。
②[德] 柯武刚、史漫飞：《制度经济学》，韩朝华译，商务印书馆2000年版，第64页。

局面，反而引起更大的不公。当一方当事人无法支付鉴定费用而不能申请鉴定时，对于一些专业性问题，专家陪审员就可以进行客观判断，从而查明案件事实，解决纠纷。尤其是在刑事诉讼领域，鉴定人大都为侦查机构的人员，难免带有党派性，而被告人或犯罪嫌疑人往往没有经济能力申请鉴定，若有专家陪审员，就能合理发现控方鉴定意见的不足，保证审判的质量，促使被告人对判决结果心悦诚服地接受。

（四）专家陪审员参审符合诉讼经济的要求

现代法治国家对刑事诉讼中的专业问题大多并不采取强制鉴定的模式，而是任意鉴定。也就是说，一个问题是否需要鉴定，往往由法官根据心证进行裁决，如果他们认为该专业问题他自己可以解决，就会避免使用鉴定人。但是任意鉴定模式有可能导致法官对专业知识认定的恣意，当事人双方却无力有效挑战其心证过程。而当专家陪审员加入审判，在某种程度上可以避免法官任意认定专业知识的问题，而且可以决定有无必要进行鉴定（因为一些鉴定必须在实验室完成）。本应鉴定却未鉴定，很可能引发当事人双方对裁判结果的不满，从而提起二审或再审程序，甚至通过上访等方式，①导致刑事裁判结果无法获得安定性，徒增当事人的诉累。

专家陪审员的加入，还可以避免法官过度寻求专家鉴定。除了少数需要实验室的鉴定报告之外，专家陪审员可以对案件立即提供专业意见，与法官共同作出判断，所以可以避免一些延误诉讼、久判不决的情形。

四、专家陪审员参与审查刑事鉴定意见存在的主要问题

（一）专家陪审员的资格认定问题

专家陪审员作为中立的裁判者参与刑事审判，同法官共同拥有最终的裁判权，且刑事法官往往会受到专家陪审员的强烈影响，在这种情况下，他的资格问题应该成为法律规制的重点。然而，目前刑事诉讼法和全国人民代表大会常务委员会《关于完善人民陪审员制度的决定》，并没有对专家陪审员的选任作相应的规定，各地法院对刑事专家陪审员的

①陈如超：《中国刑事案件中的涉鉴上访及其治理》，载《北方法学》2014年第1期，第91~100页。

选任做法不尽相同，社会各界对选用专家陪审员参与刑事案件的审理也有不同看法。选用专家陪审员一般采用的方式是：单位推荐或本人申请，但其人员不一定有符合法院要求的人选。因此，有些法院在陪审员选任前与相关单位如科委或高校联系，提出对专家陪审员不同领域专业技术的要求，以便其推荐适当人选。但可以肯定的是，各地法院的选择标准不同。

事实上，专家陪审员的资格认定确实是一大难题，毕竟其是在刑事法庭上审查鉴定意见的专业人员。按照常理，专家陪审员的职称应该高于或至少与鉴定人平级。如果专家陪审员的职称低于鉴定人，至少会被当事人或控辩双方认为其不可信。虽然我们无法否认专家职称的高低并不必然与其专业知识存在必然联系，但不可否认，作为外行的法官、当事人或控辩双方没有专业知识，他们本身无法评价一个专业意见，而只能选择替代性测度机制，其中最核心的就是专家的职称。因此，当专家的职称低于鉴定人时，则裁判结果就可能不会被被害人或被告人接受。

然而，即便专家陪审员的职称高于或等同于鉴定人，仍然存在问题。因为在一些鉴定领域，如司法精神病鉴定、笔迹学鉴定、医疗事故鉴定，其本身的科学性尚有异议，更何况不同专家存在不同的理论预设。实践已经证明，这些专业鉴定经常成为重复鉴定的重灾区，[①] 即便引入专家陪审员，也不一定能解决问题。当然，这种问题不是中国独有的，德国学者 Syeffert 指出：海德堡医院的第二次精神病鉴定显示，与第一次鉴定意见相同者只有 45.7%，不同意见达到 54.3% 之多；Heinz 在 1977 年指出，在 67 个再审程序中的精神鉴定案件中，有错误诊断结果的，第一次有 48%，第二次有 4%。在第一次鉴定中，有一半以上的鉴定人对被鉴定人存在偏见，因而倾向于对其不利的判断。[②]

此外，即使是比较成熟的技术领域，仍然存在鉴定歧义。例如，指纹学在实践中同样会存在不同的鉴定结果。1995 年，国际鉴定协会（IAI）授权进行的一次指纹鉴定人员"熟练程度测试"的结果令人感到"吃惊"和"恐惧"。在 156 名参与者中，只有 68 名（44%）能够

①陈卫东等：《刑事案件精神病鉴定实施情况调研报告》，载《证据科学》2011 年第 2 期，第 193~215 页。

②张丽卿：《刑事诉讼制度与刑事证据》，台湾元照出版公司 2003 年版，第 394 页。

对 5 个可以认定的和 2 个可以排除的鉴定作出了正确的结论。而 34 名（占 22%）参与鉴定的人员对 1 个或多个被鉴定的指纹作出了 48 份错误的鉴定结论。提供的 7 个鉴定案例中，每个都有错误结论出现，对于这 5 个可以作出认定结论的，有 13 个人作出了错误的结论。此外，在两个可以排除的鉴定中，有 29 个人对其中一个出具了认定结论。①

可见，专家陪审员的资格问题，将会成为刑事法院选择的首要关注点，必须设定一个较高的门槛，否则就会丧失该制度的实质意义。

（二）刑事专家陪审员的选任方式

专家陪审员参与具体个案的选任方式目前仍然存在一些问题，现实中一些法院的做法是直接指定专家名单中的相关专业人员参与审判，也有一些法院采取随机抽取的方式。虽然名单中选择的专家陪审员也会进行公布，但在具体个案中，当事人双方或控辩双方并未参与专家陪审员的选择。法院一旦选定，就告知当事人双方或控辩双方可以申请回避。可见，无论是在确定专家陪审员的名单方面，还是某案中选择具体的专家陪审员方面，当事人双方或控辩双方都没有决定权。因而除了要求其回避外，他们就只能接受该专家参与审判，这就可能导致他们并不认可该专家。

（三）刑事专家陪审员的角色冲突问题

在中国刑事庭审中，裁判者可以向鉴定人提问，这意味着专家陪审员同样能够向鉴定人提出一些非常专业化的问题。而如前所述，由于专家之间存在不同的观点，或者因为科技原理、仪器设备、检材与样本自身的诸多问题，导致专家陪审员与鉴定人之间很可能存在异议与冲突。于是当事人双方的争议或控辩双方的辩论，就有可能转化成专家陪审员与鉴定人之间的专家大战或专家与当事人及其律师的辩论。而专家陪审员本身作为中立的裁判者，一旦介入纷争，势必丧失其中立性，会被相关诉讼参与人视为放弃裁判者身份，于是造成专家陪审员作为裁判者与鉴定人之间角色的混淆。

（四）刑事专家陪审员的专制问题

如前所述，如果专家陪审员参与辩论，鉴定人与控方以及当事人或

---

① 胡卫平：《司法鉴定认识论——撩开司法鉴定的"神秘面纱"》，载何家弘主编《证据学论坛》（第 7 卷），中国检察出版社 2003 年版，第 217 页。

其律师就会质疑该专家的意见。而专家陪审员如果不同意鉴定人的意见，专家陪审员的意见就可能影响判决结果，在一定程度上就可能存在专制问题。因为专家陪审员以自己的意见作为裁判的基础，这样就会消解刑事鉴定制度存在的意义。但如果他不同意鉴定人的意见，又要求其按照鉴定意见作出判决，这势必会让其左右为难。

更何况，若合议庭在确定是否需要进行刑事鉴定时，由于有专家陪审员的参与，则会导致当事人要求鉴定启动的权利被虚置。因为根据鉴定任意原则，只有裁判者无法根据自己的专业知识进行认定时，才有必要鉴定，这势必剥夺当事人双方的鉴定权，因此同样会引发专家的专制问题。

五、专家陪审员审查刑事鉴定意见制度的合理变革

总体而言，尽管专家陪审员参与刑事鉴定意见的审查存在各种问题，但仍然无法否定其总体的优越性。不过，就目前该制度存在的现状，我们仍然需要进一步变革，使其弊端减至最低。

（一）严格建立刑事专家陪审员的名册

专家的资质是其担任刑事专家陪审员的重要条件。虽然就部分情况而言，职称低的专家并不必然意味着其专业水平不高，但就总体情况来说，职称高的专家其业务能力更强。因此，除非特殊情况，法院在确定刑事专家陪审员的资格时，应该要求其职称在副高级以上，或者是高级工程师。只有如此，专家陪审员在审查鉴定意见时才更能取得鉴定人与当事人或控辩双方的信服。同时，比较常规性的鉴定领域，应该配备多名专家供法院选择，专家人员过少，可能导致其认知的僵化，以及因突发情况导致法院无法选定专家。专家名单应该建立成册，并加以公示，接受社会的监督。最后，专家名单应该具有相对的流动性，使新的专家可以被引入，打破某些专家陪审员的垄断地位。

（二）规范刑事专家陪审员的选任方式

法庭在指定专家陪审员时，应该通过以下方式进行：首先征求当事人双方或控辩双方的意见，要求他们在专家名册上合意指定。如果无法达成合意，则通过抽签的方式解决。合意指定专家，目的是取得当事人或控辩双方的信任。当然，根据案件的情况，当事人或控辩双方可以选定一名专家，亦可以选定多名专家。

（三）确立强制鉴定为原则、任意鉴定为例外的制度

专家陪审员参与案件审判，因其以专业知识裁定诉讼中的专门问题，同时，在中国刑事诉讼实践中，鉴定启动权主要分配给国家的公安、司法机关，加之鉴定的目的主要是帮助法官解决审判中的专业问题，这就可能存在当裁判者认为不需要鉴定，而当事人双方、控方认为应该鉴定的情况。为避免专家陪审员因参与审判而剥夺当事人双方要求合理鉴定的权利，法律应该明确规定常规性的需要鉴定的目录，从而在总体上实现强制鉴定原则。但法律亦需要规定例外，对于特殊情况，法官可以不启动刑事司法鉴定。

（四）恰当界定刑事专家陪审员的角色

专家陪审员的功能是与刑事法官共同运用法律裁判事实，虽其核心任务是协助法官认定专业性问题，但专家陪审员享有同法官一样的权限，他本身就是合法的裁判者，拥有最终裁判权，应该中立、公正，且相对被动地认定案件事实。因而专家陪审员尽管可以向鉴定人提问，了解鉴定的过程、鉴定的科学依据等情况，但其本身不是鉴定人，不能参与到鉴定意见的辩论过程中。若其发现鉴定意见存在问题，可以向鉴定人或当事人进行释明；若仍然争论不休，则可以建议法官启动重新鉴定。除非鉴定人的意见明显存在问题，且当事人及其律师认可专家陪审员的意见，否则专家陪审员不能径直以其个人意见直接认定专业性问题。

参考文献

一、专著

[1] 〔英〕安东尼·吉登斯：《社会的构成：结构化理论大纲》，李康、李猛译，生活·读书·新知三联书店 1998 年版。

[2] 〔美〕伯尔曼：《法律与宗教》，梁治平译，中国政法大学出版社 2003 年版。

[3] 〔古希腊〕柏拉图：《柏拉图对话集》，王太庆译，商务印书馆 2004 年版。

[4] 〔美〕本杰明·卡多佐：《司法过程的性质》，苏力译，商务印书馆 1998 年版。

[5] 丛杭青：《陈词证据研究》，人民出版社 2005 年版。

[6] 陈光中主编：《21 世纪域外刑事诉讼立法最新发展》，中国政法大学出版社 2004 年版。

[7] 陈瑞华：《论法学研究方法》，北京大学出版社 2009 年版。

[8] 陈如超：《刑事法官的证据调查权研究》，中国人民公安大学出版社 2011 年版。

[9] 储槐植：《美国刑法》，北京大学出版社 2005 年版。

[10] 邓晓芒：《康德哲学讲演录》，广西师范大学出版社 2005 年版。

[11] 邓晓芒：《徜徉在思想的密林里》，山东友谊出版社 2005 年版。

[12] 杜骏飞主编：《沸腾的冰点——2009 中国网络舆情报告》，浙江大学出版社 2009 年版。

[13] 〔美〕戴维·斯沃茨：《文化与权力——布尔迪厄的社会学》，陶东风译，上海译文出版社 2005 年版。

［14］［美］戴维·迈尔斯：《社会心理学》（第8版），侯玉波等译，人民邮电出版社2006年版。

［15］冯象：《政法笔记》，江苏人民出版社2004年版。

［16］［日］谷口安平：《程序的正义与诉讼》，王亚新、刘荣军译，中国政法大学出版社1996年版。

［17］霍宪丹、郭华：《中国司法鉴定制度改革与发展范式研究》，法律出版社2011年版。

［18］何恬：《重构司法精神医学：法律能力与精神损伤的鉴定》，法律出版社2008年版。

［19］黄宗智：《经验与理论：中国社会、经济与法律的实践历史研究》，中国人民大学出版社2007年版。

［20］黄宗智：《清代的法律、社会与文化：民法的表达与实践》，上海书店出版社2001年版。

［21］何家弘：《犯罪鉴识大师李昌钰》，法律出版社1998年版。

［22］季卫东：《法治秩序的建构》，中国政法大学出版社1999年版。

［23］强世功：《立法者的法理学》，生活·读书·新知三联书店2007年版。

［24］［英］J.C.史密斯、B.霍根：《英国刑法》，李贵方等译，法律出版社2000年版。

［25］［美］加里·S.贝克尔：《人类行为的经济分析》，王业宇、陈琪译，上海三联书店2002年版。

［26］［美］孔飞力：《叫魂：1768年中国妖术大恐慌》，陈兼、刘昶译，上海三联书店1999年版。

［27］［美］科林·埃文斯：《证据：历史上最具争议的法医学案例》，毕小青译，生活·读书·新知三联书店2007年版。

［28］［德］柯武刚、史漫飞：《制度经济学》，韩朝华译，商务印书馆2000年版。

［29］［美］露丝·本尼迪克特：《文化模式》，王炜译，生活·读书·新知三联书店1988年版。

［30］李泽厚：《历史本体论·己卯五说》，生活·读书·新知三联书店2006年版。

〔31〕李泽厚：《批判哲学的批判：康德述评》，天津社会科学出版社 2003 年版。

〔32〕林钰雄：《刑事诉讼法（上）》，中国人民大学出版社 2005 年版。

〔33〕〔美〕劳伦斯·M. 弗里德曼：《法律制度：从社会科学角度观察》，李琼英、林欣译，中国政法大学出版社 2004 年版。

〔34〕〔法〕勒内·弗洛里奥：《错案》，赵淑美、张洪竹译，法律出版社 2013 年版。

〔35〕梁治平主编：《法律的文化解释》，生活·读书·新知三联书店 1998 年版。

〔36〕〔美〕理查德·A. 波斯纳：《法理学问题》，苏力译，中国政法大学出版社 2002 年版。

〔37〕〔美〕理查德·A. 波斯纳：《证据法的经济分析》，徐昕、徐昀译，中国法制出版社 2000 年版。

〔38〕〔美〕理查德·A. 波斯纳：《法官如何思考》，苏力译，北京大学出版社 2009 年版。

〔39〕刘北成：《福柯思想肖像》，上海人民出版社 2001 年版。

〔40〕〔美〕米尔吉安·R. 达马斯卡：《比较法视野中的证据制度》，吴宏耀等译，中国人民公安大学出版社 2006 年版。

〔41〕〔美〕米尔建·R. 达马斯卡：《漂移的证据法》，李学军等译，中国政法大学出版社 2003 年版。

〔42〕《马克思恩格斯选集》，人民出版社 1995 年版。

〔43〕〔英〕麦高伟、杰弗里·威尔逊主编：《英国刑事司法程序》，姚永吉等译，法律出版社 2003 年版。

〔44〕〔德〕尼克拉斯·卢曼：《信任》，瞿铁鹏、李强译，上海世纪出版集团 2005 年版。

〔45〕〔日〕棚濑孝雄：《纠纷的解决与审判制度》，王亚新译，中国政法大学出版社 2004 年版。

〔46〕〔美〕约书亚·德雷斯勒：《美国刑法精解》，王秀梅等译，北京大学出版社 2009 年版。

〔47〕〔美〕乔恩·R. 华尔兹：《刑事证据大全》，何家弘等译，中国人民公安大学出版社 1993 年版。

［48］苏力：《法律与文学：以中国传统戏剧为材料》，生活·读书·新知三联书店 2006 年版。

［49］孙长永主编：《侦查程序与人权保障》，中国法制出版社 2009 年版。

［50］孙长永、黄维智、赖早兴：《刑事证明责任制度研究》，中国法制出版社 2009 年版。

［51］孙长永：《探索正当程序——比较刑事诉讼法专论》，中国法制出版社 2005 年版。

［52］［美］斯科特·普劳斯：《决策与判断》，施俊琦、王星译，人民邮电出版社 2004 年版。

［53］［英］苏珊·哈克：《证据与探究》，陈波等译，中国人民大学出版社 2004 年版。

［54］［德］托马斯·魏根特：《德国刑事诉讼程序》，岳礼玲、温小洁译，中国政法大学出版社 2004 年版。

［55］王兆鹏：《辩护权与诘问权》，华中科技大学出版社 2010 年版。

［56］王亚新等：《法律程序运作的实证分析》，法律出版社 2005 年版。

［57］汪民安：《福柯的界线》，中国社会科学出版社 2002 年版。

［58］徐向东：《怀疑论、知识与辩护》，北京大学出版社 2006 年版。

［59］徐昕：《论私力救济》，中国政法大学出版社 2005 年版。

［60］徐昕译：《英国民事诉讼规则》，中国法制出版社 2001 年版。

［61］许章润等：《法律信仰：中国语境及其意义》，广西师范大学出版社 2003 年版。

［62］余英时：《文史传统与文化重建》，生活·读书·新知三联书店 2004 年版。

［63］易延友：《证据法的体系与精神——以英美法为特别参照》，北京大学出版社 2010 年版。

［64］［美］约翰·W. 斯特龙主编：《麦考密克论证据》，汤维建等译，中国政法大学出版社 2004 年版。

［65］张维迎：《信息、信任与法律》，生活·读书·新知三联书店

2006 年版。

［66］张军主编：《刑事证据规则理解与适用》，法律出版社 2010 年版。

［67］张丽卿：《刑事诉讼制度与刑事证据》，台湾元照出版公司 2003 年版。

［68］张丽卿：《验证刑诉改革脉动》，台北五南图书出版有限公司 2003 年版。

［69］［美］詹姆斯·C. 斯科特：《弱者的武器》，郑广怀、张敏、何红穗译，凤凰出版集团、译林出版社 2011 年版。

［70］赵鼎新：《社会与政治运动讲义》，社会科学文献出版社 2012 年版。

［71］邹明理主编：《司法鉴定法律精要与依据指引》，人民出版社 2005 年版。

［72］朱富美：《科学鉴定与刑事侦查》，中国民主法制出版社 2006 年版。

［73］朱学勤：《书斋里的革命》，云南人民出版社 2006 年版。

二、论文

［1］北京市第一中级人民法院课题组：《关于加强人民法院司法公信力建设的调研报告》，载《人民司法》2011 年第 5 期。

［2］卞建林、郭志媛：《解读新〈刑事诉讼法〉推进司法鉴定制度建设》，载《中国司法鉴定》2012 年第 3 期。

［3］陈光中、吕泽华：《我国刑事司法鉴定制度的新发展与新展望》，载《中国司法鉴定》2012 年第 2 期。

［4］陈光中：《刑事证据制度改革若干理论与实践问题之探讨——以两院三部〈两个证据规定〉之公布为视角》，载《中国法学》2010 年第 6 期。

［5］陈卫东等：《刑事案件精神病鉴定实施情况调研报告》，载《证据科学》2011 年第 2 期。

［6］陈卫东、程雷：《司法精神病鉴定基本问题研究》，载《法学研究》2012 年第 1 期。

［7］陈永生：《中国司法鉴定体制的进一步改革——以侦查机关鉴

定机构的设置为中心》，载《清华法学》2009 年第 4 期。

[8] 陈永生：《域外法医鉴定机构设置的特征》，载《国家检察官学院学报》2010 年第 1 期。

[9] 陈柏峰：《无理上访与基层法治》，载《中外法学》2011 年第 2 期。

[10] 陈勋：《论检察机关设置专家辅助人制度》，载《中国司法鉴定》2009 年第 4 期。

[11] 方肖龙、齐咏华、冯稚强：《90 例无责任能力精神病违法者鉴定后处理的随访研究》，载《上海精神医学》2006 年第 5 期。

[12] 冯象：《正义的蒙眼布》，载《读书》2002 年第 7 期。

[13] 房保国：《科学证据的失真与防范》，载《兰州大学学报》（社会科学版）2012 年第 5 期。

[14] 樊崇义、陈永生：《我国刑事鉴定制度改革与完善》，载《中国刑事法杂志》2000 年第 4 期。

[15] 范思力：《刑事审判中专家辅助人出庭若干问题研究》，载《西南政法大学学报》2012 年第 5 期。

[16] 郭志媛：《刑事诉讼中精神病鉴定启动程序改革的实证分析》，载《江苏行政学院学报》2012 年第 1 期。

[17] 郭华：《论鉴定意见争议的解决机制》，载《法学杂志》2009 年第 10 期。

[18] 郭华：《对我国国家级鉴定机构功能及意义的追问与反省》，载《法学》2011 年第 4 期。

[19] 郭华：《〈刑事诉讼法〉有关鉴定问题的修改与评价》，载《中国司法鉴定》2012 年第 2 期。

[20] 侯猛：《最高法院访民的心态与表达》，载《中外法学》2011 年第 3 期。

[21] 胡铭：《刑事司法的国民基础之实证研究》，载《现代法学》2008 年第 3 期。

[22] 胡卫平：《司法鉴定认识论——撩开司法鉴定的"神秘面纱"》，载《证据学论坛》2004 年第 1 期。

[23] 黄宗智：《悖论社会与现代传统》，载《读书》2005 年第 2 期。

［24］黄维智：《论我国司法实践中鉴定证据制度的四大突出问题（上）》，载《中国司法鉴定》2004 年第 2 期。

［25］黄太云：《刑事诉讼法修改释义》，载《人民检察》2012 年第 8 期。

［26］纪念：《关于司法鉴定类信访投诉的分析与思考》，载《中国司法鉴定》2009 年第 1 期。

［27］季卫东：《上访潮与申诉制度的出路》，载《青年思想家》2005 年第 4 期。

［28］季卫东：《舆情的裂变与操纵》，载《财经》2008 年第 22 期。

［29］赖早兴：《精神病辩护制度研究》，载《中国法学》2008 年第 6 期。

［30］刘瑛：《法医鉴定引发上访的原因及对策》，载《北京人民警察学院学报》2005 年第 5 期。

［31］刘英明：《不同鉴定结论如何采信——以黄静案为例》，载王进喜、常林编《证据理论与科学——首届国际研讨会论文集》，中国政法大学出版社 2009 年版。

［32］刘顶夫：《中国古代信访源流考》，载《湘潭大学学报（哲学社会科学版）》2005 年第 3 期。

［33］刘晓农、彭志刚：《关于刑事鉴定的几个问题》，载《法学论坛》2003 年第 1 期。

［34］兰樟彩：《41 例命案上访及原因分析》，载《刑事技术》2000 年第 3 期。

［35］卢建军：《刑事诉讼专家辅助人制度的建构》，载《中国司法鉴定》2011 年第 6 期。

［36］马金芸、郑瞻培：《2006 年度我国司法精神病鉴定状况调查》，载《上海精神医学》2008 年第 2 期。

［37］潘广俊：《司法鉴定意见争议评价机制研究——以浙江省司法鉴定管理模式为视角》，载《证据科学》2012 年第 5 期。

［38］四川省高级人民法院课题组：《人民法院司法公信力调查报告》，载《法律适用》2007 年第 4 期。

［39］孙玉国等：《183 例司法精神病学重复鉴定分析》，载《中国

心理卫生杂志》1997 年第 3 期。

　［40］孙笑侠：《司法的政治力学——民众、媒体、为政者、当事人与司法官的关系分析》，载《中国法学》2011 年第 2 期。

　［41］孙笑侠：《公案的民意、主题与信息对称》，载《中国法学》2010 年第 3 期。

　［42］孙大明：《对邱兴华杀人案的司法鉴定学反思》，载《犯罪研究》2008 年第 5 期。

　［43］孙长永：《论刑事证据法规范体系及其合理构建——评刑事诉讼法修正案关于证据制度的修改》，载《政法论坛》2012 年第 5 期。

　［44］宋振铎等：《1989-2008 年司法精神病鉴定案例资料分析》，载《精神医学杂志》2009 年第 4 期。

　［45］桑本谦：《反思中国法学界的"权利话语"——从邱兴华案切入》，载《山东社会科学》2008 年第 8 期。

　［46］谭世贵、陈晓彤：《优化鉴定启动权的构想——以刑事诉讼为视角》，载《中国司法鉴定》2009 年第 5 期。

　［47］吴少军、李永良：《黄静裸死案鉴定之谜》，载《中国审判》2006 年第 7 期。

　［48］吴何坚、李禹：《赴日考察报告》，载《中国司法鉴定》2002 年第 4 期。

　［49］吴毅：《"权力—利益的结构之网"与农民群体性利益的表达困境》，载《社会学研究》2007 年第 5 期。

　［50］王羚：《司法鉴定引发上访的原因与对策》，载《中国司法鉴定》2003 年第 4 期。

　［51］王进忠：《解读公安涉法上访（上）》，载《辽宁警专学报》2008 年第 2 期。

　［52］王亚新：《非诉讼纠纷解决机制与民事审判的交织——以"涉法信访"的处理为中心》，载《法律适用》2005 年第 2 期。

　［53］王云海：《日本司法鉴定制度的现状与改革》，载《法律科学（西北政法大学学报）》2003 年第 6 期。

　［54］汪建成：《中国刑事司法鉴定制度实证调研报告》，载《中外法学》2010 年第 2 期。

　［55］肖晋：《刑事命案中精神病鉴定问题的理论反思》，载《法学

论坛》2010年第5期。

[56] 徐静村：《论鉴定在刑事诉讼法中的定位》，载《中国司法鉴定》2005年第4期。

[57] 徐昕、卢荣荣：《暴力与不信任——转型中国的医疗暴力研究：2000-2006》，载《法制与社会发展》2008年第1期。

[58] 徐昕：《专家证据的扩张与限制》，载《法律科学》2001年第6期。

[59] 熊秋红：《我国司法鉴定体制之重构》，载《法商研究》2004年第3期。

[60] 于建嵘：《当前农民维权活动的一个解释框架》，载《社会学研究》2004年第2期。

[61] 应星：《作为特殊行政救济的信访救济》，载《法学研究》2004年第3期。

[62] 易延友：《英美证据法上的专家证言制度及其面临的挑战》，载《环球法律评论》2007年第4期。

[63] 左卫民：《中国刑事案卷制度研究——以证据案卷为重心》，载《法学研究》2007年第6期。

[64] 邹明理：《合理控制重新鉴定和有效解决鉴定争议措施探讨》，载《中国司法》2008年第8期。

[65] 邹明理：《应当正视司法鉴定管理工作的成绩和问题——写在〈决定〉实施五周年之际》，载《中国司法鉴定》2011年第1期。

[66] 邹明理：《重新鉴定增多原因与对策研究》，载《证据科学》2012年第1期。

[67] 邹明理：《论侦查阶段鉴定的必要性与实施主体》，载《中国刑事法杂志》2007年第1期。

[68] 邹明理：《新〈刑事诉讼法〉有关鉴定规定几个重点问题的理解》，载《中国司法鉴定》2012年第4期。

[69] 赵珊珊：《司法鉴定主体格局的中国模式——以刑事诉讼法为范本的分析》，载《证据科学》2013年第1期。

[70] 赵芳芳、周革荣、朱四平：《办理刑事科学技术鉴定引发信访案件的思考》，载《刑事技术》2005年第6期。

[71] 赵友智：《法医学重新鉴定有关问题探讨》，载《山东审判》

2003 年第 5 期。

　［72］张建伟：《鉴定结论、究竟该如何取舍》，载《人民检察》2006 年第 10 期。

　［73］张南宁：《科学证据可采性标准的认识论反思与重构》，载《法学研究》2010 年第 1 期。

　［74］章礼明：《评"专家辅助人"制度的诉讼功能》，载《河北法学》2014 年第 3 期。

后 记

博士毕业后，我几乎放弃了对刑诉法与证据法的继续研究，转向司法鉴定制度与科学证据领域，重拾旧行。然而，司法鉴定学的学科范围、自然科学背景，使其教学与研究难度远远超过诉讼法，我连应对上课都尚显艰难，遑论有何研究心得？因此，大多数时候，只能够偷闲写作，留下一些制度方面的点点滴滴。慢慢地，居然会聚成了这本小书。

然而，世界熙熙攘攘，在论文刊发之人如过江之鲫、教师水准又以论文论成败的时代，且在刑事技术与司法鉴定无足轻重、如同鸡肋的法学院校以及个人生存的艰辛、家庭的变故、情感的沧桑、人事的变动，使我难以长时间、跨学科地深度思索，也没有经费进行大量调研，且周围几乎找不到学术共同体可以讨论。当然，更难以忍受的是，生存的压迫，挤缩了闲暇时间，难以再体验静心阅读的愉悦，失去了聆听哲人与诗人教诲的机会。人，似乎越来越因功利而不由自主地迷失，沉沦于世，无可自拔。

本书以及《刑事鉴定制度改革研究》的各专题论文，就是在上述境况中艰难写作的。不过让我感到欣慰和温暖的是，困顿之时，我得到了西南政法大学刑事侦查学院邹明理教授、任惠华教授、贾治辉教授、易旻副院长、王勇副教授、朱兰副教授与张凌燕教授、邹卫东老师、杨进友老师等的鼓励而重整旗鼓，在此一并谢过。同时，特别感谢尊敬的师长——邹明理教授与贾治辉教授，欣然拨冗，分别为我同时出版的两本浅陋之作作序。

另外，感谢我的亲人及爱人，在艰难困苦中，我们相濡以沫，亲恩难忘。

最后，我将这本小书，献给命运清苦、"像牛一样劳动"却被疾病折磨离世而无可奈何的父亲。今年清明前夕，犹在梦中重逢，容貌依旧，宛如昨日，仍是一番叮嘱。醒来时，清泪两行。

陈如超

2015 年 4 月 18 日于重庆·渝北